精神分析の現場へ

フロイト・クライン・ビオンにおける対象と自己の経験

福本 修 著

誠信書房

目次

はじめに　中に入ることとしての読解——関係を内側から理解する　ix

第I部　フロイト以後とフロイト以前

第1章　現代精神分析の輪郭と問題

1　〈現場〉の重層性　2
2　FBIと解釈の事実化（interprefaction）　7
3　クラインにおける精神分析的な解釈と理解　12
4　逆転移と結合　17
5　ハイマン「逆転移について」の症例読解　22
6　おわりに——歴史的検証について　27

第2章　精神分析の前夜——アナ・Oを巡る語り

1　はじめに　32
2　語りの諸相と精神分析　33
3　症例アナ・O　35
A．前史からブロイアーへ　36
B．症例の経過と提示の変遷　38

C. 伝記的研究とクライン派による再解釈 48
4 おわりに――『ヒステリー研究』から精神分析へ 56

第II部 心的装置と対象の経験

第1章 「心的装置」の構想と展開

1 はじめに――神経学的研究から 62
2 「心的装置」の構想 64
A. 『心理学草案』（1895）前後 64
B. 「心的生起の二原理に関する定式」（1911）とグリッド（ビオン） 67
C. 晩年――『精神分析概説』（1938） 70
3 心的装置のための模式図：（1）『心理学草案』 73
A. はじめに 73
B. 量的把握およびニューロンの性質の問題 75
C. 圧迫と欲望 78
D. 特異的行為の場面 83
E. 「自我」措定の困難――注意の例から 87
4 心的装置のための模式図：（2）『夢解釈』まで 91
A. フリース宛書簡における修正と移行 91
B. 『夢解釈』における図示 96

C. 欲望の多様性と「生の困窮」 102
5 「心的生起の二原理に関する定式」における心的装置 108
A. 原光景としての「幻滅」 108
B. ラカンの『精神分析の倫理』と「もの」の経験 115
6 心的装置のための模式図：（3）『自我とエス』と「遺稿断片」 119
A. 『自我とエス』における方法 119
B. 『続・精神分析入門講義』から「遺稿断片」へ 127
C. ビオンの「思考のための装置」と神話的次元 137
7 小括――フロイトとクライン・ビオンにおける対象 148

第2章 ハンス症例と対象概念の変容――欲動論か対象関係論か

1 はじめに 153
2 ハンスとフロイト 155
A. 治療経過の概要 155
B. 「小さなエディプス」と分析的接触 160
C. 対象選択と母親 165
D. 男性の対象選択の寓話 168
3 ハンスの〈現場〉 171
A. フロイトとともに、フロイトに反して 171
B. ヒンシェルウッドの here & now 解釈とその問い 174

C. もう一つの読解 179
D. ラカンの『対象関係』について 182
4 現場検証 183
A. 実証的な資料の開示 183
B. 開示前 184
C. 2004年の公開制限解除 187
D. グラーフ家とフロイト 189
5 おわりに 195
A. 臨床論文をどう読むか 195
B. 情動的な方向づけ 199

第Ⅲ部 開業のフロイト

第1章 フロイトの生計
1 フロイトの開業の様子 205
2 初期の患者たち 207
3 アルバート・ハースト(アルベルト・ヒルシュ)の治療 211

第2章 フロイトの患者/顧客層
1 1910年代の患者/顧客リスト 216

2　千時間越えの患者たち　218

第3章　精神分析の養成課程と国際化
1　組織化以前の養成の試み――オイゲン・ブロイラーとの帰趨　223
2　アイティンゴン・モデルまで　232
3　精神分析運動と1920年代の経済事情　237
4　アメリカからの志願者たち　238
5　オバーンドルフのフロイト経験　242

第4章　研究――個人による研究の特徴とその限界
1　フロイトと精神病患者――ゲルリッツ出身の少年　246
2　「喪とメランコリー」(1917〔1915〕)とマイレーダー　256
3　カール・リープマンの治療とその後　259
4　精神分析の未来は　267

文　献　269
おわりに　277
索　引　286

はじめに

中に入ることとしての読解——関係を内側から理解する

こうして本書を読もうとする人たちにとって、精神分析はまだ魅力を保っているのだろう。20世紀から21世紀に入り、治療としての精神分析がその有効性や効率性を疑問視されても、心の探求方法としては、それは依然として大きなポテンシャルを秘めており、人を惹きつけるのだろう。フロイトはその源流である——はずである。

しかしながら、彼の著作を実際に読むことは、それほど容易ではないし、必ずしも行なわれていない。その事情はおそらく複合的である。著述は、意外に長くて回りくどい。言葉遣いおよびそもそもの発想が、たとえ新訳の岩波版全集でも古めかしい。ちょうど明治の小説を読む時、旧仮名遣いを読みこなすことができる必要があるだけでなく、江戸の文芸や漢文の素養が前提となるように、今の対象関係論に慣れた私たちが、いきなり心的な世界を彼のテクストに読み込もうとしても筋違いであり、その前に当時の自然科学や自然哲学の水準についての相当な知識を要求される。それを表現している言葉の問題もある。ニュアンスは時代とともに変わり、用語によっては文脈が変わっている。その線を突き詰めれば、読むには日本語訳ではなく、ストレーチーの『標準版』(S.E.)英訳でさえなく、ドイツ語原語を少なくとも参照することは当然となり、ひいては、あらゆる関連文献を渉猟し、目を通すべきであることになるだろう。もちろんそれは極論で、そのようにしてフロイト研究者になることはあったとしても、残念ながら、精神分析に近づいたことにはならない。

では、何をすることが、精神分析に近づくことだろうか。読むことは、精神分析との内在的な関係を持っている。言葉に表わして、あるいは暗黙のうちに読むことは、その場の気持ちだけでなく文脈を読みとり、起きていること全体を把握することを含めて、理解することの中核である。このように述べると直ちに、読むことばかりを強調するのは、学究的なアプローチには合致しても、対話によって成立する臨床の実際にはそぐわないという反応があるかもしれない。それはもっともなことだが、今ここでは現に読んでいて、その経験から何が得られるかという問いを立てているのだから、引き続き、読みに纏わる問題から考えていくとしよう。それにこれから見ていくように、文脈を見定めつつ一字一句を読んでいくことで明らかになる事象もあるのである。

先に、臨床家がフロイトを読み進める上での困難について考えてみよう。実際的に難題となるのはおそらく、フロイトのどこをどう読めば臨床に関連してくるのか、見えて来にくいことではないだろうか。だからフロイト自身の著作が、一種の〝文献〟や〝関連書〟のように扱われがちである。しかしフロイトのテクストの中に、対象関係や間主観性についての現代的な議論が乏しいのは当然のこととして、往時の臨床を知ろうにも諸概念の変遷を辿るだけでは、フロイトが行なった精神分析の実際は分からない。文字情報からは、さまざまな文脈の選択の余地があり、奇抜な解釈も可能である。情報の知的な取捨選択は、関連性や歴史性を棚上げにして列挙して見せるところに、強みと弱みがある。何が本質的なのかを見定める求心的な視線がないと、テクストに対してただひとつの固定的な読解があるかどうかは別として、本筋が抜けた恣意的な関連づけに終わりかねない。

言い換えれば、テクストが描出する現場に入って出来事を経験しつつ立ち会うことができるような、読むことについての精神分析の方法が必要である。それはセッションの現場に較べると、直接のインパクトも相互性も乏しい、特殊な場面に思われるかもしれない。確かに、そこではテクストとの通常の意味での対話は成立しないので、どこまで行っても一方的でしかありえない点が特殊である。それだけにその作業は、精神分析本来のものである、**中に入る**ことに近づかなければならない。するとそこには、ある心が捉えた限りでの、他の心の動きが窺われるだろう。そのときテクストを読解することも、理念において〈現場〉に向かうことと一致するだろう。

精神分析の訓練は、中に入ることができるようになるために、そしてそれを外から理解できるようになるために行なうと言ってもよい。例えば乳児観察は、ただ赤ん坊を見に行くことではない。また、測定や記録をしに行くことでもない。それは訪問という形で、具象的に相手の生活環境と関係の**中に入る**ことであり、乳児であるとはどうなのか、母親といるとはどういうことかを経験することである。しかし乳児観察という行動のどこがどのような意味で〈現場〉なのかは、実際のセミナーの中以外では伝わりにくい。一般に臨床訓練に不可欠なものとして行なわれているスーパーヴィジョンは、そうした現場に向かうためのガイドのようなものである。

だが、それは代わりに考えてくれることではない。誰しも、自分で考え判断の過程に責任を持っていると思っている。そこで他人のアイデアが得られれば、もっと考えが深まると想像されるかもしれない。しかし、借用した考えには育つ余地が乏しい。それは自分の内側と結び付かないと、つまりは訓練分析を経験していないと、内的・外的な出来事に注意を払い、自分なりの確かさで感じ取ることに至らないものである。

逆にスーパーヴィジョンを行なうことや事例検討会に出ることは、自分が行なっていない臨床素材について第三者として、時には複数の視点から理解を提供する経験であり、テクストを読むことにもっと似ている。しかし、その場で交流できる報告者がいることは大きな違いである。それ以上に本質的なのは、交流の質である。乳児観察・スーパーヴィジョン・事例検討会・個人分析……というさまざまな場面に通底して、〈精神分析的なもの〉が志向されている。〈 〉に入れているのは、それが多くの場合、志向に留まっていて達成され難いからである。読むことの場合には更に困難が伴うが、それでも〈精神分析的なもの〉に触れることはできるかもしれない。

信憑性の基準は、煎じ詰めれば最終的に〝腑に落ちる〟かどうかにあるが、それは結果として生じる感触であって、検証の作業そのものでも、それを保証するものでもない。この場合、原理的に注釈者は書き手の同意を得る機会を持たないので、第三の読み手つまり、現在の本書の読者にとって〝腑に落ちる〟ものであることが、最低線の保証である。

以下、第Ⅰ部「フロイト以後とフロイト以前」では、第1章で精神分析が成立している現代における批判を取り上げ、〈現場〉に接近するにはどのような方法があるのかを検討する。症例の実証的な転帰調査は現場検証の方法の一つだが、精神分析にとってより内在的には、精神分析を構成する本質を問題にすることが重要である。そこで、解釈と逆転移についてのクライン派の論考を幾つか読むことにする。今では患者理解の基本の用具となっている「逆転移感情」も、何らかの現実を参照した上で吟味することの必要性が分かるだろう。第2章では、精神分析以前の症例にアナ・Oに戻って、実証的な検証と内在的な吟味とを試みている。本章は、『新世紀の精神科治療　第7巻　語りと聴取』（加藤敏編、中山書店、2003）所収の「幻想の語り」を改稿したものである。

第Ⅱ部「心的装置と対象の経験」では、第1章で、フロイトに見え隠れしていた「心的装置」の構想と展開を、彼の『心理学草案』から「遺稿断片」まで辿っている。それは神経学を模した心のモデルから出発しているが、最終的には、人物が寓話的-神話的に登場する舞台へと変化している。それとともに、単に写しのようだった欲動の対象は、主体的対象となる。そこにはクライン派の内的対象の源流が見出される。

『心理学草案』が描いた「特異的行為」を受ける場面は、対人交流と内的世界が交叉する、精神分析における始まりであるとともにフロイトの論考の伏流として流れ続ける、神話的な〈現場〉でもある。ビオンのアルファ機能論は、フロイトへの注釈であり、その深化である。このようにフロイト・クライン・ビオンを経て、精神分析において自己はさまざまな性状の対象との関わりを経験していることが分かる。

第2章は、ハンス症例の検証を通じて、対象概念の変容を概観する。現代では、フロイト症例の中で成功の印象が最も強いハンス症例でも、他のものと同じく、重大な省略と歪曲・偽装を含んでいることが知られている。そうした中で、何を目的として臨床論文をどう読むのか、改めて考えようとしている。

第Ⅲ部が取り上げるのは、かなり即物的な意味での現場である。理論および症例の系統講義では話題にされることが少ないが、精神分析者の実践がすべて精神分析で占められているのは、むしろ例外的である。フロイトについては、おそらく日本の読者の予想以上に、海外では既に具体的に知られている。ここでは彼の活動を、その経済的側面、臨床活動の細目、訓練の実際、開業設定での研究の性格と限界について、主にこの十年間つまり2006年以降の研究を紹介する。

第Ⅰ部　フロイト以後とフロイト以前

第1章　現代精神分析の輪郭と問題

1　〈現場〉の重層性

精神分析の現場へ——この「現場」には、少なくとも三つの重層的な意味がある。それは第一に、今進行している臨床実践の場としての現場であり、現に精神分析が行なわれている場である。そして第二に、歴史的にフロイトを嚆矢とする、まさに精神分析が行なわれていた場としての現場である。現代の臨床はそれを継承し、何らかの共通性を有しているはずだろう。現代の精神分析の意味と内実は、明らかにフロイトの時代と同じではない。それでも、かつて精神分析の理念が発見されることがなかったならば、それは他の営為に紛れてしまい、精神分析がそれとして認められることも続けられることもなかっただろう。実際、単に形式を守って二人の人間が一定の設定の中で会い続けたとしても、それが精神分析になるとは限らない。また、精神分析の有資格者が規定通りに面接していれば、そこで行なわれていることが精神分析であると保証されているわけでもない。その活動は、精神分析を構成する要件を体現している必要がある。精神分析の中で起こることを日常から懸け離れたものとして想像するのは、地平とつながりのない高みや深さを思い描くような誤解だが、或る種の地形を山あるいは谷と呼ぶように、精神分析の実質を構成する理念的なものは存在する。この理念としての現場が、第三の現場である。

一見したところ、第一と第二の意味での現場が具体的・現実的で確認しやすそうなのに較べて、第三の意味での現場は抽象的であり、しかも当初からの一貫した理念があったかどうかは疑わしく、多くの紆余曲折を経ているので、実在性さえ危ぶまれることだろう。しかし理念はむしろ基本的に、不純であることが必然的な現実の諸条件下では、成立しないか少なくとも達成され続けることがないものである。第一が主に現在に、第二が過去に関わるとするならば、第三は未-来に、すなわち、いつか到来すべきものに関わっている。だからこの現場は、常に留まり難い場として〈現場〉と表記するのが相応しいかもしれない。

では、第一の現在および第二の過去の現場は接近しやすいかというと、どちらも近づこうとしても、それほど容易ではない。その理由は例えば、第三者が不在なので物理的に正確な再現はできないとか、それに代わる記録が見出されないし記憶の証言が得られないでいるなど、初めは単に手続き上の困難であり、原理的な問題を含むものではないように見える。だが記録は、その手段があったとしても、第三者つまり面接の外からの視点と同じで、二人の当事者のどちらの意思とも決定的なところでつながっていない。しかも当事者の発言であっても、そこには意識的・無意識的な動機があるので、経験が二人の間で一致していないことの方が普通であり、自分自身の経験と一致している保証もない。そして資料の提示は原理的に選択的となり、全面的ではありえない。だから、部分的であるものにどのような偏りがあるのか、それが故意か否かに関わりなく、検証を必要とする。

検証が現場との関連で連想させるのは、「現場検証」という犯罪捜査めいた作業である。１９８０年代以降国際的に、検証を通じた精神分析に対する批判が同時多発的に広がった。そこに「フロイト叩き」の意図は濃厚だが、それらを無視しても事態は好転しない。事実クルーズ（Crews, F.）[6][7]、ボルク＝ヤコブセン（Borch-Jacobsen, M.）[2]~[4]らを代表とするＦＢＩ（Freud Bashers International）たちによる調査の中には精緻なものもあり、参照の価値がある。

しかしここでの主な目的は、彼らによる批判の単なる紹介ではない。それは、彼らの多くが悪意からフロイトおよび精神分析を批判しているので行き過ぎになることを懸念するからではなくて、論議が全体に及び話が入り組む一方で、重層的な現場から離れてしまう傾向があるからである。例えばマッソン（Masson, J. M.）は、フリース宛書簡の無削除版を公開したとほぼ同時に、『真実への攻撃——フロイトによる誘惑理論の隠蔽』（1984）[26]を著して、「誘惑理論」に対するフロイトの態度を批判している。それは大掛かりな分、結論の一般化を免れないもので、マッソン自身が他の読み方もありうるとする複雑な議論である。また、この例では、資料批判はフロイトが書いたものであってもフロイトにではなくて、書簡の編集やフロイト関連資料の管理方針に向けられるべきである。いずれにせよ、私信や未公開の草稿から確定的なことを述べるのは困難だろう。

だが事が症例記述となると、アイスラー（Eissler, K.）を代表とする後の管理者たちの関与があるにせよ、フロイト自身の問題であり、個々の現場に関わっている。臨床論文を書くとは、さまざまな場面と文脈を取捨選択することである。それが期せずして事実の隠蔽や歪曲に見えるものに通じることはありうる。しかしそういう微妙な話ではないところで、伏せられてきたことがある。今日、精神分析の内部でも調査は続いている。フロイトの5大症例とその解説にしか触れたことがない読者にとっては、その他のフロイト症例に精神病性障害を有した者が何人も含まれていることは初耳であり、比較的馴染みがあるはずの症例に関しても、その後の調査や資料公開制限の解除がもたらした意外な側面があることだろう。例えば、青年になってからフロイトを訪れたハンス。彼は成人後、音楽の世界で大成したことが、以前から知られている。恐怖症発症の前から観察され、こうした〝後日談〟に彩られてきたこの症例は、フロイトの輝かしい成功例だった。しかしそれにも、もっと別のさまざまな〝前日談〟があるのである。本書ではすべての症例を網羅することはできないが、現場への接近として幾つかの例を取り上げよう。

フロイトの精神分析を受けた精神病患者がいたことについては、驚きはその存在に関してだけであって、治療的・臨床的な成果が乏しいことは、意外ではないだろう。では、理論的には成果があったのだろうか。面接記録は発見されていないので、依然として現場で本当に何が起きていたのかを正確には理解できない。しかしそうした中でも、その臨床経験とフロイトの理論構成の関係について考えることはできる。例えば、メランコリー患者と一定度接したことなしに、「喪とメランコリー」を執筆することが可能だろうか。およそ臨床を扱った論文の背後には、具体的な患者がいたと想定する方が自然である。

実際、臨床を通じた研究素材と理論化の絡まりには不思議なものがある。カタルシス法の意義を説こうとした『ヒステリー研究』の症例アナ・Oの報告は、「〔最終日に幻覚を再現させた〕その直後から、彼女はドイツ語で話すようになり、それと同様に、以前呈していた数え切れないほどの個々の障害のすべてから解放されたのである。それから彼女はウィーンを離れて旅行に出たのだが、かなりの時間を要して、心の均衡状態を完全に手に入れたのであった。以来、彼女は完全なる健康を享受している」（以下、〔 〕内は、引用者による補正。フロイトの引用は「岩波版フロイト全集」の邦訳をほぼ踏襲している）と結ばれている。次章で見るように、引用の第1文は明らかに事実に反していた。そのことは、カルテからも周囲の証言からも確認されている。他方、第2文・第3文は、発表の時点で事実と合致するようになっていた。「個々の障害のすべて」が「心の均衡状態」の乱れと同一でなければ、つまり、障害からは解放されたが心の均衡状態はなおしばらくの間崩れていたという意味だとするのならば、結果として文全体に矛盾はなくなる。しかしながら、それが真意ならば、「障害からの解放」という書き方は、通常はイコール治癒と読まれるところだから、患者の現実はこの記述の誘導が期待させるものを裏切っている。そもそも転地療養や別の施設への入院を、「旅行」とは呼ばないのではないか。となれば、これはやはり捏造や改竄の一種だろうか。

2014年の前半、生命科学研究の一領域でいわゆるFFP問題（捏造 fabrication、改竄 falsification、盗用 plagiarism）が日本中を沸かせる話題となった。精神／心理療法の領域では、説明を方向づけるものが一種の物語の説得力であって自然科学的な因果関係に限定されていないので、この種の問題に明確な基準を設けることには、別種の困難がある。事例の解釈は多様で、原理的には、強調点と文脈の変更によって新たな説明を持ち出すことが可能である。例えば、アナ・Oの同胞に言及しないことは、個人を特定されないための偽装（disguise）の意図によるかもしれないが、その点を考慮することで新たな理解の余地が生じる。

加えて、面接という一対一の場面に他の証人がいないこと以上の難題がある。それは、患者と治療者の間の相互作用である。治療者が治療の実践を通じて理論を検証しようとするとき、患者を自分の意向に沿わせようとする力や、患者の方で治療者に合わせようとする力が働く可能性がある。その影響を排除して効果を知るには、無作為割付や対照群の設定・盲検化と評価尺度を要するが、過去の個別的な症例研究にそれらを求めることはできない。もちろん相互作用があったとしても、それだからこそ良い結果が生まれて持続するのなら、批判はされないだろう。例えばかつてやや価値が低いかのように扱われていた「支持的技法」は、現在では一定の評価を得ている。しかし、〝メッキが剥がれる〟という言葉があるように、長期経過を見ると、一時的でしかない効果はやがて薄れて元に戻る。その最たるものが、「暗示」の効果である。

ヒステリーの研究に始まった精神分析は、考察対象自体から受ける影響つまり転移と逆転移を対象化することで成立した。しかし、あくまで対象化を逃れるものを含むのが無意識という次元である。ヒステリーの「誘惑」や「擬態」に対して理論を屹立させようとすることは、歪曲の実演や存在しないものの実体化に通じる恐れがある。――これはシャルコー（Charcot, J. M.）が陥った振る舞いであり、精神分析はそこに男性的な態度の実演を見て、それを克服することで誕生したとするのが通常の主張であろう。実践では精神分析がつねに「純粋な精神分析」ではないことを承知した上で、これは筋の通らない主張ではない。しかしすべてを説明する万能の概念は存在しないので、その都度その都度、真実らしさと有用性を軸に検討しているのが実状である。これは無定見とも、確からしいものへの接近も認めずにすべてを相対化してしまう懐疑主義的な相対主義とも異なる。理論が生むのは、それが欠けていることによって見当が付かないこと以上に、理論の縛りによって現象への肉薄が困難になるという問題である。

とはいえ、何らかの参照点となり不動であるものがなければ、すべては相対性の中で地滑りを起こしつつ移動していくことになってしまう。数年・数十年よりも長いスパンで見ればこれは、言葉で表現しようとする理論の、むしろ実相かもしれない。だが、あまりに短期間に入れ替わるとしたら？　すると、「ゼロ理論」という批判が待っている。これは、現代フランス思想の緻密な読解を基礎としてフロイト症例と精神分析・精神医学の歴史全般の読み直しを行なっている、ボルク＝ヤコブセンによる批判である。

2　FBIと解釈の事実化（interprefaction）

〝FBI〟たちが精神分析成立以前のフロイトの曲折や彼のその後の臨床を批判した「フロイト戦争」(Freud wars) の中で、精神分析の擁護者たちが持ち出した論法の一つは、「その問題は古典的なフロイトの時代のことであって、現代では最早乗り越えられている」といったものだった。これは、教条的・独断的でなくて検証の余地がある限りで、妥当性のありうる主張と思われる。しかし、「修正」すなわちフロイト離れが行き過ぎると、もはや「精神分析」と呼んでよい範疇を超えかねない。この恐れは、単に思弁的な思考実験の産物ではなくて、フロイトがアドラーとユングの離反と抗弁に対して「リヒテンベルクのナイフ」と呼んだ論駁法である（「精神分析運動の歴史のために」1914)）。曰く、彼らは自分の主張を盛り込んでなお精神分析だと主張しているが、柄も刃も取り替えたら、マークが同じだからと言っても、もはや同じナイフだとは言えない、と。現実には、フロイトはアドラーの刃もユングの柄も、すなわちアドラーの「攻撃性」もユングの「心的エネルギー」の概念も、改訂した「死の欲動と生の欲動」の構図に吸収しているように見える。すると尚更、何ならば一貫性のある発展であり、何となれば異説になるのだろうか。

ミッチェル（Mitchell, J.）は『狂人とメドゥーサ』（*Mad Men and Medusas*, 2000）[28]の中で、従来の精神分析がエディプス的な親子関係を中心に理論を構成してきたのに対して、同胞間という横の関係の方が一次的であるとした。強調が変われば、出来事の捉え方も説明原理も変わる。基本原理は両親への愛憎ではなく同胞との「模倣同一化」であり、同胞の誕生が外傷的なのは、自己愛《ナルシシズム》にとっての破局だからである。ここから出発してミッチェルは、ヒステリーについての新しい見方を提唱する。

彼女の指摘の臨床的な意義は、別途検討するべきことだが、ここでの問題は、これほどフロイトの説と異なるのに、それがなお「精神分析」であり、しかもその進歩だと称することができる所以は何なのかである。

ボルク＝ヤコブセンはこれを書評して、「フロイトの理論のほとんどを捨てたときに、結局精神分析の何が残るのだろうか？　それから、フロイト理論を放棄することが、どうして精神分析への批判ではなく進歩となるのだろうか？」[3]と、理屈として真っ当な疑問を提出した。そして、「精神分析が灰から、常により強力に、より堂々と、よりフロイト的になって、永続的に立ち上がる仕方には、謎めいたものがある」と皮肉交じりに述べる。彼の理解では、この「進歩」はアイデアを他人から流用することで成り立っている。同胞葛藤の一次性は、フロイトの「欲望」概念を元々の意味に反してジラール流やコジェーヴ-ヘーゲル流に解釈することによって可能になる。つまり、批判者のナイフを密かに自分のものにすることで、精神分析は「進歩」する。「フロイトに帰れ！」と言っては新しいことをフロイトのテクストに見出す思想家たちにとって、フロイトは「次々と現象学者・実存主義者・解釈学者・実験心理学者・マルクス主義者・ヘーゲル主義者・反ヘーゲル主義者・構造主義者・デリダ派・ポストモダン主義者・ヴィトゲンシュタイン派・フェミニスト・認知論者・神経科学者そしてジラール派」になることができる。思想的な潮流のリストは、取っては入れることができるのならば、いくらでも長くなるだろう。何でもありうるのは、それが中身を抜き取ることができる「ゼロ理論」だからである。

また、ボルク＝ヤコブセンはシャムダサーニ（Shamdasani, S.）とともに、精神分析独特の思考-表現様式の一つとして「解釈の事実化」(interprefaction)[4]を指摘する。それは、解釈(interpretation)と構築(constructions)を事実(facts)であるかのように取り扱うことである。その一方で、各自は真理とは何かを思い思いに形成することが許され、「心的にリアル」な「自分の」フロイトやユングを持つことができる。この結果、検証作業は不要かつ不可能となるだろう。

以上は、精神分析が思弁的なので生じる事柄ではない。欲動論の変遷に対するフロイトの態度を見れば、彼が「基礎概念」の空中楼閣的な性質を承知しており、思弁的な仮説の変更を躊躇しなかったことが分かる。しかしフロイトがそこまで自覚的ではなかった理論的前提は、主観と客観、あるいは観察と素材、解釈と心的現象を切り離すことができるという考えである。その意味では、元々のフロイトは古典的な実証主義者である[3]。このことは、事が理論全体の大きな枠にのみ関わる問題ではないことを意味する。つまり、よりミクロの観察の場面においても、〝客観的な〟素材に〝主観的な〟解釈を持ち込んでいる可能性に対して、精神分析はどのような批判的自己吟味を用意しているのかが問われる。

臨床家が新しい自説を主張するときに常に依拠するのは、自分の臨床経験である。だがそれは解釈と不可分の観察である。ローゼンフェルド(Rosenfeld, H.)が1947年に発表した症例ミルドレッド[32](Mildred)を「同胞葛藤-ヒステリー」の線から再解釈するミッチェルを評してボルク=ヤコブセンは、「彼女はこれが彼女自身の理論の産物(artefact)以外の何物でもない可能性を、どうやって除外したのだろうか?」と自己矛盾を指摘する。主観による偏りは、ないかのように振る舞っても免れることはできない。この事態は、臨床の場面では治療者の主観を連想素材に投影する形で現れる。その最も極端な形態は、治療者による暗示とそれに呼応した患者による模倣である。結局問題は、解釈であれ患者の連想であれ、対象本来の性状の描写なのか、それとも投影と迎合という主観的歪曲なのかを、どのように見極めるのかである。

このことは、面接の中の解釈でもテクストの読解における解釈でも共通している。患者と違って文章は、引用の仕方を除けば、読み手による暗示に呼応して形を変えることはなさそうだが、投影はつねに活発であり、暗示は回収されて自己暗示として働き、各人に応じて意識的・無意識な読解に大きな開きが生じる。

では、こうした原理的で周到に見える批判に対して、精神分析の側に応えるすべはないのだろうか。有効性の検証は、思考実験ではなく現実に行なわなければならないが、精神分析の特徴に関しては、この批判で考慮に入れられていない幾つかの点がある。

事実、ミッチェルへのボルク＝ヤコブセンの批判はやや極論である。彼女が自分の提示するものを「精神分析」と呼んで憚る必要がないのは、どこかに〝精神分析らしさ〟が保たれているからに他ならない。ローゼンフェルドが治療したミルドレッドは、身体化や解離を主症状としていて、統合失調症に特有の幻聴や妄想は経過上、現れた記載がない。「離人症を伴う統合失調症状態の分析」(1947)[32]は、彼の著書『精神病状態——精神分析的アプローチ』[33]の巻頭を飾っているが、単に「精神病状態」とせずに「統合失調症状態」(schizophrenic state)としているところは、ミスリーディングである(クラインの評伝を書いたグロスカス[14]は、これをそのまま受けて、精神分析による統合失調症の治療例としている)。併せて、弟と母親の結びつきそして彼の死がミルドレッドに大きな影響を与えたとするミッチェルの精神分析的な読解には、一定の説得力がある。

では、別の読解を可能にする記述をしながらもローゼンフェルドは、なぜそのような理解の可能性を考慮に入れなかったのだろうか。彼は、例えば「包容」(containing)と同じ治療者の機能を、ビオン由来のこの語を用いずに述べている。そうした好みと一種の矜恃は、ここで「ヒステリー」概念を用いないのとは別の問題であり、彼はおそらく純粋に、ヒステリー「として」見ていないのだろう。逆に、この1947年発表の資格取得論文は、読んで分かる通り、クライン以上にと言ってよいほど投影同一化概念を駆使したクライン的な捉え方をしている。この論文は、逸話として伝えられている、「私が論文にする前に発表してはいけない」とクラインに言われたのを守って、「分裂機制についての覚書」(1946)[22]が発表されてから出版したものだろう。ミルドレッドの治療は、彼女が29歳の時、１９４４年3月から始まった。一方ローゼンフェルドは、１９４２年5月には精神分析の訓練を申し込んでおり、その時点で既にクラインとの分析を始めている。この治療は、彼がクラインの中で、ほとんどクラインの目と手として行なったものである。彼の理解と解釈は、クラインとの投影同一化に大きく左右されていたと考えられる。

疑いなくローゼンフェルドはミルドレッドを熱心に治療したが、それでもクラインとの結びつきが重要だったことで、ミルドレッドから発しているものを受け取る能力は阻害されている。彼のクラインとの終結と、ミルドレッドの彼との終結は、どのように関係していることだろうか。いずれにせよ、彼が概念としての投影同一化についてもっとオリジナルな理解を展開できるようになるのは、もっと後のことである。

話を戻すと、実際問題としてミッチェルによる「同胞葛藤」の強調には、それほど新規性はない。フロイトは、「正常な嫉妬」の無意識の由来を、「幼児の情動活動の最初期の動きを継続したものであって、第一期の性的時期のエディプス・コンプレックスないし兄弟コンプレックスに由来している」と並列させて書いている（「嫉妬、パラノイア、同性愛に見られる若干の神経症的機制について」1922）。等号で結ばれるものについて、どちらが先立つかを言っても、実質的な意味は乏しい。先の彼の例に即して言えば、刃も柄も入れ替わったとしても、やはりナイフのままではあり、包丁や鋏にすり替わってはいないし、機能的に無関係なペンや歯ブラシ……などに変わったわけでもないという同一性の維持がある。

現実には、ナイフの喩えに頼るまでもなく維持されているものがある。それは、**設定**という外的構造であり、それに加えて、精神分析の作業の本質を構成する**内的参照枠**である。

設定は、最初に治療者が大枠を決めて伝えるものであって、合意するとは言え治療者に好都合な内容であるにせよ、一度決められると、両者を縛る存在である。それは患者と治療者の主観性を超えた、物質に近い実在性を持っている。現実に、治療関係の歪みや不全は、沈黙・遅刻・欠席……と最終的に枠組みの逸脱として姿を現し、否認できない客観性を帯びるようになる。また、同じ場に治療者と患者のどちらにとっても他者が共在するという基本条件は、相互理解の形成と異質性に折り合うことを、関係性において言い換えれば接触と交わりを、原理的に課している。そのように二つの心が同じ部屋にいること自体が引き起こす課題は、一般向けの解説書ではもちろん、精神分析の著作や論文の読解でもあまり触れられない次元である。

しかしながら初めに述べたように、こうした外的構造は、精神分析の必要条件でしかない。精神分析に特有の交流は存在するのか、その〈現場〉とは何が起こる場なのか、それは本書全体を通じて探究していく課題である。今求められているのは、説明原理の構築ではなく、現場における交流の実質の解析である。

3　クラインにおける精神分析的な解釈と理解

フロイトに批判的なボルク＝ヤコブセンらが行なう解釈は、精神分析の実態の解明を目的とする点で、精神分析が面接の中で日々行なっている、治療者が患者の言葉（連想）を理解してその無意識の意味を伝える作業としての「解釈」と、質においても過程においても何ら異なるものではない。どちらの解釈も単に事実確認的ではなくて、古典的な言語行為論が言う行為遂行的な機能を有している。それらが遂行するのは、「理解する」「理解される」という関係における「理解」である。これは必ずしも、自然科学的な説明すなわち基本要素への還元と数理的定式化か、人文社会科学的な理解すなわち叙述かという対比にも、現象の背後の〝客観的〟な法則か主観的了解感（意味の一種のクオリア）かという対比にも、集約されるものではない。それは事実確認にプラスアルファの、平たく言えば納得と、実行に通じるような意思と意欲に結びつくが、結果的に誤解に基づいているかもしれないし、安定して持続的な理解として維持されるとは限らない、複雑なものである。しかし以下では、吟味は精神分析の領域に限定する。

精神分析で「理解」の過程を捉える概念の一つは、「投影同一化」である。具体的に、メラニー・クライン(Melanie Klein)による解釈過程の描写を見よう。クラインにおける「投影同一化」概念の変遷を紹介したスピリウスの論文[34]には、クラインの草稿D17からの引用が添付されている。これはクライン晩年の1950年代後半に書かれたものである。その第804・805枠を引用する。

「[……]投影同一化についての私の付加的見解を続ける。私は、どんな関係も投影同一化を含んでいると信じるが、私はこの過程が、分析において根本的な段階の一つであることを指摘したい。分析者が自分自身を被分析者の中に投影することができる限りで、彼は相手のことを十分に深く理解できるだろう。さてそれは、分析的な手順の失敗が間近に迫っている地点である。なぜなら、その投影が強力過ぎたり、激し過ぎたり続き過ぎたりすると、分析者は誤りを犯すはずだからである。そこで彼は、患者を客観的に理解するのには過剰に自分を相手の中に入れてしまっている。この投影が起きる範囲などは、分析者の自我の強さおよび分裂の仕方に、そして彼が投影するばかりでなく自分の一部を再び引き戻して、その投影に由来したかもしれない過ちを訂正する能力に、依拠している。つまり、彼は患者の感情や諸傾向などを、客観的に判断することができるということである。私は、分析的な手順の一部は患者の取入れであり、失敗か成功の同じ前条件がここで再び入り込むことを疑わない。私が述べていることから結論されるのは、投影と取り入れの両方による、患者との同一化における至適状態が、患者とのより深い理解にとって必須であるということであろう。そこには、同一化によって誤導されずに済むのに十分なほど、自分自身の自己と自我を取り戻す能力が伴っている必要がある。」(D17, frames 804)

「この過程の成功において非常に重要な点は、投影同一化と取り入れ同一化の動機である。成功にとって、この同一化が援助し理解しようとする願望によって(by the wish to help and understand)動機づけられていることが重要である。もしも、貪欲さや支配願望・略奪傾向のような他の要素がもっと顕著であるならば、その過程は失敗する。だがこれは、多少の違いはあるが、あらゆる対象関係にも当てはまる。私は、人々との関係における接触の深みはこれらの過程に、そうした諸過程をより客観的な判断によって修正する能力が加わることによってのみ可能だと思う。もしもそれがごく短い時間ならば、もしも私が関心を持っている人の位置へと自分の身を置かないならば、その関係は浅いままで、決して良い接触には通じていかないだろう。その一方で、もしもそれが過剰ならば、私が説明したような理由で、関係はやはりおかしくなるだろう」(D17, frames 805)

クラインの議論は、すべてを「投影同一化」概念に結びつけているので単純に見える。「事実確認」の側面は「客観的に判断する」という作業の中に組み入れられ、それ以上は検討されていない。しかし単純ながら、基本的な線はここに描出されている。

精神分析の過程は、患者と治療者が会った時から、あるいは会う前からさえ始まっていると言えるかもしれない。だが理解は、治療者が共有可能な仮説を患者に見出すことなしには始まらない。それは押しつけに陥る危険があり、そうなったときには対象の性質ではなくて自分の押し付けの確認にしかならない。しかし理解の深さは、対象への踏み込み度合次第であり、相手をどれだけ取り入れられるかに係っている。それに加えて、得られたものは投影と対象の交錯の結果として吟味する必要がある。この循環過程を通じて治療者が目指しているのは、同調や同情ではなく、自他の区別とともにそれぞれの特徴をより明確に捉えられるようになることである。

以上は認識についての議論だとしても、常識を逸脱しない範囲のものである。しかし認識を目的とする自然科学が、再現性を最重視して実験手続きとデータおよびその解釈をそれぞれ区別することで成立するのに対して、ここでの目的は相手の動機を理解することである。クラインの指摘で興味深いのは、「理解」の質には理解する側の動機が関与し、それに二種があるとされていることである。理解は現実的である限りで、中立的であることが望まれないのだろうか。それに対してクラインは、動機が根底において援助しようとするものなのか、それとも支配しようとするものなのかを問題にしている。

この二種は、「ポジション」の二水準つまり妄想分裂ポジションと抑鬱ポジションの相違には対応しているように見えるが、完全に合致はしない。これはおそらく、ビオンが結合（link）の性質をプラスかマイナスかに区別したのに近いだろう。その性質を捉えるには感知するしかない。だが、そうすることは逆転移に基づく、と言ってよいものなのかどうか。意図や動機を取り上げるときには、当の主体による確認がなければ意義は乏しく、推測にしかならない。この確認の過程自体は検証の過程であり、逆転移とは別の構造として考えた方がよいだろう。

ここでクラインが、この問題と重なる領域と思われる「逆転移」についてまったく触れていないのは、示唆的である。彼女はそれを判断の基準にしていなかったのだろう。それは、クラインがまったく違う方法を用いていたということなのだろうか、それとも、彼女の「逆転移」概念は狭かったが、今では彼女が実践していたことも含めて「逆転移の使用」と呼ぶ、ということなのだろうか。ビオン[1]へのクラインの討論原稿を検討したヒンシェルウッド[17]は、彼女が逆転移は患者によって引き起こされることを認めており、治療者の精神病理ではなく、患者からの投影同一化によってもたらされると説明していることを指摘して、彼女は後継者たちがそれを投影機制との関連で探究することを許容したのだろうとしている。しかしそれでもクラインは、「私にとって逆転移が患者をよりよく理解する助けになったことは決してなく……役に立ったのは、私自身をより理解することのためだったと思う」という立場を保った。

「逆転移」の概念が大きく取り上げられ、その臨床的な価値と有用性が論じられるようになったのは、1950年代のことである。クライン派の中では、その先駆けは、1950年のハイマン（Heimann, P.）[15]による論文「逆転移について」である。既に1956年にはマネ＝カール（Money-Kyrle, R. E.）[29]が、「正常な逆転移とその逸脱」において投影同一化の概念を用いて、正常な逆転移を認めてその働きと不全状態を論じるようになっている。彼は、修復欲動や親的欲動によって治療者からの投影同一化が先行することも、或る程度までならば正常範囲のことした。

上記のクラインの草稿は、理解の過程の描写としては、ストレーチー（Strachey, J.）以来のそうした発展を踏まえたものであり、内容的な齟齬はない。しかしクラインは概念としての「逆転移」には、両論文の中間期に発表した「転移の起源」[23]（1952）でも上記D17の記述でも、機能する場をやはり与えていない。後者でクラインは、ポジションから見た発達論を要約し、転移が乳幼児期に起源を持つことつまり最早期対象関係に由来することと、陰性転移の分析が不十分だったことを強調し、フロイトおよびアナ・フロイト（Anna Freud）との相違を論じている。現代から見るとそうした論点は既によく知られていることなので、今興味深いのは、ジョゼフ（Joseph, B.）[19]が後に取り上げた「全体状況」への初めての言及が確認されることである。

しかし、クラインとジョゼフの間で意味が完全には合致していないことに注意する必要がある。ジョゼフが「全体状況」(the total situation）というとき、それは、患者の個々の連想や表出の意味にではなく、患者が治療関係へと持ち込むあらゆるものに、特に、患者が治療者をどう使用し、治療者に感じさせるようにどう振る舞っているかという「その時その場で」(here & now）で進行していることに、注目することである。それは幼児期・成人期を通じて積み上げられてきた、しばしば言葉の使用を超えた経験であり、それを捉えるには、治療者の中に喚起される感情すなわち最も広い意味での逆転移を手掛かりにする必要があるとジョゼフは述べている。

これは、理解としてもそのための技法としても、現代クライン派の最も進んだ形態の一つであり、対象の質の吟味を通じて早期対象関係を夢想するための有力な方法である。しかしながら、それが唯一の方法とは限らないだろう。そもそも、クライン自身はどのようにして、直観に溢れた理解に達していたのだろうか。あるいは、他の分析者たちは。なかには、もっと現在の文脈が理解に必要な場合もありうるだろう。「逆転移感情」がそこで決定的なのかどうかは、すぐ後で実例を見てみよう。

クラインによる初出は、「全体状況」(total situations）と複数形になっている点が、和訳上同一に見えても、内実が同じではないことを表わしている。彼女の主張は、単一の「転移状況」(transference situation) つまり分析者が患者の素材の中で直接に言及される形で登場する場面ばかりでなく、患者の日常生活や関係・活動についての報告を、分析者への転移関係を反映するものとして理解するということである。これは、「あらゆる外的経験には空想が混ざり合う一方で、あらゆる空想は実際の経験の要素を含んでいる」という乳児的転移の性質に由来する。もう一つには、乳幼児は生活の中で非常に限られた数の人々としか触れないのに、それらの人々は異なる側面を見せて現れるので、多数の人物たちとして経験される。転移の十分な理解としては、単に父親か母親かではなく、どの時期のどの側面がどのように表わされているかを把握する必要がある。結局、「われわれの探究すべき領域は、現在の状況と最早期の経験とにあるすべてを網羅していなければならない」。これが、「状況」が複数形になる所以である。それはメルツァー (Meltzer, D.)[27] が述べた「転移の収集」に近いと思われる。

4 逆転移と結合

クラインが「逆転移」に関してもっと詳しく述べた資料があることは、1958年に行なわれた若い同僚たちとの討論記録をもちいた幾つかの研究[17][35]から知られている。論文によって異同が若干あるが、ここでは主にスピリウスの引用に沿って、その一部を引用[35]する。

「そこから始めるのなら、逆転移一般について、私はもう少し述べなければならないと思います。逆転移は、近年、流行の極みに達していて、逆逆転移について聞いたこともあります。しかしそうではないのです。もちろん、患者は分析者の中に何らかの感情を掻き立てるものであり、それは患者の態度によってもタイプによっても異なります。そしてもちろん、分析者が自分で気づくようにならなければならない、自分自身の感情があります。私は、逆転移が患者をより良く理解するために私の助けになったと思ったことは、全くありません。こう言ってよろしければ、それは私自身をより良く理解するのには、役立ちました。〔以下、クラインはベルリン時代の逸話を通して、逆転移は避け難いけれども患者が強い感情を掻き立てても、それで分かるのは治療者自身のことだと述べる〕ですから私は、逆転移は避け難いけれども患者を理解するためのガイドとなるものであるという、本当の説明を見出せないのです、その理屈が分かりませんので。と言うのも、それは明らかに、困ったりうんざりしたり、失望したり心配したり、誰かを強く嫌ったり好んだりする傾向が幾分ある、という分析者の心の状態に関わっているからです」(C72)。

クラインは、逆転移が自分のミスの源である限りで関心があり、それは自分のために制御され研究され使用されるべきだと強調して、参加者たちにまだ質問があるかを尋ねる。すると一人が、逆転移は、良い分析者の必須条件としてクラインが挙げた共感(empathy)にどれほど類似しているのかと質問した。それに対するクラインの答えは大変興味深い。

「あなたが今言っていることには、非常に多くのことがあります。なぜなら、患者の中に非常に嫌な特徴を見ているということ、患者は本当に自分ができるものすべてを私から取りたがっているということ、彼の態度はまさに、人々から自分ができるものを取ったら去って行く、おそらくは人々に害を及ぼすものであること、それらの受容が本当にできる、ということだからです。私たちはそうした性格を、患者として治療されるようにします。リー先生が今言ったことは、つまり患者との共感は、それに大いに関係しています。もしも私たちが、そうした性格特徴が私たち自身に向けて働かされるのを見て、『もうこんな患者に我慢できない、それはこの患者が赫々云々だということだ』と感じる代わりに、そうでなくて私が本当に、『では、私は彼を研究したい、彼がそれほど貪欲で、羨望に満ちているなら、それは彼の心理特性の一部であり、それこそ彼が私のところに来た理由であり、私が理解したいことだ』と感じるなら、そこには共感だけではなくて、もう一つの要素があります。それは、知ろうという願望（the wish to know）です。それで、知ろうという願望は、私の考えでは、分析者であるということにおいて非常に重要なものです。それは、心がどのようなものであろうとそれを探究しよう、という願望です。〔……〕私は、「患者の羨望や貪欲さに：スピリウス補筆」うんざりするでしょうか、それとも、そこで、『彼はなぜこんな態度をしているのだろう？』と考えるでしょうか」（C72）。

クラインは1930年頃まで、母親の身体内部への好奇心として現れる「認識愛本能」（epistemophilic instinct）に重要性を与えていたが、愛と憎しみの間の葛藤が強調されるにつれて、それは何処へともなく紛れて消えていっていた。だが、それは「知ろうという願望」という形で、愛情にも憎悪にも偏りことのない分析者の姿勢として、クラインの技法的態度の根幹に持続していたことが分かる。これらの愛する（Love）・憎む（hate）・知ること（know）を、対象関係の結合の三種L・H・Kとして同格に上げたのは、後のビオンの構想である。

ビオンもまた、「逆転移」には概念としての重要性を与えなかった。だが代わりに、転移関係についてばかりでなく、自己と対象の諸関係の性質について検討する方法を考案している。「結合」は、その一つである。

ビオンは精神病患者との治療経験を通じて、「結合」を初めその反対方向に働く病理的な力つまり「結合への攻撃」（attacks on linking）として主題化した。攻撃は、自我と現実を結ぶものすなわち内的・外的現実を覚知する自我の装置に向けられる。彼らの世界が断片化されているのは、この暴力的な分裂のためである。続いて彼は、精神病の問題から“未消化”の感覚印象／情動＝「ベータ要素」へと転じて、それを包容（containing）する母親による夢想の機能を抽出したように、「結合」についても、臨床および生成と発達の方向から論じた。

しかし彼の構想は断章的で、それらを統合して理解するのは困難である。結合とは、状態なのかそれとも機能なのか。ビオンはその形態を「容器♀」と「内容♂」と抽象化-記号化して、カップル（♀♂）の隠喩であることを示した。「結合」が（♀♂）と表記されるとき、それはアルファ機能そのもののことでもあれば、「容器」と「内容」の間の投影同一化の表現でもある。また、その原型は乳房の中の乳首あるいは膣の中のペニスでもあれば、乳児の口と母親の乳首の結合でもある。前者は両親カップルに発展していくが、後者は母子関係に依拠するモデルである。そこに結合の性質、L・H・Kは、どのように絡むのだろうか。また、主に集団を念頭に彼が挙げた性質、共存・共生・寄生は、カップルが生産的でありうるかという問題意識に由来しているが、それまでとは異なる切り口のようである。臨床的には最も素朴に、自己と対象の、あるいは自己の諸部分・対象の諸部分のつながりこそ結合だろう。洞察とは、パーソナリティの未知の部分同士の新たな結合を経験することである。それは相手を相手として認めて触れる程度から、相互貫入（inter-penetrate）して相手に変容をもたらす交わりまで、度合と質の違いがある。

ビオンがクラインの示唆をどのように受け入れ引き継いでいるのかはともかく、「共感」と「知ろうという願望」すなわちK結合の違いについてのクラインの記述から、逆にビオンの表現する「結合」が含むものについて、多少考えることができる。おそらく、こう言い換えることができるだろう――共感は、患者が何をどう感じているのかという内容の好ましさ・疎ましさに関わりなく、患者との**情動的接触**を保とうとすることである。それはすべての治療的な関係の基礎だが、知ろうという志向は、接触を保つ以上の分析的なものを含んでいる。その分析的なものとは、治療者への患者の態度を理解しようとすること、関係について考えることである。それは、二者関係を保持しつつその関係を知ろうとするという、**分析的な交わり**を試みることである。精神分析治療の適応がある患者とはそれを活かせる者であり、自分の態度と関係を第三の主体（自分、自分が関わっている対象、そして自分を理解する対象――後二者は、同じカップルを実は形成している）の視点から位置づけることを経験できるだろう。

先のD17では、クラインは同じ場面について、「援助し理解しようとする願望」(the wish to help and understand)

という表現を与えている。これは、単に「知ろうという願望」あるいは「理解しようとする願望」という、知的だが中立的な、ひょっとすると自分の興味から知ろうとしている偏りも含むような言い回しよりも、治療者の態度として自然なものである。ではそこにはK結合の他に、何かが伴うのだろうか。治療関係では穏やかな陽性感情が基盤となるから、それはK＋Lと表記するところだろうか。それともK結合は、意味や価値を奪うマイナスのK結合と対照的に、意味を与える点でプラスの関係性と考えられるのだろうか。こうした曖昧さは、表記法に残ったままである。

しかしK結合は、知的で依存関係と無縁な印象に反して、その受容的-夢想的性質によって、単に「理解する」以上の「援助する」機能を内在している。それは、投げ掛けられる情動のインパクトに対して、「うんざり」してそれを行動に移すか、「それともそこで、『彼はなぜこんな態度をしているのだろう?』と考える」かという局面で問われる。それは、乳幼児が自分で処理できない情動を包容するかどうかという母子関係の質と同じである。

クラインが理解することの動機の性質を取り上げたのは、それが理解の内容に影響を与えるからである。その関係は複雑で、非難や攻撃が理解を歪めるのは当然として、動機が肯定的であっても、問題のある側面を見落とすならば、それは一種の歪曲である。良い関係の実態は理想化であるかもしれず、好評価-改善という好循環は、見掛けでしかない可能性がある。動機の誠実さは、内容の正しさを保証しない。だが内実が乏しいとき、その空疎さは最終的にどこかで顔を出す。広義の逆転移感情は、それを感知する触角として働く。但し、逆転移の現象とその一部である治療者からの投影同一化は無意識的な過程であって、対象からの受容に先立って生じている。つまり受け取るものには主観的な成分が含まれており、再び、検証が問題となる。

5　ハイマン「逆転移について」の症例読解

ハイマンによる「逆転移について」（1950）[15]は、当時のクライン派の中で逆転移について初めて論じたことで知られており、この領域の総説では、今なお引用されることが多い重要な文献である。その定義すなわち「『逆転移』という用語で、分析者が患者に対して経験するあらゆる感情を含めている」ことと、著者の主張すなわち「分析状況における患者への分析者の情動的反応は、分析者の作業にとって最も重要な道具（tool）の一つを表わしている」ことは、今も基本的な出発点である。続いて彼女は言う。「分析者の逆転移は、患者の無意識の世界へと探究するための計器（instrument）である」。だから彼女にとって、逆転移は分析者の情動的反応と等価である。

患者を理解するために逆転移が関与してくることは、個人内部のシステムを単体で取り上げてそこに抑圧や行動化などの抵抗と諸防衛を見る立場と異なり、患者は心の中に収められないものを排出していると見る、投影同一化を基軸にしたクライン派精神分析の論理的な帰結でもある。分析状況は、「二人の人間の間の関係」である。それは「機械的な頭脳」によって、純粋に知的な手続きを元にして捉えられるものではない。患者の連想の流れを理解する、つまり患者との情動的な接触を保つには、「自在に湧き起こる情動的な感受性」が分析者に必要である。それには強さよりも、違いを識別し素早く反応して広い範囲に及ぶことが求められる。また、患者の連想以外の活動つまり行動化は、患者が一人で起こすものではなく、つねに何らかの対象関係の「実演」（enactment）あるいは「再演」（re-enactment）である。

しかし、逆転移はつねに情動的反応であるとは限らない。情動的に経験されることは、意識までに上った派生の仕方の一つであって、根幹ではそれは無意識的である。フロイトにおいて欲動がさまざまな運命を辿るとされたように、逆転移もまた防衛と妥協形成を被り、それと気づかれずに分析者の認識や行動様式に影響を与える。

ハイマンは、「患者の言葉のはっきりした意味と隠れた意味、ほのめかしや含み、それまでのセッションの示唆、現在の人間関係の描写の裏にある子供時代の状況への言及などを見て取ること」が分析者の課題であると言う。これらの「多くの水準」は、クラインが述べた意味での「全体状況」と一致する。では「感受性」の範囲が逆転移感情そのものであるなら、この課題に応えられるのだろうか。言い換えれば、逆転移感情は検証の手段として必要十分なのだろうか。彼女の例を見よう。

「最近の経験が浮かぶ。それは、私が同僚から引き継いでいた患者に関係している。その患者は40代の男性で、当初は結婚が破綻したときに治療を求めたのだった。彼の症状では、性的乱脈が目立って現れていた。私との分析の3週目に彼は、セッションの始まりで、少し前に知り合ったばかりの女性と結婚するつもりだと私に言った」

以下ハイマンは、臨床素材を付け加えながら、自分の解釈とその根拠を述べていく。まず「この時点での結婚の願望」は、分析に対する抵抗と、転移葛藤を行動化する欲求によって規定されていると考えられる。この強い両価的な態度の中には、分析者との親密な関係を求める欲求が認められる。だから、このような願望自体を精神分析の一般常識に照らして「行動化」と判断するのは、自明のことである。実際に、分析状況が生み出す欲求不満に対する行動化ならば、それは「治療の初期に稀ではない」し、作業の大きな障害となって破局状態を引き起こすほどのものではない。だが彼女は、自分が患者の言葉に対して危惧（apprehension）や心配（worry）を感じているのことにむしろ当惑して、そこに通常の行動化を超えた何があるのか、この逆転移からの知らせに留意して考えていくことにする。すると患者は、その女性が「嵐の中の航海」をしてきたと描写し、次のように夢を述べた。

「彼は外国から、非常に良い中古車（a very good second-hand car）を獲得したが、それには傷がついていた。

彼はそれを修理したかったが、夢の中の別の人は、用心を理由に反対した。彼は、その車の修理へと進むことができるように、『その男性を混乱させ』なければならなかった」

ハイマンは、この夢のおかげで、それまでただ危惧や心配としてしか感じていなかったところに、「転移葛藤の単なる行動化」以上の危険があることを理解したと言う。実のところハイマンの叙述は、ここからが辿り難くなる。

患者は、とても良い・中古・外国から、と車の詳細を述べているとき、それがドイツ出身の彼の分析者を表わしていることに自分で気づく。ハイマンは夢の人物たちを患者の内的対象関係として理解し、別の男性は「安全と幸福を得ようとしている患者の自我の部分および保護的対象としての分析」を表わす一方で、患者自身は彼女に傷が付いていることを望んでいると解釈する。そしてその加虐的衝動への罪悪感から、彼は償いをするように強いられるが、それは用心と理性を消し去った被虐的性質のものである。

ここからハイマンは、患者の加虐的-被虐的衝動を抽出して二つの方向に推論を推し進める。それは、現在の状況における分析を無化しようとする攻撃および自己破壊傾向と、早期対象関係における母親への肛門的攻撃および償いで、被虐的な振る舞いである限りで憎しみを生み、破壊性と罪悪感の間の葛藤は解決どころか悪循環に至るとされる。——以上が、ハイマンの見る状況の深刻さである。彼女は、求婚という外見上リビドー的な行動が分析に対して攻撃的であることが危険であり、その動機が倒錯的システムによって規定されていることが深刻だと見ているのだろうか。それはそれで一つの読解ではあるだろうが、かなり一般的である。また、「単なる行動化」には危険がないのでなければ、それは知見として意味がないが、行動化には何らかの危険が常に伴うだろう。彼女の解釈には内容的にちぐはぐなところもある。具体的に挙げると、車は患者が獲得した時から傷がついており、彼はそれの修理を夢の中で望んでいるのに、分析者に傷がついていることや分析を無いものにすることを彼が望んでいると解釈するのは、どうなのだろうか。分析者はそれに見合うほど患者から攻撃の脅威を感じたり、不愉快に思ったりしてはいない。分析者はむしろ、患者に対して「危惧」や「心配」を感じている。この患者には加虐的衝動と被虐的衝動がありそうだとは認められるが、それによって「より十全の理解」(fuller understanding)となったと言うには、まだかなり抽象的である。それは、分析者の感情が「その時その場で」での二人の関係と言動に、あまり結びついた感じがしないためであろう。

右記3行の症例概要を改めて読んだ上で、ハイマンの逆転移について見直してみよう。結婚生活が破綻したことがあって性的に乱脈な患者から、知り合ってすぐの女性と結婚するつもりだと言われれば、治療者がそれを性急だと感じて憂慮するのは、自然なことである。それ以上に危惧や心配が生まれるのは、どのような場合だろうか。それはさまざまなことに向く可能性がある。確かなのは、ハイマン＝分析者にとってはよく知らない患者が、「少し前に知り合ったばかりの女性」に対して極端な反応をしていることである。この女性をハイマンに重ねるのは、解釈として自明である。では、ハイマンと「結婚するつもり」とは、患者の動機は何なのだろうか。そこに危惧と心配を生むものがないだろうか。

続く夢は、患者の動機をもっと描写している。彼は、外国から獲得した「非常に良い中古車」の傷を修理したかったのだった。だが彼の別の部分は、その行動に対して警告を発している。車への形容詞が、彼の対象としてのハイマンの性質である――とても良い・中古・外国から。傷に関しては、それが元からあったのか、彼に車を傷つける意図があるのかで、解釈が分かれるのは、今見た通りである。しかし他にも、ハイマンが取り上げなかった対象の特徴がある。それは、“second-hand”という点である。これを「中古」と訳すと見えにくくなるが、second hand とはすなわち二番手のことで、ハイマンの前に元の治療者がいたのであり、彼女はどのような事情からか、引き継いだのである。そして患者は、三週間前にハイマンと会い始めたばかりである。

この文脈を考慮に入れると、開始三週目という分析のこの局面で、それまで看過されてきた別の力動が働いている可能性を考えることができる。引き継がれたということは、前の治療者とは終結できなかったことを意味する。それが前治療者の病気のためなのか、転居のためなのか、理由が明示されていないので不明だが、患者の方が望んで交代したのならば、そう書かれているだろう。となると、患者は本意でなく中断＝離別し、今また新たに親密な関係を持とうとしており、「用心」を理由に反対している自分の一部分を「混乱させて」、無理に受け入れようとしているのかもしれない。こうした喪失の否認と躁的な償いが分析者の無意識的な憂慮を招いたとしても、もっともである。

この説明が最も有力かどうかはさておき、「治療者の交代」という非常に情動的インパクトの大きい出来事は、それまで話し合われた様子がなく、患者の「行動化」の中に象徴的に急浮上している。このように、何か感じることが逆転移であるだけでなく、感じるのが自然なところで、当たり前のことのように流して見過ごすことも、逆転移の表れでありうる。この出来事が患者によっても治療者によっても一顧もされていないことは、それ自体が何かの、例えば患者の養育者の急な交代の再演ではないかと考える余地を与える。だが患者の生活史は不明なので、推測はここまでとしよう。

この症例は、「イルマへの注射」の夢を思い起こさせる。夢は欲望成就であるという命題を実証しようとしてフロイトは、綿密な分析を叙述した。しかしそれに対して後の読解によって、基本原理への変更はなされなかったが、フリースの失態を糊塗する／暴露するという別の欲望が、より確からしい解釈として提起された。同様に、ハイマンによる「逆転移」の価値と活用の提唱は、基本原理として変更されないが、理解は別の解釈によって形を変えていく可能性がある。「逆転移感情」の活用は、患者に由来していると言える、相手の内側にあるものを受け取ろうとすることである。そのように、外から聞くだけではなくて、**中に入ること**が、理解の方法論として必要である。しかしそこには、本当に入っているのか、入っていると思っているだけかが区別し難いという問題がある。

これは、逆転移感情の理解が自己分析に近いので、それに付き物の死角による限界のように見える。確かにそれも絡んではいるが、ハイマンが自分の感じた「危惧」と「心配」の性質をもっと吟味していたとしても、「治療者交代」という出来事を中心的な文脈に据えなければ、その影響は見過ごされるかもしれない。またそれ以外にも、書かれてはいないもっと別の文脈の可能性は、つねに残っている。自己分析には明らかに限界があるが、解釈を思いつくのも自分という主観なので、内省的な吟味だけではない、別種の検証作業が必要である。

このように解釈には、主観を投影しているというリスクが常に伴うが、実りある交流のためには、そのリスクをとらずに、既に明らかなことを繰り返し述べても意味がない。クラインが述べたのは患者の連想についての解釈だが、それはテクストの場合も同様である。実際的な確認と、著者が既に述べていることを繰り返しても、新たに得られるものは乏しい。どれだけ分析対象の内的世界へと入り、そこで切り結ぶことができるかが、読解に肝要である。

6　おわりに――歴史的検証について

検証に際して、歴史的な知識はどのように役立つだろうか。心的リアリティは、必ずしも歴史的パースペクティヴに沿っていない。精神分析的な意味は、歴史的な事実と別の文脈の事実を切り結ばせる邂逅によって生じる。雑誌『精神分析と歴史』(*Psychoanalysis and History*) を編集してきたフォレスター (Forrester, J.) は、フロイトが夢に見たイルマは誰かという問いを例にして、伝記的な事実と精神分析的な事実が衝突するとした (同 Editorial vol.17, no1, 2015)。フロイトは夢への連想で、イルマが「強情な」未亡人の患者であり、苗字の音韻が Ananas であることを伝えている。それとは別に、13年後に彼はアブラハムへの手紙で、イルマが娘の名付け親だと書いた。とするとイルマのモデルは、伝記的にはアナ・ハマーシュラーク-リヒトハイム（Anna Hammerschlag-Lichtheim）以外ではありえない。しかしシュール（Schur, M.）が当時未公開のフリース宛書簡を参照しつつ浮き彫りにしたように、そこにフリースによる手術の失敗という文脈とその隠蔽というフロイトの動機を読み取るならば、イルマはエクシュタイン（Emma Eckstein）に重ねられる。その連想を精神分析的な事実として、夥しい数の論考がなされてきた。これが夢の一部であることは、連想を辿る際の特権でもあれば、主観的であるが故に深刻な弱点でもある。実際には、伝記的な事実は精神分析的な事実を否定しないが、肯定もしない。それらが衝突するのは、検証の過程においてであって、精神分析的な事実が見えてくるためには、まずは交わるほどに引き寄せる必要があるだろう。しかしそれは、牽強付会に陥る可能性がある。

皮肉な例を挙げてみよう。H・エランベルジェは、力動精神医学の発展史を詳細に説いたその著書『無意識の発見』(10)の中で、往時のヨーロッパについてこう書いている。「一切が全く別世界に思えることであろう。自分たちの祖先の生活様式が、全く馴染みのないもののように見えることであろう。〔……〕当時の人をみれば男女問わず別人種のようにわれわれと違う人間に見えることであろう。生物学的にみてすでに、当時の人々はわれわれと違っていた。小柄だががっしりしており、非常に屈強であった。金持ちでさえ、われわれには信じられないほど不快な環境に生きていた。大多数の国民が、あまり加工しない食物で単調な食事をしていた。〔……〕近代的下水工事はまだ存在せず、塵芥が至るところに散乱していて、人々は強烈な臭気に慣れっこだった。〔……〕知的刺戟は大多数の人々にとって今日よりずっと乏しかった。当時書かれた小説、たとえばゲーテの『若きヴェルテルの悩み』を読んで、その登場人物の誰かの生活を自分がするものと想像してみてもよい。その生活様式はわれわれには我慢できないほど退屈に思われるはずである。〔……〕われわれの祖先の人生観も、ほかのことに劣らず奇異に感じられるであろう。祖先の考え方は一般にわれわれよりも大まかであった。〔……〕われわれには荒唐無稽に思える発想や迷信や偏見もまた沢山あった。例えば科学という言葉は、ほとんどの人々にかなり漠然とした意味しかなかった」――等々と、興味深い記述が続く。抜き書きし始めればきりがないが、これは、『無意識の発見』の中でも印象に残る箇所の一つである。

こうした開発途上のアジアのような情景の描写を読むと、時間と距離を隔てることで、生活環境について想像することはかなり困難になる可能性が改めて感じられ、精神分析というものの、少なくともその土壌の、歴史-文化依存性について考えることになるところだろうか。これだけ離れた時代の、異なる生活背景を持つ経験から得られた知見を、そのまま理解することができるだろうか、また、それに基づく人間理解には、果たして現代にも通じる普遍性があるのだろうか、と。しかし、問題になるのはむしろ、知的な理解による見取り図であり、その錯覚による混乱の影響の方が大きいかもしれない。ヨーロッパの文学史を多少知っている人なら、上の引用が奇妙に感じられることだろう。ゲーテの作品は確かにフロイトの愛読書だったが、二人は同時代だったか。

実はこの「当時」とは、19世紀末ではなくて18世紀末のことである。その点を取り違えていても、エランベルジェの結論、「こうして力動精神医学の誕生は、啓蒙主義の合理、非合理の両面が現象した結果と理解できる」は、大差がないように見える。言い換えれば、歴史的な正確さと整合性が伴っていなくても、何となく実感とともに納得してしまって、百年の幅の時代錯誤が見過ごされるかもしれない。人間の心性は短期間で大きく変わるとも思われないし、結局のところロマン主義的な要素はフロイトに認められるのだから、とも合理化できる。では、歴史認識には何の意味もないだろうか。それはそうではないだろう。だが何の正確さが優先されるのかは、つねに問題である。そのような正確さでは捉えられないものがあるかもしれないし、そのような拘り自体が錯覚かもしれない。或る種の事実についての情報の欠如は、症例理解を大きく変更することがありうる。だが、精神分析的な直観の理解を抜きにしては、客観的情報を活かすことにも限界がある。そしてどのように情報が集まっても、謎は残る。

史実としては、その百年の間にダーウィンの進化論が登場し、生物の世界についての理解を一変させていく。

ドイツ語圏では、ダーウィン説を自然哲学化したヘッケルの系統発生論が席巻する。人間の社会的関係のあり方については、歴史的・経済学的な下部構造に規定されているというマルクス主義の見方が登場する。プシュケー(Psyche) すなわち心あるいは魂・霊魂については、デカルトの二元論に見られる、身体から遊離可能で動物にない高尚な精神という捉え方から、啓蒙主義を経て、自然にこそ生成の萌芽である何かを想定するロマン派的な無意識への展開があった。エランベルジェはそれらを精神分析との関連で詳細に調査して記述し、哲学におけるニーチェ・ショーペンハウエルといった無意識概念の起源のみならず、おそらくどれも当時から既に奇想扱いされていただろうが、例えば精神生理学の領域ではフェヒナーが「快原理」(Lustprinzip) を論じていたこと、母権制から父権制社会への移行を論じたバッハオーフェンはエディプスを取り上げ、精神分析の基本諸概念を素描していたことなど、フロイトに先行した当時の科学（少なくとも知）についての概観を提示している。フロイトはニーチェからの影響を否定し続けたが、エランベルジェが指摘するように、全く同じ考え、全く同じ語呂合わせを示していては、無関係と言えないだろう（例えば『漂泊者とその影』の〝Alles Klagen ist Anklagen〟と、『喪とメランコリー』の〝Ihre Klagen sind Anklagen〟）。

フロイトの当時、精神分析の誕生前夜の頃について、エランベルジェの述べるところを見ると、それはやはり「今から振り返ってみれば、当時の世界は多くの点でわれわれの世界と非常に違っていた。われわれが当時の世界のありのままの姿を思い浮かべるには相当な努力が必要」な時代である。列強の支配を通じて世界秩序は安定したものと思われており、男性の優位性が強調され、厳しい階級があり、白人支配は当然のことだった。学問の世界も一種の階級社会であり、国際的な学会は１８８０年代には組織され始めたばかりだった。

ただ、このような歴史的な理解は、啓発的で一定のパースペクティヴを与えてくれて、時代を想像することを助けるが、これらは精神分析の経験に直接到達するものではない。また、エランベルジェが教える通り、性科学についても夢の理解についても、フロイトに並ぶほど詳細に論じた先駆者や同時代人には事欠かなかったのだが、彼らからフロイトは現れなかった。『無意識の発見』の精緻にして浩瀚な研究を読んでも、自分の無意識に気づくことはない。歴史についての読み物として読んでいる分には、転移・逆転移との関わりは、主題とならないからである。

症例を読むことは、語りに巻き込まれていくことである。そのとき、「転移」・「逆転移」の概念や「内的世界」の視点がなかったならば、何が起きるだろうか。そして何は起きることができないだろうか。次に、アナ・Oの治療とそれを巡るさまざまな物語を見ることにしよう。

第2章　精神分析の前夜――アナ・Oを巡る語り

1　はじめに

現代のさまざまな治療法は、精神分析による理解を乗り越えたと陰に陽に示唆している。それに応じて精神分析的視点は、廃れていくはずのものなのだろうか。それともむしろ、新しさの主張にはつねに死角が伴うものであり、精神分析が言う「無意識」はそれを指摘しようとしているのだろうか。そしてその原理は精神分析自体にさえ当てはまるのだろうか。本章では、「談話療法」＝〝talking cure〟で知られる症例アナ・Oについて、その「語り」（narrative）を精神分析的に検討したい。今では〝cure〟がその名に値しなかったことは分かっている。吟味すべきなのは、彼女の〝talking〟の性質である。

患者の叙述を理解することは、あらゆる精神療法において要である。どの治療法も、その叙述から関連する事項を抽出し意味づけするパラダイムを持っている。もちろん治療場面でのやり取りは、「語り」のみに還元されないし、「物語」はその一部に過ぎない。しかし患者が何をどう話して、治療者がそれをどう聞き取るかという基本的なコミュニケーションは、それらの特徴と制約を共有している。そこで先に、物語および語りの機能と構造を確認しよう。

2　語りの諸相と精神分析

物語の基本的な特徴は、そこに人物が登場することである。医学で中心的な情報は、whatに関して科学的基準による整合性で語ろうとする。その際、個体差や主観的歪曲などの捨象を行なう。経験を科学的命題に変換し、真偽を決定するために諸条件を整えて出される結論が、診断であり病態の理解である。――ここまでの科学的手続きに何ら問題はないが、そこから治療を一義的に導こうとすると、人生を考慮に入れていないことになる。それは前世紀の論理実証主義ほど極端な物理学的科学主義ではないにしても、そこには人物が不在である。物語に注目するのは一つには、個人の経験の多様性を不要な雑音としてではなく、意味を持つものとして復権させるためである。それはことさら反科学的・非科学的になることを目指しているのではない。数学と工学あるいは消費製品を対比して考えれば、応用と実用の重要性が理解できるだろう。

もう一つには、物語が説得の手段になるからである。物語は、複数の主体と視点を含むことによって他者理解を助ける。何人かの人物が登場することによって、異質で多様な経験が或る舞台において交叉する。語り手と聞き手はそこで初めて出会い、他者理解の可能性に開かれる。老人の回想にしても心的外傷経験の語りにしても、聞き届ける相手がいて初めて、語る経験は完結する。語られた経験は、出来事の始まりと終わりがあり或る一定期間の時間の流れがある物語の枠を通じて、まとまりと意味を与えられる。かつ、それは複数の主体から見られることで、意味の相対化と深化がうまれる可能性がある。対話によって自己理解が生まれるのは、聞き手が話し手の物語に参加して異質な視点を提供するからである。物語の提示は、相手への新たな視点の提示すなわち説得である。

これらの物語の特徴は建設的に見えるが、防衛的にも用いられる。物語の中に複数の人物と視点が登場しても、主要な人物以外には類型的な役割が与えられがちである。また主要人物についても、出来事を起承転結という擬似的・部分的因果関係に還元することで、特定の立場（アイデンティティ）の固定化が行なわれる。それは一時的には妥当であったとしても、大団円の後にも続く人生がどうなるかを保証していない。アイデンティティの固定は概して自己正当化である。「犠牲者アイデンティティ」のようにそれが一面的・部分的であればあるほど、自己を制約する病理的なものとなる。解放する物語はアイデンティティの発見・構築ではなく、解体を語る。よってstory-makingだけでなく、story-breakingをもまた内在的なダイナミクスとして含むのが、現代的な物語観である。ナラティヴ・セラピー[24]はこの「書き換え」の部分を強調している。

しかしこの種の革新は同時に、容易に変質する構造を内在している。確かに、ある人が拘束され服従している物語＝自己規定を相対化し、別の物語＝意味と可能性を発見することは、ある程度まで可能なことだろう。だが、「物語」を意識化して語りさえすれば必ずその支配から解放されるという保証は、どこにもない。ここには精神分析を含めて、「物語」を中核に持つ治療法が避けられない二つの陥穽が見られる。一つは、知的にメタレベルに立てば問題を克服できるという知性化の錯覚である。実際には、物語によって人生の見通しを持つことはできない。そこには、自分の手と約束の握手を交わす程度の確実性しかない。もう一つは、意識化して語れば問題を取り除くことができるという浄化《カタルシス》の錯覚である。問題の性質によっては、動かしがたい現実がある。たとえそれが自分の感情、例えば嫉妬・憎悪であっても、話せば消え去るわけではない。まして、基本的な事実や時間の経過はそれに左右されない。しかし浄化では、基本的に現実の受容ではなく、悪いものの除去が期待されている。

それに加えて、精神分析には特定の物語の類型が付き纏ってきた。[2]それは、探偵小説である。「シャーロック・ホームズの伝統」は、意味の解明に役立つモデルである一方で、臨床的な出来事を「紋切り型の見方」に従わせている。スペンス（Spence, D.）[34]が取り上げる点は、何が起きたか＝事件の謎を解明しようとする態度が歴史的真実を前提にしていることと、理論に基づいて証拠を集めることによって患者の生活の詳細を無視し、ひいては経験を単純化・歪曲するということである。その典型的な例は、ドーラの症例であろう。フロイトは症例報告が、実名小説（roman à clef）として読まれてしまうことに憤慨していた。彼は確かに症例の身元証しは避けたが、夢解釈のための証拠集めに専念した。それも探偵活動の一部である。結果として、彼はドーラがどういう性格か、容姿か、など問題にせず、[15] ドーラがその場でどう思っているのかを見過ごしてしっぺ返しを受けた。

「探偵小説モデル」の弊害は、それだけに留まらない。謎の解決はカタルシスをもたらし、一件落着と思わせるが、それは犯人に責任を負わせる問題の外在化である。解決は主に解読によって行なわれ、丹念な捜査よりも全能的な思い付きが重んじられる。ヒーローとしての探偵の多くは、知性優位の天才か変人で、情緒的な関与と縁遠い。彼らの「逆転移」は、推理進行の妨げと見なされているだろう。推理小説自体が変化しているにしても、それは精神分析の一つのカリカチュアであり続けている。

3 症例アナ・O

アナ・Oは、一般診療と精神科診療との、そして精神科一般診療と精神分析との、交差点に位置する症例である。それはブロイアーがフロイトに語ったことによって知られるようになった、精神分析を誕生に導いたとされる、しかし精神分析による治療**ではない**症例である。今日の意味での「転移」も「逆転移」も概念として存在しない中で、治療者たちは翻弄されつつ、ヒステリーの現象を説明しようとしてきた。

A．前史からブロイアーへ

それは起源では、空想的で寓話的である。ヒステリーを女性に、それも子宮という内臓器官に結び付ける発想は、紀元前２０００年の古代エジプトに遡るとされる[37]。ヒステリーの総説でよく引用されるのは、「迷走する子宮」というイメージである。「女の場合も、母胎とか子宮とか呼ばれているもの、すなわち、女の中にいる、子供をつくる欲望を持った生きものが、時機を過ぎて長い間、実を結ばずにいると、手のつけられないようないらだち方をして、身体中いたるところを彷徨し、息の通路を塞いで呼吸のできないようにして、極度の困難に陥れたり、また、その他にも、ありとあらゆる病気をもたらす[30]」。このように子宮は魂と違って動物的で、欲望を持った別の生き物のように、満たされなければ女性に病気をもたらすとされてきた。

歴史は下って、ハーヴィーの血液循環の発見を代表とする近代医学の流れとともに、17世紀以降、神話的・空想的な捉え方は衰えた。ヒステリーへの視線もまた医学化して、その座は女性性器から脳神経系へと移った。それでもヒステリーには、情緒性・媚び・誇張・極端な好悪などの女性的諸特徴が重ねられがちだった。フロイトが学んだ19世紀後半ウィーン精神医学に主流のアプローチは、遺伝と変質の理論による説明である。障害があっても身体的基盤の見出されないヒステリーは、疾病として認めがたかった。そうすると、意図的な企てでなく心理的に障害が生じることは理解し難いので、詐病の一種とされるしかなかった。治療としても、電気療法・水浴・マッサージといった理学療法しかなかった。

一方フランスでは、ウィーン出身の医師メスメル（Mesmer, F. M.: 1734-1815）による民間療法だった「動物磁気」説の流れが催眠状態（トランス）の発見をもたらし、更には「磁気」から離れて、「暗示」の効果が注目されるようになっていた。そうしたベルネーム、リエボーら（ナンシー学派）の流れに対して、シャルコー（サルペトリエール学派）は神経疾患を対象に成功してきた方法論でヒステリーを研究した。それは、症状の推移を捉えて経過から症候学を打ち立て、背後にある素因と医学的基盤を探究するものである。具体的には、シャルコーは催眠の掛かりやすさがヒステリー患者に固有で、その素因の指標となると考えた。そしててんかん発作のように、ベルネームらの観察は「小催眠」にとどまるとして、対する「大催眠」として全身硬直状態・嗜眠状態・夢中歩行状態の三状態を認め、発作を80もの姿態に分類した。これは、てんかん発作の意識消失―硬直姿勢―間代性の運動（発作）―嗜眠状態という経過との類比にある。実際、シャルコーのヒステリー患者たちは、失立失歩・四肢の痙攣・振戦・麻痺、視力喪失・意識消失など種々の著しい知覚・運動・情動の機能障害を呈していた。そして彼は、大ヒステリーの経過を「類てんかん期」「大運動発作期」「熱情的態度期」「譫妄期」の四期に整理した。しかしながらよく知られているように、彼が症候として捉えたと信じた現象は、むしろ彼の意向を患者たちが模したものだった。両派の論争が明らかにしたのは、催眠現象の基盤にあるのが磁気といった物理的実在ではなくて、被暗示性という心理学的特質だったことである。

フロイトは両派の同時代人であり、どちらの元にも訪問あるいは短期留学している。1856年に生まれたフロイトは、1873年にウィーン大学医学部に入学、1881年に卒業し、ブリュッケの生理学研究室に残った。彼はそこでブロイアーと知り合った。諸事情から研究者への道を諦めた彼は、病院に勤務して開業医として必要な経験を積みながら、1885年にはパリ・サルペトリエール病院のシャルコーの元に留学する機会を得た。男性ヒステリーの症例提示に感銘を受けた彼は、ウィーンでも同じ趣旨の発表を行なうが、受け入れられなかったという。ブロイアーからアナ・Oの話を聞き始めたのは、1882年末である。翌夏、彼はさらに詳しく尋ねる。その頃からフロイトは共同研究の構想を持っていたかもしれないが、それを本格的に実践に移したのは、催眠法に限界を感じてからである。1889年夏のリエボー訪問はその機会となった。

フロイトより14歳年長のブロイアーは、どのような人物だっただろうか。その人柄に関しては、人格的な魅力に満ちていたことがおしなべて書かれている。[18] フロイトに対しても、終始温厚で支持的だったとされる。業績に目を向けると、彼は26歳の時に呼吸生理学の研究を発表しており、それはヘーリング・ブロイアー反射（Hering-Breuer reflex）という名称に残っている。それは迷走神経によるフィードバック機構の一部であり、吸気の行き過ぎを抑制する。彼は『ヒステリー研究』では同じ発想で、今度は肺の収縮についてではなくて、脳神経系全体の興奮量を制御する原理を想定した。それはフロイトの快原理と現実原理の組み合わせと同じで、ほどほどを保つ中庸の原理である。彼は32歳の時には、鳩を使って実験し三半規管の機能を調べた。彼の実験法は丹念かつ周到で、生体の機能を損傷せずにそのまま提示することに成功した。カタルシス法に取り組んだのは、40歳の時である。

B. 症例の経過と提示の変遷

（1）症例アナ・Oの背景――共通の認識？

症例アナ・Oは、『ヒステリー研究』に登場して以来、最初の数十年は、劇的な治療経過の報告・そこに隠されていた事実の露見・伝記作家による患者の身元の暴露・意外な予後……と波乱万丈の展開を享受し、その後も範例的症例として取り上げられてきた。[2][5][8][9][11][18][19][31][36] まず、いずれの解釈においても共有されているはずの、症例アナ・Oの背景を確認しておこう。但し、プライヴァシーの多くが読者に明らかになるのは、かなり後のことである。彼女はウィーンの、ドイツ文化に融合した正統ユダヤ教の家庭に生まれ育った。彼女の母親との関係は非常に難しく、父親とは互いに強く結びついていたとされる。両親が結婚して1年後に長女が、その4年後に次女が生まれるが、次女は2歳で亡くなった。ベルタ（Bertha）すなわちアナ・Oが生まれたのは、その6年後である。1年半後に弟が生まれたが、長女は17歳で亡くなる。こうして彼女は、最初の報告のように長女なのではなく、置き換え（replacement）で生き残り（survivor）の三女であり、後に見るが、長男に生まれられなかった失意の子供だった。

思春期から彼女は気難しく反宗教的で、「自分専用の劇場」(my private theatre) と呼ぶ秘密の白昼夢の世界に耽溺していた。彼女は知的で魅力的な女性だったが、患者となった1880年の21歳までに、ロマンスを経験したことも性的な考えを抱いたこともなかった。彼女は意志が強く、時に頑固だったが、弱者への善意に満ちていた。

今日では、彼女の本名がベルタ・パッペンハイム (Bertha Pappenheim) であり、後年には健康を回復してユダヤ人女性の権利のために働き、売春生活を余儀なくされていた女性たちや孤児たちのための施設を作って運営したことが知られている。彼女は性的搾取に対して社会運動を行なうという形で昇華の道を見出したが、彼女の人生は、自分自身の女性としての性的側面を閉ざしたものだったとされている。

(2) ブロイアーによる経過の整理

ブロイアーは『ヒステリー研究』において、アナ・Oの経過を四期に分けて描写した。しばらくの間ヒステリーの典型とされ、今なおその余韻の残る提示は、以下の通りである。

① 潜伏期：1880年7月から12月10日

アナ・Oの発症の発端は、父親が胸の感染症に掛かったことである。彼女は母親とともに、献身的に看病した。彼女は夜間ずっと父親に付き添い、午後は自室で休んだ。その間に彼女は衰弱し、貧血と食事拒否・激しい咳き込みが強まったので、彼女は父親の世話から遠ざけられ、ブロイアーの診察を受けることになった。彼女は、午後には休息を取り、夕方には睡眠様の状態に続いて興奮状態となった。彼女は後に、夏以来の幻覚経験について述べるが、それはブロイアーとの共同作業による〝回想〟である。

② 精神病状態の顕在化期：1880年12月から1881年4月

ブロイアーの治療が始まった。彼はウィーンの内科医であり、臨床研究者としても開業医としても高名だった。

アナ・Oは多彩な症状を見せた。症状はほぼ出現順に列記すると、交叉性斜視（複視）・重篤な視覚障害・前頸部筋の麻痺・右上下肢の拘縮と知覚麻痺・意識状態の二分と交代・錯乱・極度の不安・黒い蛇の幻覚・四、五カ国語の混用と文法の崩れ・緘黙と英語のみの使用などである。他にも、父親の元から引き離された彼女が病室に向かったところを弟に捕えられ、彼女は一時的に聾になった。

二つの意識状態の一方は、周囲のことを理解し憂鬱で不安げだったが、比較的正常だった。もう一方の状態では、彼女は「行儀が悪く」幻覚を持ち悪態をついて荒れた。二つの状態は予告なく交代したが、分離は次第にはっきりしていった。ブロイアーは、彼女の症状と精神的機制との関連を認めた。彼女の精神状態は、午後の傾眠から日没後の深い催眠状態、そして夜間の穏やかで冴えた状態、4時頃就眠し朝になるとまた幻覚の最中という循環を繰り返した。ブロイアーはそれが、彼女が父親を看病していた頃の周期であることに気づいていた。彼女の幻覚が溜まると催眠状態が誘発されるが、彼女が入っている状況や幻覚について物語るよう促すと、彼女は言葉を回復し、語り終えた時には不安と恐怖から自由になっているのだった。物語には当初、『絵のない絵本』を手本にしたような空想が含まれていたが、次第に内容は彼女の創作から、幻覚についてに変わっていった。その結果1881年3月には、英語しか話さなかったが多くの症状が消え、彼女は病床を離れることができた。

③ 持続的な夢遊病と正常状態の交代期：1981年4月5日から同年12月

しかし、4月5日に父親が亡くなった。父親の病状について真実を伝えられず、死に目にも会えなかった彼女は、激しい興奮に続いて混迷状態となった。そこから回復したとき彼女は、高度の視野狭窄を持ち、ブロイアー以外の人物を見分けられなかった。彼には概ね正気を保ち生き生きとしていたが、ドイツ語を理解せず英語でしか話さず、時折欠神発作を起こした。彼女はブロイアーの手からのみ食事を取り、別の医師が診察した時は存在しないかのように無視した。彼女はブロイアーの不在に反応して悪化し、診察がない間食事を拒否し幻覚を見た。彼女に自殺衝動が現われるようになったので、1881年6月7日、彼女は自宅から郊外の療養所へ移された。

ブロイアーは3日か4日毎に往診した。彼は夕方訪問し、彼女が溜めた想像の産物を催眠状態ですべて話して吐き出すまで付き合った。そうすると翌日の彼女はすっかり落ち着き扱いやすく、朗らかでさえあったが、2日目には次第に不機嫌で強情となり、3日目にはそれがひどくなった。彼女はブロイアーとのこの関わりを、「談話療法」(talking cure) そして「煙突掃除」(chimney-sweeping) と名付けた。彼女は、自分が幻覚について語ると、頑固さと「エネルギー」と呼ぶものを失うことを知っていた。しかしブロイアーの訪問間隔が長いときには彼女は話すことを拒んだので、彼はさまざまな仕方で彼女の機嫌を取らなければならず、時には抱水クロラールを大量に用いなければならなかった。

その状態は改善したが、彼が再び数週間休暇を取ると、彼女はその間他の医師とは話さず、ひどい状態になった。それを戻すために、ブロイアーは彼女を一週間、町に呼んで毎日三つから五つ物語を語らせなければならなかった。彼女は秋には落ち着き、ウィーンに戻った。しかし、彼女の回復はブロイアーが用いた方法によって期待した通りには進まず、クリスマスの週には彼女は一年前と同じ内容を語り続けた。

④ 病理的状態と症状の解消期：1881年12月から1882年6月

この時期彼女は、1881年から82年を生きている正常なものと、ちょうど一年前を生きている第二状態という人格の解離を起こした。第二状態の彼女は、父親が亡くなったこと以外のその後を全て忘れており、あたかも昔の家に住んでいるかのように振る舞った。ブロイアーは彼女に一年前の主食だったオレンジを見せて、第二状態に戻すことができた。

ブロイアーを特に驚かせたのは、或る夏の暑い日に、彼女が突然水を飲めなくなった事の顛末だった。彼女は水を欲しがったがコップに口をつけると怯えて離すことを、6週間ほど続けた。それから彼女は催眠状態で、自分の好まないイギリス人の女性使用人について文句を言った。彼女は嫌悪の表情を浮かべつつ、その女性の飼っていた忌わしい仔犬がコップから水を飲んだことを想起した。礼儀上その時何も言えなかった彼女は怒りを吐き出すと、問題なくコップから水を飲むようになった。ブロイアーはこの経験から、症状のきっかけとなった出来事が催眠状態において再現されると消失すると考え、系統的な方法を編み出した。それは、彼女がさまざまな症状の出現から始めて、誘因となった最初の出来事へと遡行して語るというものである。

この方法によって彼女の各種の麻痺・神経障害は取り除かれていったが、そのためには時系列を飛ばさず、類似した経験を選り分けて丹念に辿らなければならなかった。遡行の終点すなわち問題の起源である心的外傷は、「いつも」彼女が父親を看護している時に経験した激しい恐怖だった。例えば彼女は、父親の病床の傍らで右腕を枕にうたた寝して、壁の方から蛇がやってくるのを見たこと、自分の手の指が小さな蛇に変わったのを見たのを思い出した。巨視症と交叉性斜視も、父親に時間を尋ねられて涙のために答えられなかったことに関連付けられた。最初に気づかれた症状である咳は、隣家からダンス音楽を聞いて行きたいという願望が湧き、それに対して自責の念が起きたときに生じた。

ブロイアーによれば、このような方法によって「すべての病いは終焉した」。彼女は6月7日までに全てを済ませる計画を立てた。最後の日には、彼女は部屋を父親の病室に似せて、病いの根にある幻覚を再現した。英語しか話せなかった彼女は、それが終わるとドイツ語が話せるようになった。こうして彼女はあらゆる症状から解放された（＊）。やがて彼女はウィーンを去ったが、彼女が完全な健康を取り戻すにはなお長い年月を要した。

彼はアナ・Oが病気に陥った理由として、「単調な家庭生活と適切な精神活動の欠如のために、心的エネルギーが空想活動に注ぎ込まれたこと」、「それが白昼夢の習慣につながり人格解離の基礎を作ったこと」を挙げている。彼はフロイトと違って、外傷が神経症に転じるのに類催眠状態を要すると考えた一方で、多くのきっかけを無意味とし多くの関連性を非合理とした。次に、フロイトの指摘を見よう。

（3）フロイトによる解釈と再説

今日の読者は、フロイトが英訳者ストレーチーに指摘したように、（＊）部に「脱落」があることを知っている。

フロイトは公式の場では、それを明言しなかった。彼はアメリカ講演（1910）でブロイアーによるこの症例の治療を取り上げ、「精神分析の始まり」としている。

彼が特に強調したのは、例の「忌わしい仔犬」の想起による、飲水拒否症状の消失である。フロイトはこの逸話を、抑圧による「心的外傷」への固着が語ることを通じて解消された例と解釈した。しかしこの5回の講演で彼は4回目にようやく「幼児の性発達」とリビドー論、エディプス・コンプレックスに辿り着き、「転移」に触れるのは最後の数ページである。この構成は、精神分析に初めて接するアメリカの聴衆を、性的な話題によって竦ませないためだろうか？　それにしても、彼は精神分析を最も特徴づけている「転移」を十分に論じていないし、それがアナ・Oの治療でどうなっていたのかに触れようとしていない。

『精神分析運動史』（1914）では、彼の論調は変化している。彼はブロイアーを精神分析の創始者と述べたのを撤回し、自分が真の創始者であると言う。そして当初からの不一致点として、性的因子の理解を挙げる。父親の病床の傍らで見た蛇・身体硬直・腕の麻痺など症状の象徴性に性的な色合いを見逃せないし、患者の医師に対する態度は明らかに転移である。彼は更に踏み込んで言う。「ブロイアーは一切の病状が排除された後、若干の新しい徴候を手掛かりにして、この転移の有する性的な動機を発見したに違いない。ところが、この予期しない現象に潜む普遍的性質を彼は見逃してしまった。その結果、一種の『突発事件』（untoward event）に戸惑ったとでも言うかのように、ここに至って彼は研究を中止したのである」。フロイトはこの推測には「幾つかの確固たる根拠」があると言うが、一方で「彼は私に向かって、この点について明らさまに語ったことはない」とも書いた。しかも、彼はブロイアーが性的因果論に拒絶反応を示したと言いながら、若い医員の頃ブロイアーから性関係の問題が神経症を起こすと教わったと書いており、評価が一定していない。

『みずからを語る』（1925）でフロイトは再びアナ・Oに触れて、ブロイアーと自分の相違を明確にしつつ「脱落部分」について多少語った。ブロイアーが84歳で亡くなったのはこの年である。「彼［ブロイアー］のカタルシスの仕事が一段落したと見えたときに、その少女に突然に『転移性恋愛』の状態が起こってきたのだが、彼はこれを彼女が病気になっていることと関係があると考えられなかったので、彼は驚いてしまい、この女患者の前から身を引いてしまったのである」。フロイトは何かが明らかにあったことを仄めかしているが、ブロイアーからは直接聞いていないと言う。彼はまた、ブロイアーが催眠状態で回想させることによって「患者をすべての症状から解放することができた」という点をそのまま維持している。

しかしブロイアーとアナ・Oについての顛末は、周囲に伝わり始めた。ユングは1925年のセミナーで、アナ・Oが治療成功から程遠い状態だったと述べた。[21] ボナパルトは、ジョーンズ版の逸話をフロイトから聞いたと日記に記した。[2] フロイト自身が逸話を書き残したのは、1932年6月2日付のツヴァイク（Zweig, S.）宛書簡である。[12] これは次のジョーンズの項で扱うとしよう。

（4）ジョーンズによる暴露と改変、その他の解釈

ジョーンズは、遺族の反対と抗議にもかかわらずアナ・Oの身元を公表したばかりか、フロイトが漏らしたブロイアーの治療の帰結を明らかにした。[19] ジョーンズの説明を分解すると、幾つかの要素からなる。①ブロイアーは患者に強い逆転移感情を抱き、それは彼の妻との夫婦関係にも影響した。②患者は、ブロイアーへの強い性愛転移感情の「論理的帰結として」妊娠空想を抱き、全ての症状が消えた晩に彼を呼び戻して出産場面を実演した。③ブロイアーはそれに驚き、患者を静まらせるために催眠術を掛け、冷汗をかきながらその場を逃げ出した。④彼はその翌日には妻と二度目のハネムーンに出掛けた。⑤その結果妻は懐妊した。⑥そのような事情で生まれた娘ドーラは後年、ニューヨークで自殺した。

その後エランベルジェ（Ellenberger, H.）[10] やヒルシュミュラー（Hirschmüller, A.）[18] らの調査によって、以上の全てに修正と再検討を加えなければならないことが判明した。まず、誰も異論なく修正しなければならないのは、③

以下である。患者が鎮静を要するときにブロイアーは催眠法を用いたことはなく、モルヒネか抱水クロラールを注射していた。彼が「冷や汗をかいて逃げた」場面の目撃者も彼の告白も存在せず、この描写はジョーンズによる脚色である可能性が高い。④実際、ブロイアーは翌日に逃げ出さず、入院の手配や引継ぎの手続きを普通に行なって、それから通常どおり夏期休暇に入ったことが確認されている。⑤そして彼らの娘は、既に生まれていた。妻の懐妊は1年前の6月のことである。⑥「そのとき生まれた娘」が「数奇な運命を辿って60年後にニューヨークで自殺」に至っては、まったく事実に反している。実際には、命名の由来と関係なくその時期にウィーンのユダヤ人が遭遇しその一部が選択したように、彼の娘はナチスに強制収容所に連れられる直前に自殺したのだった。それから比較的新しい調査は①について、「妻の自殺企図」を示唆している。そのことにも衝撃はあるが、症例としての意味に影響が大きいのは、②の信憑性である。

②は、転移性治癒とその破綻の好例としてよく引かれる場面である。ほとんどの引用では、それは専らブロイアーの失敗として捉えられているが、ボルク＝ヤコブセンが強調するように[2]、それは〝talking cure〟説の破綻である。6月7日の「治癒」の僅か数日後に、ブロイアーはビンスワンガー（Binswanger, L.）に入院の手配を依頼している[18]。実地調査によれば、アナ・Oは1883年から87年の間に、少なくとも3回サナトリウムに入り、いつも同じ「ヒステリー」の診断を与えられた。1890年代になると彼女は予想されていなかった回復を示し、ブロイアーはそれを聞いて初めてフロイトのヒステリー研究に手を貸す気になった[25]。この回復なり改善が、明らかに十数年前に行なわれた〝talking cure〟と何の関係もないことは誰の指摘を待つまでもないが、精神分析関係者は不思議に気に掛けていない。フロイトもまた、妻からアナ・Oの夜間の幻覚が続いていることを聞いて知っていたに違いないが[2]、躊躇いなく「治療の成功」を語り続けている。ボルク＝ヤコブセンは論を進めて、②の出産場面はフロイトが〝talking cure〟の破綻を認められずに生み出した、フロイト自身の空想だと言う。この極端に聞こえる説を追ってみよう。

ボルク＝ヤコブセンは、もしもブロイアーが実際に経験したのならば、彼が同僚への病状報告書にそれを含めない理由が考えられない、とする。同僚はいずれにしても患者からそれを知るだろうし、初めから伝えておかなければ却って性的関係の疑惑を招くだろう。また、彼はビンスワンガーに別の患者の性的感情を報告したことがあるのが確認されており、アナ・Oについてだけなぜ避けるのか、ということだ。――だがこの議論はまだ弱い。同じ内容をフロイトが証言した、ツヴァイク宛の書簡がある。それを吟味しなければならない。

そこでフロイトは、以下に述べる場面を「突然思い出しました」と書いている。「自分がブロイアーとの関係を絶って随分してから、共著作業を始める前にブロイアーが別の文脈で述べて二度と繰り返さなかったことを、私は突然思い出しました。彼女の症状が全て片付けられた日の夜、彼は患者に再び呼ばれて行くと、彼女が混乱し下腹部を痙攣させてのた打ち回っているのを見ました。どうしたのだと聞かれて彼女は、『B先生の子供が生まれます！』と言ったのでした。この瞬間彼は、『母たちの国への扉』〔ゲーテ『ファウスト』からの比喩〕を開いたであろう鍵を手にしましたが、落としてしまったのです。彼は知的才能を賦与されていても、ファウスト的な性質は持ち合わせていませんでした。彼は因習的な恐怖に囚われて逃げ出し、同僚にその患者を委ねてしまいました。彼女はその後何ヶ月も、健康を取り戻すためにサナトリウムで過ごしました。私は自分のこの再構築に強い確信を持ったので、他のところで発表しました。ブロイアーの末娘（彼女が上記の治療終結後まもなく生まれたことは、より深いつながりにおいて意味のないことではないでしょう！）は、私の説明を読んで父親にそれについて尋ねました（彼の死の直前のことです）。彼は私流の記述を確認し、娘は後でそれを私に伝えてくれました」。

ボルク＝ヤコブセンはこの手紙を各要素に分解し、いずれにも疑問符を付する。例えば、この話はフロイト全集のどこにも出てこない、つまり「他のところで発表」はされていない。なのに、どうやってブロイアーは彼の説明を読んで賛成したのか？　ボルク＝ヤコブセンの指摘の詳細をここで辿ることは省略するしかないが、ジョーンズ(18)のように物証（フロイトからマルタ宛の手紙、1883-10-31）を挙げても、掘り出されるのは別の事情である。「ブロイアーは、［……］自分の幸福な結婚が駄目になる恐れが出て来たので、彼女の世話を放棄したのでした。気の毒な妻は、彼がその女性患者に没頭して熱心に語るのに耐えられず、夫が知らない人に熱中するのに嫉妬したのです」。手紙は、結局彼の妻が病気がちとなり、アナ・Oの世話から身を引いたが、そこには何も不名誉なことはないのだ、と続く。数日後の、その一部がよく知られている手紙では、フロイトは婚約者の心配に対して、ブロイアーと結婚しなければブロイアーの妻と同じ目には会わない、と答えた。今日このやり取りに隠れている主な「謎」は、ブロイアーの妻の自殺企図だったとされている。

では、アナ・Oは想像妊娠を起こしたのか、起こさなかったのだろうか。この手紙でもフロイトはジョーンズのように、ブロイアーの娘が治療終結後に生まれたという誤解を繰り返している。彼はまたユングに、自分もその晩アナ・Oの発作状態を目撃したと、明らかに事実でないことを語っている。こうなると、彼の記憶やさまざまな記録の信憑性は薄れてしまう（後の例ではユングが誤っているのかもしれないが）。ツヴァイク宛手紙でのフロイトの「突然の」想起の仕方は、むしろ「偽記憶症候群」に良く似ていないだろうか。

ボルク＝ヤコブセンに戻ると、彼はブロイアーによる病院宛の治療経過報告書（1882）に当たって、アナ・Oの語り（“talking”）が必ずしも過去の経験を想起していなかったことを指摘する。最初は創作的な「物語」だったし、ブロイアーが第4期に彼女の想起から「潜伏期」の異常経験として確認したことは、当時は存在せず、ブロイアーの求めに応じて自己催眠の中で語ったことである。アナ・Oの聴覚喪失・失声・視覚異常・失神・痙攣などが当時から存在したなら、どうやって家人に気づかれずに過ぎるだろうか。彼は、「おそらく患者でなく家族が『陰性幻覚』を患っていたのだろう」と皮肉っている。彼に言わせれば、アナ・Oは単に咳を長引かせていただけで、1880年7月の事とされる「髑髏《どくろ》」「蛇の幻覚」は、ブロイアーとの「再構築」作業中に「回復された」記憶である。この幻想の語りは、過去の事実として位置付けうるものではない。それではアナ・Oの症状は何だったのか。ボルク＝ヤコブセンの解釈では、それは身体疾患にも過去の経験にも基づかない、医師の介入に対応した「模擬」(simulation) である。なぜ身体がそこまで付き合うのか、謎は残っているが、こうして、「心的外傷の抑圧による症状を、外傷記憶の回想によって解消する」というフロイトの治療的な見通しは、その実証性においても実効力においても、〝想像妊娠〟だったというわけである。

ボルク＝ヤコブセンが②について再構成したものは、説得力を持つがやはり決定打を欠く一つの物語である。誰の空想だったにせよこの症例には、何処かに「懐妊-出産空想」を刺激するところがある。その由来はこれ以上確認できないので、精神分析内部のパラダイムに戻るとしよう。精神分析はもはや、語ることをただそれだけで高く評価することはしていない。語りの効果は、治療関係において吟味される必要がある。そこで次に、症例全体の解釈と治療経過についての、別な現代的理解に触れよう。

C．伝記的研究とクライン派による再解釈

(1) 伝記的研究と性的象徴の向こう側

アナ・O、本名ベルタ・パッペンハイム (Bertha Pappenheim) の生涯については、ブロイアーの手を離れてからの数年間を除いて、かなりのことが知られている。[9)(11)(18] 精神分析的な再解釈も少なくはない。ここでは、これまでの議論に欠けていた点を幾つか取り上げたい。

彼女は完全に健康を取り戻して、社会の中で活躍したが、心理的には極めて孤独な人生を送ったとされている。後年の彼女の友好的な態度は、意識して作り上げたものに映った。彼女が書き残したものの中には、男性に対する強い感情が表れている。精神分析関係者は疑いなくそれを「ペニス羨望」と見なすだろう。彼女が非行少女・孤児・妊娠した娘たちの面倒を見たことを、彼らがブロイアーとの間で彼女が空想したことを代理で行動化していると理解することも可能である。彼女は実行に移さなかったが、男性に対して非常に誘惑的で、「彼女が望めば

男たちを指先で振り回すことができた」とされている。しかし父親を失って以来、彼女は一生涯男性に関心を向けることがなかった。

それに対してアナ・Oは、混乱の中でブロイアーに強い依存を向け、彼の不在に対して激しく反応した。英語しか話さなかったのも、彼との強い結びつきを保ちたい気持ちの現われである。治療関係を通して、強い愛着が浮上した。一方彼は、彼の不在への反応に対処するために、休むときには代理を立てた。しかし彼女はブロイアー以外とは"talking cure"を行なわず、彼は自分で後から補わなければならなかった。この強い愛着は元々彼女が父親に向けていたものだったが、それ自体が、母親への愛着の失敗を疑う根拠となる。

彼女の母親は、ブロイアーの報告書では「極めて厳格な母親」と記されている。実際にどのような人物であったかについては、さまざまな証言がある。そのどれを選んでも一面的になる恐れがあるが、病歴の中の挿話からも確認できることはある。例えば、母親が息子と組んで、彼女に父親について本当のことを伝えず、死に目にも会わせなかったのは、優しい態度ではない。ユダヤ文化では一般に、男児ばかりが重んじられることが言われている。実際彼女の母親は息子を求め、望みが叶ったところでそれ以上子供を生まなかった。アナ・Oと弟は、後々まで不仲である。

アナ・Oが1歳半のときに、彼女の弟は生まれた。ブロイアーとの治療も、1年半で破局を迎えている。彼女にしてみれば、母親にされたのと同じ裏切りである。ブロイアーは、アナ・Oの妊娠-出産場面に遭遇して衝撃を受けた。彼女が「先生の子供が生まれます!」と叫んだという以上、それは明らかに大人の性(sexuality)に関わるが、多元的決定においては、アナ・Oが母親に同一化して、彼女が受けた弟の誕生=母親との分離の衝撃を、ブロイアーに投影同一化したと見ることもできる。ブロイアーは、アナ・Oには驚くほど性的要素が欠けている、と書いた。彼女の幻覚や症状に性的象徴が読み取られるにしても、ブロイアーが彼女にしたのは、話し掛け、聞き入り、手をさすり、食事を与え、あやし、と母親が乳幼児にする世話である。実際、一時期彼女はブロイアー以外を家族でも受け付けず、彼は本当の母親以上に彼女の母親となった。別れの日に彼女が再生した幻覚の蛇は、死の床にある父親の男根を表象しているかもしれないが、それは彼女を拒絶し攻撃する乳房の表象かもしれない。「母たちの国」への鍵を落としたのは、こうして見てくると、性に固執したフロイトの方ではなかっただろうか。但し、ブロイアーはいずれにしても求めに対して具体的な世話で応じようとして、彼女の欲求の意味を考えるには至らなかった。

(2) 解釈の基軸——転移-逆転移関係で起きていること

ブリトン (Britton, R.) は、文献考証としては保守的ながら現代クライン派の立場から、アナ・Oの治療経過を再解釈している。(5)「保守的」と言うのは、ジョーンズ版の物語のうちでブロイアーの娘の誕生にまつわる部分のみを修正し、想像妊娠-出産場面は事実として受け入れているからである。現代クライン派としては、フロイトの二つの基本的発展に基づいている。一つは、『ヒステリー研究』当時彼が既に有していた、「転移抵抗」の理解である。1895年には彼は、患者が「誤った結合」によって、分析者を性愛的感情の対象とすることを承知していた。もう一つは、フロイトが外傷説を放棄したように、ヒステリー症状について外傷の場面に遡行する代わりに、その背景にある「空想」に注目することである。

ブリトンは、アナ・Oが英語しか話さなくなった時点 (1881年3月) で、ブロイアーに対する強い転移とそれに基づく転移性治癒が生じていることを指摘する。英語は、彼ら二人の間でのみ通じる言葉である。この状態はブロイアーが傍らに存在して彼女を支持・激励・保証することで維持されたが、彼が不在にするとたちまち崩れた。彼はその現象を、「想像の産物」の累積に結び付け、それを語りによって放出する「浄化法」に治療効果があると考えた。しかしフロイトも、今日の精神分析者も、そこに転移の産物とブロイアーの否認を見ている。彼が休みを取るたびに患者は悪化し、彼はその拘束に気づかずに具象的に補償した。彼女のさまざまな身体的な世話をした彼は、遂に日に2回面接しなければならなくなった。

「忌わしい仔犬」のエピソードのブリトンによる解釈は、ブロイアーすなわち非精神分析との、参照する理論の相違を明確する。水をコップから飲めなくなったアナ・Oに対してブロイアーが遡行するのは、「イギリス人の女性使用人の仔犬がコップから水を飲んだ」という過去の事実とされる記憶である。それに対してブリトンは、これを無意識的空想の派生物としてそこから更に、象徴解釈と転移解釈を行なう。すなわち、「イギリス人の女性使用人」と「仔犬」はブロイアーの妻と乳児を貶めた空想であり、患者は彼らの授乳場面を想像して激しい嫌悪と憎悪を感じたのであろう。その起源を辿れば、自分が1歳半の時生まれた弟と母親との関係への強い感情があるであろう。

この解釈が尤もと思われるのは、一つには、それの置かれている文脈がそれを支持するからである。ブロイアーは、重病の父親に代わるように登場し、アナ・Oの唯一の愛着対象としての地位を得ていた。しかし実際には彼は既婚の医師であり、家庭人としての立場もまた治療の経過に大きく影響した。ブロイアー夫妻の緊張関係から、この相互独占的な治療関係は維持できなくなった。ブリトンの推測では、アナ・Oが1881年6月郊外の療養所に送られたのもこのためである。彼の妻がそのとき懐妊したこと、そして82年春には出産したことをアナ・Oが知っていた可能性は高い。彼女の81年クリスマスの悪化（そのとき知ったか？）と彼女の奇妙な二重人格、それから82年6月7日には回復すると宣言して想像出産を行なったことなど、彼女の一連の言動は、それに対する反応として理解すると、系統的な説明が与えられる。

個々の事象について、それぞれ別の説明をすることは可能である。事実、ブロイアーは彼女の二重人格を、「父親の喪失」とのみ結び付けて解釈している。もし二重人格が、彼女が父親の世話を禁止されたちょうど1年後に現われて、その一つが時計の針を1年前に戻そうとしたのならば、ますますそちらの解釈の方が正しくさえ見える。しかし注意しなければならないのは、父親との関連はその死を含めてふたりが共有していることであり、それを取り上げても少しも無意識を指摘したことにはならない、ということである。その話をしたとしても（アナ・O が語り続け、ブロイアーから解釈を与えたことはほとんどなかったようだが）ふたりが実際に行なっているのは、お互いの結びつきの強化である。ブリトンの言葉で言えば、その作業自体が「ヒステリーの実演」となっている。そこで逆に、1年前に戻る人格が登場するのはブロイアーの妻子の存在が耐え難く、オレンジ＝乳房を求めているからだ、と解釈していたならば、ブロイアーがそれまでに彼女と確立した秩序は崩れていただろうが、最後の場面はなかったであろう。

多くの謎が同時に系統的に説明されること、「選択された事実」（ビオン）としてまとまりを持つようになることは、適切な解釈の特徴である。しかし、或る一つが唯一の纏め方であるということはない。どれがとりわけ正しく、ブロイアーの「外傷‐浄化法」理論はどこが特に不備なのだろうか。それを単に後知恵でなく、かなりの確かさで「その時その場で」（here & now）言うことはできるだろうか。

（3）　擬似解釈と真正な解釈

ブリトンの解釈は、転移‐逆転移関係に基づく指摘である。それはブロイアーおよびアナ・O 両者の状況と情動状態の理解を含んでおり、それらが正確であるほど確からしさが増すと思われる。だが絶対的な保証は、どこからも得られないだろう。そのことについて、**擬似解釈**の特徴から考えてみよう。

擬似解釈は、真正な解釈に似通っていて、論理的に明白な誤りを含むような稚拙さはない。むしろ、不自然なほどスムーズで整合性が高かったり（"too good to be true."）、複雑で理知的に入り組んでいたりするが、妄想と同じくそのまとまりの真偽を内容のみから断定するのは困難である。しかしそれは結局一面的であり、部分対象関係に基づくものである。そこには情動面で特に排除されたものがある。それは、さまざまな種類の苦痛である。解釈あるいは会話がなされている前後の、治療者‐患者間の情緒的関わりを見ると、そこに主として認められるのは興奮と高揚で、現実を知った時の落胆・後悔・悲哀そして安堵が欠けている。その背後にあるのは、相互理想化と相互盲目化による合意の形成であり、治療者と患者の差異と分離の否認である。この共謀によって、主要な問題と治療関係の本質が排除される。別の言い方をすれば、抑鬱ポジションの関わりと感情を避けて、妄想分裂ポジションの良い関係にのみしがみ付こうとしている。

もう一度、ブロイアーがアナ・Oの幻覚を解釈する場面を見てみよう。ブロイアーは書く。

「患者自身が、田舎に移った記念の日までに治療すべてが終えられるべきであるという固い決意を抱いた。6月の初めには、彼女は非常に精力的に『談話療法』を始めた。最終日には、自分の部屋を父親の病室に似せてアレンジし直すという手段を借りて、彼女は私が既に述べた、彼女の病気全体の根幹を構成した恐ろしい幻覚を再び生み出した。元々の場面では、彼女は英語でしか考えたり祈ったり出来なかった。しかし再現した後直ちに、彼女はドイツ語を話すことが出来た。更には彼女は、それまで示していた数え切れない障害から、自由になった。この後彼女はウィーンを去り、しばらく旅行に出た。しかし、彼女が精神的なバランスを完全に回復するには、相当な時間が掛かった。それ以来、彼女は全く健康な生活を享受している」。

どの症例報告もどこかの時点で区切る限りで、体裁良くまとめて実在しない起承転結を作り上げる危険を免れない。この大団円が大きな脱落を含み、ほとんど虚構であることは既に述べてきた。但しこの「物語」は、ブロイアーのみが書いたというより、アナ・Oの演出と主演の寄与が大きい。舞台装置と公演終了日を定めたのは彼女であり、幻覚の再出現と英語のみの使用からドイツ語使用の再開は、彼女の演出によるクライマックスである。彼女は看病している頃、父親の病床の傍らで壁から黒い蛇が出てくるのを見た。彼女の腕は痺れており、見てみると指先は尖端に髑髏の付いた蛇に変わっていた。蛇が消えたとき彼女は恐怖に慄いたが、英語による子供向けの詞の一節を思い出して引用した。その日以後、彼女は曲がった木の枝を見ると蛇の幻覚を思い出し、右腕を直ちに硬直させるようになったのだった。この日彼女は、ブロイアーがこの想起を聞いたことによって、幻覚から解放されたとした。ブロイアーの介入は、あったとしても最小限である。彼は象徴内容にも語りの振る舞いにも立ち入らず、症状の〝起源〟の指摘すなわちその後のさまざまな症状を父親の病床での場面に結び付けることで済ませた。彼はそれが、外傷的記憶へのカタルシスを与えたと考えてそれに満足していたことだろう。少なくとも、そういう理論的整理である。

これはどのような意味で擬似解釈だろうか（不十分であったことは、既に経過が証明している）。患者の言うことを受容するのは、正しい態度ではないのだろうか。「談話療法」の魅力は、「生き生きとした再現」にある。確かに彼女は、迫真の再現をしたことだろう。しかしそれは必ずしも、経験の中核を取り上げたことにはならない。この場面は、呪術や祈祷に似ている。問題は、この再生の儀式が、ブロイアーの知らないうちにどこに向かっているのかである。ブロイアーは、当時はその時その場の展開に目を奪われて、理論的整理を試みている段階では自分の解釈に頭を奪われて、それに気づいていない。それは、千夜一夜物語の一話一話を読んでいても、全体として何が起きているのか、シェヘラザードが何をしているのか、分からないのと同じである。彼女は自分の命を繋ぎ止めるために王に対してさまざまな話をしながら、最終的に王を倦怠から助け自分も王妃となり子供をもうけた（アナ・Oが物語のお手本とした『絵のない絵本』には、千夜一夜物語への言及がある）。アナ・Oは、父親の死の床を再現する場面で、ブロイアーに救世主の役を与え、患者であることを終えようとしている。それは本来ならば、彼から手厚い世話を受けられることに終わりの日が来たことを意味したが、彼女が語っていることを、誰もその現実の衝撃と結び付けて考えようとしていない。彼女は生きた他者としてのブロイアーに関わることを回避しつつ、彼を父親に代わるパートナーとする願望空想を育んでいた。蛇の幻覚が消えたのは、具象的なものが象徴的次元に解消されたのではなくて、別れる相手を保持しようと体内化した方が実態であろう。その「論理的帰結」が妊娠-出産空想である。この点を中核と見なすかどうかが、解釈の焦点の分かれ道である。彼女の「語り」は、回復していく良い患者となり、彼らの関係に終わりがあることに目を瞑るための実演だった。

擬似解釈には、本当に現実を考慮に入れそれに接しているときの迫力（punch）が欠けている。得られるのは、手応えのない追従と辻褄が合っていることへの自己愛的な満足であることが多い。それは表面的な〝良さ〟で、擬似解釈は単に的外れなことよりも、往々にして患者のシナリオの補完・補強として機能している。こうした「良い関係」に対して、自分が本当に感じていることに率直になれば、治療者は願望や期待に基づいて物事を評価していたことに気づいて、視界や語りから排除されていた「悪い関係」を取り上げる可能性が生まれる。それがいわゆる逆転移の分析である。理想化を維持しようとすると、暗黙の圧力に応えなければならない。それに逆らおうとすると、それ自体が大変である上に、今度は自らの限界を認めなければならない。しかし逆転移の自己分析は、その時その場で理念通りに進むとは限らない。自分の視野は思っている以上に狭く、死角は思っている以上に広いものである。それは治療法の新旧を問わず、治療者が自分の抵抗を克服できるかどうかに掛かっている。

ブロイアーは、「悪い関係」に耐えてアナ・Oの欲求を理解する機会にする代わりに、実際に関係を良く保とうとした。彼は一年半の治療の間に、千時間以上をアナ・Oのために費やした。その無意識的動機についてはさまざまなことが言われている。例えば、彼は3歳の時に、アナ・Oの本名と同じベルタという名の母親を亡くした。しかし、そういった事情の意味には、もはや立ち入ることはできない。それは確かな事実が乏しいからばかりではなく、記憶と想像・空想・思い込み（belief）・仮説といったものの境界は必然的に曖昧で、誰の語りなのか確定し難いからである。

精神分析はこのような経験を経て、外傷性記憶とその浄化（貯留した異物を除反応によって放出する）という見取り図を放棄し、「幻想の語り」すなわち無意識的空想を理解することに移行した。治療の主要部分は、その実質であるパーソナリティ病理を組織改変することにある。結果として、当初数十回だった精神分析面接は、千回

（5年）を超えることが珍しくなくなった。アナ・Oは、その労力と時間が心的変化をもたらすためでなく維持するために用いられた、精神分析以前の症例である。以来精神分析は変容を遂げたが、物語ることが即治療であるという「語りの幻想」は、今も流布している。

4 おわりに――『ヒステリー研究』から精神分析へ

フロイトは生涯を通じて、数千ページにわたって書き続けた。初期の神経学者としての仕事を別にすると、残りのすべてがストレーチー『標準版』23巻を構成する「心理学的著作」である。その第2巻に収録された『ヒステリー研究』は、移行期の軌跡と言えるだろう。

この移行には何重かの意味がある。第一に、解剖学的神経学から深層心理学的神経症論へ。同時に、大学精神神経学から精神科医療へ、病院診療から個人開業へ。そして何よりも、ブロイアーからフロイトへ、すなわち、催眠・カタルシス法から自由連想法へ。それは、前精神分析から精神分析へ、なのだろうか。そう言うためには、「精神分析」の本質とは何か、その中で「自由連想法」はどのような位置を占めるのか、そして「カタルシス法」とは何だったのかを、改めて吟味する必要があるだろう。

『ヒステリー研究』は「エディプス・コンプレックス」の発見はおろか、ヒステリーの病因としての「性的外傷説」の主張にも撤回にも先立っている。

『ヒステリー研究』（1895）は序文に続いて、「ヒステリー現象の心的機制について」という序説、アナ・O（ブロイアー）とエミー・フォン・Nほか4名（フロイト）の「観察」すなわち症例集、「理論的考察」（ブロイアー）、「ヒステリーの精神療法について」（フロイト）という4章からなる。ブロイアーとフロイトの共著でありながら、共同名義は巻頭の序説すなわち暫定報告（1893）のみである。各自が報告し仮説を並べるこの構成には奇異な観がある。本論でも「ヒステリー症状」の種々の表われに対してまちまちの処置がなされ、関与の期間も得られた結果もさまざまである。現代の医学論文ならば数ページでまとめるべきことを延々と叙述するのは往事のスタイルだが、症例記述には経過報告・精神病理の仮説・治療技法・治療機序論などが混在している。ブロイアーの仮説が医学的-生理学的なのに対して、フロイトは回顧と総括をまじえつつも、カタルシス法以後を論じたいかのようである。

このちぐはぐさの理由は、一つにはこれらが時期も対象も方法も異なる「諸研究」（Studien）の集成であって、試行錯誤の記録でもあるからである。精神分析として今日理解されているものから五つの「観察」を振り返るとき、そこには〝各種療法〟すなわちマッサージから催眠・暗示、説得から叱責・恫喝までが含まれている。それでも、著者たちは症例の配列順に、理解の深化と技法の開発史を提示する。始まりの症例アナ・Oにおいて「煙突掃除」と喩えられた、語ることの効果。カタルシス法を追試する中で、催眠法は不要とされていく。症状を除去する直接暗示は放棄され、症状の意味が探索される。患者は「トラウマ性記憶」および「病因組織の核」へと誘導されながらも、語り尽くすように促される。患者エミー・フォン・N夫人が「思い浮かんだことに批判や選択を加えない」で述べる、自由連想法の始まりのようなもの。そして「埋没した都市の発掘」に喩えられた層状の漸進作業。失われた文字の解読に比する、象徴の解釈。「心の分析／精神分析」が浮上してくるのは、こうした過程を通してである。

そのどれが本当に精神分析へと通じていくのだろうか。まだ精神分析ではなかったと言われるとき、そこには何が欠けていたのだろうか。そもそもそこに、単なる比喩は混ざっていなかっただろうか。フロイトはどうして、「私が最初から最後まで扱ったヒステリー患者の分析」（エリーザベト・フォン・R嬢）と言えたのだろうか。

それらを論じるためには、当時の問題意識にはなかった、報告症例の語りの吟味が必要である。フロイトは『ヒステリー研究』の末尾で、カタルシス法についてこう述べている。「私はこれまでしばしば自分の内でカタルシス精神療法を外科手術になぞらえ、自分の行なう治療を精神療法上の手術だと呼び、そして、膿で満たされた腔を切開し、カリエスが生じた箇所を掻爬するなどという点に類似性を見出してきた」。膿とは悪しき病因性表象であり、今日のデブリーフィングばりに、それを削り取ることが治療である。悪いものの排泄というカタルシス法のイメージは、ここに由来する。しかしそれでは、良いものだけを保持して自分に由来しうる悪いものを分裂排除することに通じる。フロイト自身が、すぐに注意を促している。「しかし、外科手術と精神療法との類似性は、病的な部分を取り除くことよりも、むしろ治癒のためのよりよい条件を整え、その後の経過がうまく進むようにする点にあると見るのが適切である」。引用前半の意味でのカタルシス法は、瞬時に効果をもたらす。それに対して後半には、本当の変化のために痛みを伴う長い内的過程が続く。それは後に、喪の作業と呼ばれるものである。そこから顧みれば、前者は空想的である。フロイト自身1905年には、「『カタルシス的』と言うより『分析的』と呼びたい」と述べている。だが、精神分析・精神療法に関する一般的な理解は発散方法としてのカタルシスという方向に進み、後半部の理解には時間を要した。本書はこの喪の過程を本格的に論じるには至らず、それは次の課題となるだろう。

『ヒステリー研究』以後、ブロイアーの生理学は「神経学者のための心理学」である『心理学草案』を経て、「心的生活」のメタ心理学へと解消された。技法上の不備は、1904年以降書き継がれた「技法論的著作」の中で取り組まれていった。そして症例提示は、「ドーラ」「ハンス」「鼠男」と続けられた。カタルシス法の一面的な解釈の余波は、1910年頃まで続く。「鼠男」が論じられるその頃までには、分析的な設定の中での観察法かつ体験法としての自由連想法の大枠が固まる。この分析状況の成立によって、転移をそれとして観察し、扱うことができるようになる。枠の成立とともに、それを逸脱させる逆転移を問題にすることができる。理論形成のおかげでフロイトから離れて、フロイトの行なったことについても、例えば鼠男に食事を出した意味について、考察ができる。精神分析はそれほどまでに創設者の手を離れたと言えよう。同じ時期に心的変化のモデルは、局所論・エネルギー経済論と精神-性発達論を基盤とした、分析者の解釈による無意識の意識化という瞬時のものから、対象喪失と自我によるその受容という構造論的・対象関係論的な内的世界の時間を要する変化を、患者自らが引き受けることへと、原理的に転換し始める。カタルシスの原法が、ようやく遅れて来た効果を見せ始めたのである。

逆に、排泄=浄化としてのカタルシス法理解が、かくも長く生き延びたのは、劇的な発散が、ヒステリーによる提示と極めて親和的であるからかもしれない。語ることによる情動の発散には、相手が理解しているかどうか・相手に理解されているかどうかはおろか、自分が理解しているかどうかにさえかかわりなく、強い魅惑がある。その前身である催眠法は、症状消失が主たる目的だった。ヒステリーの華々しい症状は人目を奪いがちで、それが消えただけで大きな変化に見えて、何がそのままなのかは見逃されがちである。『ヒステリー研究』でも「病歴」は「観察」の名に反して、「短編小説」化という精神分析の悪癖、すなわちあたかも治癒したかのごとく起承転結を付ける「物語」への回収を行なっており、その分、驚くべき後日談にも満ちている。〝前日談〟も含めて、その幾つかはこれから見るとしよう。

第Ⅱ部　心的装置と対象の経験

第1章　「心的装置」の構想と展開

1　はじめに――神経学的研究から

動物の神経解剖学の研究者として出発したフロイトは、より高次の人間の心を「装置」として想定することによって解明しようとした。この着想は時代の産物ではあるが、「精神／魂の装置」(Seelischer Apparat) あるいは「心的装置」(Psychischer Apparat) という作業概念は、心というものがあると感じられても何なのか分からないときに、心そのものでなくその「装置」の機能と構造を調べる形でアプローチするという工夫となる。結果的に、意識の中で内省する現象学的接近法では困難な「意識されない心的なもの」の考察を、矛盾感なく行なうこともできるようになった。

「心」を独自性のある存在として一応認めた上で、その性質の機構を「装置」という観点から考究することは、現在でも穏健で妥当なアプローチに見える。だが彼が20歳以降神経学の教育を受けた師であるブリュッケ(Brücke, E.: 1819-1892) は、生理学を唯物論的に基礎づけようとしたヘルムホルツ学派の一人であり、デカルト(Descartes, R.) が「魂」に帰属させた心の領域も、主に神経興奮と反射の考えで整理しようとしていた。フロイトは彼の生理学研究室で1876年から6年間研究し、その間に「ヤツメウナギの脊髄神経節および脊髄について」(1878年論文) で、進化論上のギャップを埋める移行形態を発見した。これは、神経系の組成が生物共通の物質的基盤を持っているという生物学の前提に基づいた証明である。しかし当然ながら、末梢神経系の原理がそのまま脳神経系全体の原理であるとは限らない。心の独自性の解明は、素材の領域にはなくても、より高次の機能と構造を見出せるかどうかに掛かっている。

フロイトはブリュッケに次いで、マイネルト（Meynert, T.: 1833-1892）の下で脳解剖学の研究に従事した。マイネルトは当時、精神機能の解剖学的基礎を論じようとしていた第一人者だった。彼は脳解剖学上の発見を幾つもしており、神経解剖学を前進させる優れた研究者たちを育てた。しかし、彼は記憶の仕組みを機械的な貯蔵とその再生として捉えて、謎を「中枢」へと先送りした。また、心的機能面の研究に関して言えば、それは連合心理学的な図式を、解剖学的構造の上に重ね描きしたものを超えていなかったようである[2]。神経学の知見は染色法の発展などによって急速に増していったが、心的機能の謎は大脳皮質に託されていた。そこに想定された構造は、神経細胞間の結合と興奮の伝導が観念連合の説明と見做されていることから分かるように、素材も規模も違うのに心理学の図式からの類推だった。そこから心理学的過程を説明しても、元々が推測を脳に投影したものだから、それはあくまで観念の性質の描写に留まっており、本当の基盤とするためには、独立した実証を必要とした。その際に重視されたのは、刺激を受けて興奮を放散する神経系の特徴である。しかしながら、これらが自我の能動性と主体意識に結びつく見込みはあるだろうか。以下に、まずフロイトの論考の展開を簡単に振り返ってみよう。

2 「心的装置」の構想

A．『心理学草案』（1895）前後

フロイトによる最初の集積の試みは、『**心理学草案**』（1895）である。彼はそこで、「Qη量」と「ニューロン」を「心的装置」の構成原理とした。この方法は、「情報」の概念と電子顕微鏡水準の細胞構造の理解を欠いていたために根本的な制約を被っているにせよ、心（Psyche）を分解（-lyse）して組み立てうるものへと遡ろう（ana-）とする点で[10]、あまりそう見えなくても、精神分析（Psychoanalyse）のあり方の一部である。問題は、構成原理へと分解することによって見えなくなるものがないかどうかである。『草案』第1部の「総論的構想」は、既に物理すなわちニューロンの興奮量と心理すなわち自我の欲望を混ぜ合わせて、類比を行ないつつ論じたものであり、第2部「精神病理学」での「表象」に焦点を当てた心的経験の描写は、第1部で出発点にした物理学的な構成原理と繋がっていない。それらを踏まえた第3部「正常なΨ過程を記述する試み」は、機構の解明と言うよりも主に機能単位（モジュール）の諸特性を前提としてキットを組み立てる機械論的な描写である。一般的には『草案』は、精神分析以前の著作とされている。なぜなら、さまざまな立場と見方はありうるが臨床に即する限り、それは現場を欠いており、精神分析に特有の手続きと設定を備えていないからである。

また、彼が初めて〝psychanalyse〟という表現を実際に使用したのは、同時期にフランス語で発表した「神経症の遺伝と素因」（1896）においてである。表題から分かるように、それは神経症の精神病理の論文であって、精神分析的な治療について述べたものではない。『草案』第2部も「ヒステリーの精神病理学」であり、精神病理学は論述構成の両輪となっている。フロイトが後にシュレーバーを例に精神病を論じたときに行なったことも、精

神分析的な知見を用いた精神病理学的な解明の試みである。そうした機構の解明が、精神薬理学のような心の機能と構造についての実証的な神経科学的模式でも、精神病理学のような症状や病態の相互関係と長期経過による理解でもなかったことで、医学の中でのフロイトへの関心は薄れていった。今日これらを除いてもなお、精神分析による「装置」モデルには何が残っているのだろうか。

それは言い換えれば、「装置」モデルが臨床的な過程をセッションの規模で力動的に把握していく経験から、どのような影響を受けたかということである。彼が最初に研究したヒステリーは、神経解剖学的な意味での恒常的な基盤を欠いていること自体を特徴としており、シャルコーの疾病分類にもフロイトの病因論としての「誘惑理論」にも、妥当性は部分的にしかなかった。『草案』の時点での彼のヒステリーへの治療は、『ヒステリー研究』とほぼ同内容の、浄化法（カタルシス）だった。その原理は、「ヒステリー性強迫が解明される（理解できるものにされる）と直ちに解消される」とした。これに持続的効力がなかったことは、アナ・Oで既に見たとおりである。フロイトは特殊な表象に対する複雑な「心的仕事」(psychische Leistung) が必要であることは理解していたが、それへの通路は、この時まだ見出されていなかった。ヒステリーの秘密に、関係性への注目を抜きにしては迫ることができない。それが明示されたのは、「転移」が概念化された時である。そして転移が露わになるためには、もはや生物学的ではない舞台装置が必要となる。但し、それはおそらくフロイトが企図して進めたことではないだろう。

フロイトは「心的装置」の構想に随所で言及し続けて、最晩年の断片的な「遺稿」でも取り上げた。時期によって、彼が装置を強調したこともあれば、それを大前提として、その一般的機能や個別的な事象を研究していたこともあるが、彼の態度自体は精神分析の創始に関わりなく一貫している。彼は１９３０年にゲーテ賞を受賞した時の記念講演で、「私の生涯の仕事は、唯一の目標に向けられてきた。私は健康な人々および病んだ人々の心的機能のより微妙な障害を観察し、その種の徴候から、それらの機能のために働く装置 (Apparat) がどう構築されており、そこでどのような力が一緒にそして対立して働いているかを演繹しようと――むしろこう言った方がよければ、言い当て（erraten）ようとしてきた」と述べた。彼はその装置を、『夢解釈』（1900）では「組み立てられた顕微鏡あるいは写真機などのように」と言い、『精神分析概説』（1938）では「望遠鏡や顕微鏡などと同様のもの」と喩えた。

　このように、計測機器や記録のための一種の機械によって形容される「装置」は、40年間を通して同じ一つのものであるかのように見える。しかし、臨床的な接触を中心とする精神分析の登場以前と以後の探究方法の変化によって、心的装置が別のものとなるか、少なくともそれの別の側面が現れてもおかしくはない。事実、彼は治療の目的を「ヒステリーをありきたりの不幸な状態に変える」と述べた『ヒステリー研究』（1895）の有名な個所で「**神経系**（1895）を快復させれば」と書いていたのを、１９２４年に著作集を編集した際には、「**心的生活**を快復させれば」に変更した。補遺に「今日の分析者がこの病歴を読めば、憫笑《びんしょう》を禁じえないであろう」と記しても歴史的な意味から本文全般は改稿しなかったにもかかわらず、である。フロイトが「神経系」を「心的生活」に変更した事情の詳細は確認できないが、30年を経てヒステリーの研究は、神経生理学から完全に引き離されている（共著者だったブロイアーは、翌年亡くなった）。他方、心的装置の実態として、それが「顕微鏡」「写真機」「望遠鏡」と同様のものだったとしたら、「乾板」や「鏡」「レンズ」などの機能と意味を考慮しても、「心的生起の二原理に関する定式」（1911）でフロイトが挙げたような一個体の諸機能――注意・判断など――を担うには不十分である。

『**夢解釈**』が主張するのは、心的装置が快原理すなわち幻覚による満足を可能にする構造を持つことである。それは、装置の「仮構」された原初の段階である。しかし「鳥の卵」のようなこの自閉状態には養分の蓄えの限界があるので、「内的な欲求」は高まる。そのため心的装置は理論的にも実際にも、「外界の現実の実態を表象し、現実の変革を目指すこと」を要請される。外的世界に変化をもたらすとは、具体的には、「栄養の供給、性的対象の近接」（『心理学草案』）を可能にする「特異的行為」を行なうことである。『心理学草案』ではフロイトは、現実原理という用語抜きで、それに対応する発達段階を素描した。それは、人間の幼児が無力な（hilflos）存在で、「他からの援助」を必要とする場面である。彼の論考にとっては、「ψ系に起こること」の方が重要だが、そこで彼は、「意思疎通（Verständigung）という極めて重要な二次的機能」（同）にも言及している。それは、独英版フロイト全集の編註が指摘するように最初「泣き叫ぶこと」であっても、言葉とそれを聞く相手の存在に関わるだろう。

このように「心的装置」を巡る問題系には、神経学に依拠して論じられている当初から、**言葉**と他者すなわち**人物としての外的対象**が登場している。それらの位置づけの変遷は、機械を想起させる内部構造の表現と同じく注目に値する。

B.「心的生起の二原理に関する定式」（1911）とグリッド（ビオン）

しかし「心的生活」はもちろん、これらのみでは「心的装置」は構成されない。**「心的生起の二原理に関する定式」**でフロイトは、装置の実質として現実原理に「適応するための一連の調整」について述べている。彼が挙げる機能と構造は、「注意」（Aufmerksamkeit; attention）・「留意」（Merken; notation）のシステム・「偏らない判断」（Urteilsfällung; judgment）・「現実を改変する行動」（Handeln; action）である。その中核には、運動による放散（Abfuhr 行動化）を差し止める、「表象作用から形作られる思考過程」（Denkprozeß）がある。

フロイトは、『夢解釈』以来、「無意識の思考が前意識の中へと翻訳されること」（第7章（F））を、適切に表現するモデルを求めていた。「書き換え」（Umschrift）はあるにしても、原本が存続しているのは奇妙だし、履歴が残らないのも実状に合わない。そうした事柄は、エングラムの研究のように、現在もなお途上にあるだろう。ここで彼は「思考作用」（Denken; thinking）を、主に備給と拘束・消費の節約という経済論的観点から論じており、局所論的観点からの位置づけつまり無意識および前意識における対象印象および語表象のつながりについての整理は、メタ心理学論文の一つ「無意識」(1915) で、力動的観点については「欲動と欲動運命」(1915) で初めて行なわれる。つまり、この時期にメタ心理学はまだ整備が試みられておらず、その不全による構造論の導入も、1920年代になってからのことである。「神経系」に基礎づけるのか、それとも「心的生活」に軸足を置くのかは大きな分かれ目となるが、ここでは経済論的観点が主流である限りで、前者との関連性がまだ際立っている。それに対して『自我とエス』(1923) では、対象が超自我として内在化して、心的構造の一部となっている点で、「心的生活」が意味するところに紛れはない。

フロイトは「思考活動」(Denktätigkeit) の一種類に、「空想すること」(Phantasieren) を挙げる。「詩人と空想すること」(1908) で詳しく論じる通り、彼はそれを、現実世界では「満たされない欲望」を満足させる方法と見做す。後に彼が批判する「宗教」もまた、同じ位相にあることだろう。それらは白昼夢と同じく、現実の対象への従属を放棄したものだから、自我による防衛と妥協の産物である。この見地はアナ・フロイトと自我心理学に引き継がれる。しかしながら、やや遅れてフロイトは「狼男」症例 (1914, 1917-8) で、原光景〔岩波版訳：原場面〕の現実性の議論とともに「原空想」(Urphantasie) の概念を導入して、一部の空想と心的活動の先後関係を逆転させた。周知のように、この齟齬が後にクライン派との大論争の際に、終始議論の噛み合わない所以となる。もちろんフロイトは、すべての心的活動の基盤に無意識的空想が存在するとは主張しておらず、「両親の性交の目撃」「大人による誘惑」「去勢の脅し」の三例を挙げて(『精神分析入門講義』)、それらは「個人的経験を飛び越して」「系統発生的に獲得される」とした。二次的な空想は自我に由来するので、「空想する」主体は自我ということになるとして、その主体を構成する「原空想」は、由来が明らかではない。主体を立てようとする限り、「それ Es」としか述べようがなくなるだろう。

「心的生起の二原理に関する定式」における「心的装置」は、ビオンが「思考作用のための装置」を論じる際に参照したものである。フロイトの問題設定には、その先駆としての意味もあれば旧態依然とした部分もある。心的装置が対象関係論的構造論を経て夢思考・夢・神話の舞台となっていく系譜を辿りやすくするために、ここで両者の対応関係を確認しておこう。フロイトが現実に向かう機能として挙げた項目は、ビオンによるグリッド[5]の使用様態を表わす水平軸に採用されている。その第1列「定義的仮説」と第6列「行為」は、『心理学草案』に遡れば、快-不快原理のみに依拠する神経系の一次機能であり、刺激-Q̇η増加-筋機械による放出という流れである。第3列「留意」(notation)・第4列「注意」・第5列「審理」(inquiry)は、内因性刺激に対処する特異的行為のために蓄えたQ̇ηを用いて行なう二次機能に相当する。第2列Ψはビオン独特であり、フロイトのニューロン系ψによる基礎づけの試みを、知の成果としてよりもむしろ、未知を認めることへの抵抗として捉えている。生成段階を表わす垂直軸の「Aベータ要素」も、ビオンが独自に見出したものと言ってよい。B行以降は、本来の心的装置に関わる。「空想」はC行に含まれるだろう。空想に続いてフロイトが列記する宗教・教育・芸術・神経症選択は、心的活動の産物であり、生成段階ではない。しかし敢えてビオンに関連づけるならば、それらは「頂点」(vertex)である。

その一方で、フロイトは「思考」(thoughts)に対して、ビオンのように「Bアルファ要素」「C夢思考・夢・神話」「D前概念作用」「E概念作用」「F概念」「G科学的演繹体系」「H台数学的計算式」といった区別を設けなかったし、考察の対象としなかった。そもそもフロイトにとって、思考のほとんどは「再生」であり、「あらゆる思考過程の目標と終端は同一状態をもたらすこと」(『心理学草案』)である。彼が「認識あるいは判断する思考」と呼ぶものは、探索行動の延長である。「空想すること」という領域以外では、彼が事物の存在や属性の判断を超えて、抽象的理念を吟味する場面は見当たらない。

「思考」の範囲を飛躍的に拡張したグリッドは、まずは精神分析の理論的・臨床的諸要素を把握するための道具である。座標軸は一度成立すれば、何を分類するためにも用いることができるが、考察の最小単位は思考である。ビオンはアルファ機能を考察する際、「思考」に分類されるものの諸様態を拡張したことによって、心的なものの領野を拡大した。それは「精神分析の要素」として、精神分析の本質の理解に関わる。英語の thought（思考）は日常語でもあり、ストレーチーは『標準版』翻訳の中で複数形を入れて千回以上用いているので、フロイトはドイツ語で thought（s）に該当する Gedanke（n）を頻用しているかというと、一桁は少ないようである。まして、「思考する者を欠いた思考」（thought without a thinker）のような、思考自体による主体形成作用を想定した議論は、彼には見られない。フロイトは、構造主義はもちろん、「言語論的転回」以前の思索者である。しかし彼が「思考」を意識と結びつけなかったことは確かである（「複雑な思考の作業は意識の協働がなくとも可能である」『夢解釈』）。また、彼は神話や物語からも想を得ている。その波紋は、後で「心」（Psyche）を巡る空想＝寓話に見ることにしよう。

一般通念では、「思考」（thought）とはまさに「思考されたもの」（be thought）であり、思考する（thinking）主体が生み出したかのように受け取られがちである。しかしながら、間主観的な存在である言語そのものを私的に生み出すことは意味をなさない。事情はドイツ語でも同じである（Denken-Gedanke）。フロイトは思考の伝搬に関して、当時流行した「系統発生」に訴えざるを得なかった。だが、観念《アイディア》の自律性を認めるならば、言葉とそれが紡ぐものも、心的装置に準じる存在となる。特定の観点や構築を特権化しない後期のビオンは、連携可能な主体をアルペイオスのように遍在するものとして捉えているようである。(7)

C. 晩年――『精神分析概説』（1938）

フロイトに戻ると、最晩年の『**精神分析概説**』（1938）では彼は、われわれの知ることができる「心的なもの」（心の生活）は「身体器官と舞台すなわち脳（神経系）」と「われわれの意識作用」の二種であり、この両端の間にある関係は知られていないと指摘した。そして心の生活を「一つの装置の機能」であると仮定し、この装置は

「空間的な広がりを持ち、さまざまな部分から合成されている」とした。彼は「エス」「自我」「超自我」を、「人間存在の個体発達の研究」が見出した「心的な区画ないしは審級」として挙げて説明している。このようにして「装置」には、発達や破綻に応じた構造上の変化を論じる可能性が含められている。しかしこの精神分析的な「区画」が、心のどのような存在であるかが問題である。

フロイトは、初期の神経科学的モデル形成においても記述精神病理学的仮説形成においても、科学的であろうとしていた。彼の40年間の歩みは、身体を発端とする解剖学的＝機械論的装置モデルと、意識の領野を発端としてその基礎と存立構造を探る心理学的＝メタ心理学的モデルとの間を行き来しているのだろうか。それは広い意味では、身体と精神の相関性あるいは脳と心の関係性の問題のように見える。その一方で、彼は「有機体の中では、一般的な物理的・化学的な力以外のものは働いていない」(Du Bois, 1842) という唯物論を基本前提としていても迷信深くなることがあったように、リビドーや欲動を典型とする有機体論的な、漠とした統一性を前提としているのに計測不可能で、エネルギー状態としても物質としても捉えられない実体概念を手放さなかった。

こうした二つの潮流は、大きな対立であるようでいて、時代を離れて見れば、多くの重なり合うものを含んでいることが分かる。不十分な原理で押し切ろうとすれば、元は機械論的であっても、限界のある知識を拡張して仮説を主張し、事象の観察よりも思惟の働きに重きを置くという意味で思弁的で観念的である。この傾向は、精神分析が一定した治療構造を伴う臨床的なものになってからも続き、得られた知見を言語的な定式化によって固定するたびに現れている。そもそも患者を単体で俎上に載せてその病理を調べるアプローチは、装置を基本単位の部品へと分解する機械論との親和性が強い。しかし機構を言葉で述べている限り、隠喩表現の中で紛れていくのが避け難い。科学的知識上の限界を理解してフロイトは、それを「虚構」(Fiktion) とも「神話」(Myth) とも形容した。彼は1932年にアインシュタイン宛に書いている。「もしかするとあなたは、私たちの理論が一種の神話だ、しかも神話であるにしてもいささかも悦ばしい神話ですらない、という印象をお持ちかもしれません」。そしてすぐに続けて言う。「すべての自然科学は最終的にこのようなある種の神話に行き着くのではないでしょうか。今日、あなた方の物理学では事情が異なるでしょうか」。確かに、ブラックホールの崩壊を言う現代では、宇宙観はニュートンの時代からもアインシュタインの頃からも大きく変化している。しかし、それをフロイトの論考の位置と並行して考えることはできないだろう。物理学の法則は、数学的記号によって表現される限りで、正確に同じように計算することができる。それは、隠喩の広がりの中に拡散しがちな言語表現による定式化とは異質である。対照的に、数式の厳密さを欠く言語表現は、拡張を通じて外延を広げていくことはできない。むしろそれは、積み重ねられそうになっては消えていく、波紋のような存在である。

それでも実際の臨床的な理解では、物理学と違ってこの次元の介入が不可避であり、不可欠でもある。「エス」「自我」「超自我」が「心的な区画」でもあれば「審級」でもあるとは、それらが装置の一部として、延長存在でもあれば主体でもある、独特の存在であるということである。臨床経験が教えたのは、精神分析が機械論よりはアニミズムに近いことである。それは無意識的空想を状態とも主体とも見做すクライン派で最も顕著となるが、その萌芽はフロイトの中にある。『夢解釈』から『自我とエス』への心的装置の模式図の変遷は、このことを端的に示している。この推移は、**対象の写しから対象関係の内在化への移行**である。『心理学草案』でニューロンを通じた「興奮の放散」として論じていた現象は、リビドーの「備給」という概念となり、最終的に「投影」と「摂取」すなわち「投影同一化」となる。それに並行して治療の強調点は、単純な表象の刺激=興奮の放散を基本機制と見なした浄化法から、人物と経験全体の喪の仕事へと移っている。しかしフロイトにおいては、体質-欲動論の構えは堅牢なものであり、それが生物学的岩盤にもなっている。

以下では、臨床に話を移す前に、「心的装置」を巡るフロイトの幾つかの議論を再確認したい。

3 心的装置のための模式図：(1)『心理学草案』

A．はじめに

フロイトが公刊した著作の中で「心的装置」を図示したのは、『夢解釈』(1900) と『自我とエス』(1923) においてだが、それぞれには前史がある。まず前者の、『心理学草案』から『夢解釈』までを見よう。

この時期にフロイトは、ニューロンの構造に基づく「心的装置」によって「正常なψ過程」すなわち心的現象全般を記述しようと試み、次いで夢を見る過程とその欲望成就（Wunscherfüllung）の性質の説明に、主題を絞り込む。この手続きは、論述としては二重であり、或る意味では同じことのやり直しである。なぜなら、『心理学草案』は既に夢が欲望成就であると述べており、その論証は機構に基づく演繹的なものなので、それが正しいのなら、具体例による実証を必要としないからである。実際、フロイトが『ヒステリー研究』(1895) を終えて『心理学草案』(1895) を執筆していた段階で、「イルマへの注射」の夢を含めて、『夢解釈』のほとんどの命題が登場する。それは当時の神経学理論を土台に心を解明する試みだったが、主体の由来の説明に困難を抱えたまま頓挫する。

能動的な主体の審級は、『心理学草案』ではニューロン配線や反射モデルから演繹できず、持ち込まれるしかない。その際、充足体験の幻覚的な再生を可能にする構図が同時に、仮説として「推論」される。その範例が夢である。では、夢は幼児期の欲望の、偽装された成就なのか。

次いでフロイトは『夢解釈』で、夢についての実証的な研究に着手したように見える。しかしその論証では『草案』のときのままに、反射図式の心的装置と幻覚的再生による欲望成就がその中核を占めている。一方で彼はニューロン系を放棄しても、別な図示を用いて、同じ仮定のままの理論を使用し続け、それを経験的に実証しようとしている。ではその膨大な夢素材そして臨床素材は、基礎づけに関して影響を与えないだろうか。欲望は、満たされるか満たされないかばかりでなく意味を持っており、文脈を通じてその意味を規定される、読まれるべきテクストである。その時に生じた変化、すなわち心的装置の図示から叙述への形式の移行は、このことを示しているように見える。

『夢解釈』の中の、どのフロイトの夢も一つ以外の欲望を読み取る可能性を排除していないだろう。それらは、部分的で限られた側面しか提示されていない。例えば彼が自分の連想を詳細に記した「夢の標本」である「イルマへの注射」の夢でさえ、患者が受け入れなかった彼の提案した「一つの解決法」が何だったのかについては、伏せられたままであり、「解釈し終えた」とは言い難い。また、別の患者に関して、「その診察で明らかになった双方にとって面白くない小さな秘密」についても、わざわざ言及している割には明かしていない。フロイトのこうした欲望――隠したいのか、「全てを報告する」規則に従いたいのか――による干渉は、夢自体の欲望を抽出困難にする。フロイトの記述の取捨選択を彼の欲望と結び付けなかったとしても、「有り得る背景思考をとことんまで汲み尽くしたかそうでないか」の判断には、個人差がありうる。「M博士と兄」は、フロイトのどのような申し出を撥ねつけたのだろうか。連想のその広がりを見ずに、十全な夢理解である保証は、何処かにあるだろうか。彼は、イルマへの連想から妻を含む別の女性をそこに見ることに躊躇いがないが、M博士については、他の人物である可能性を連想しようとしていない。

イルマの夢では、彼の同僚・上司・家族と患者たちとの関係が複雑に交錯している。その中でフロイトは夢の動機を、イルマの「不完全治癒についての非難をすべてオットーに突き返す」という仇討ちに絞り込む。しかし、後にアブラハムに問われて弁明したように（本書第Ⅲ部第3章参照）、三人の女性たちへと枝分かれした連想は「性的誇大妄想」（1908）を明らかに含んでいる。この在り方自体が、トリメチルアミンのようである。伝記と照合させるなら、この夢は口腔癌というフロイトの運命さえ告げている。更に時代が下れば、フロイトの元主治医シュール[37]は、イルマにフロイトの患者エマ・エクシュタインの影を見て、フリースによるガーゼ留置という医療過誤を隠蔽しようとしたことこそ夢の動機だと指摘した。形式的にも、この夢のテクストは、夢の意味を欲望の成就に集約させようとする全体構成において、第7章の心的装置への還元に向かう「退行」の中で、それに抗する無意識系として存在している。「ある若い女性」は、イルマと名づけられたことで、日常生活の中の誰かでありうるが誰でもない、夢の中の主体＝対象となる。フロイトのイルマへの欲望は、幾つもの上書きを経て、どれを最初の欲望として遡行し同定することも不可能な、痕跡としての臍を残すのみである。このようにフロイトの夢分析＝自己分析はどれも、「ある若い女性の精神分析」と同じく、**登場人物はつねに表象以上であることによって、**「部分的な成功を以て終了」している。

では、『草案』に戻って問題を幾つか整理しよう。

B. 量的把握およびニューロンの性質の問題

『心理学草案』は、岩波版フロイト全集以前にはストレーチーに基づいて『科学的心理学草稿』と訳されていた。フロイトはそれをフリース宛の書簡の中では『神経学者のための心理学』と呼んで、用語と発想が神経学と密接な関連があることを伝えている。１９５０年編集のドイツ語版では〝Entwurf einer Psychologie〟と付けられたことで、それが孤立した特異な試みではなく、ブリュッケの助手の一人エクスナー（Exner, S.）によると並ぶものであることを示している。フロイトも冒頭で、「類似の試みは今日ではよくなされている」と述べている。実際、「通道《つうどう》」（Bahnung）の概念はエクスナーに由来する。

エクスナーの詳細な解剖学的記述と比較してフロイトに特徴的なのは、公理を立てて論理的要請に沿って論じているところである。それは原理的な考察なので、整合的に可能性が提示されれば、実際の解剖学的構造に即していなくても「予想」としての価値がある。それだけでなく、動物の神経解剖学から出発したフロイトは、人間の脳の高次機能を論じるために進化論的な方向づけを説明原理に組み入れ、「生物学的見地」として導入した。最も原始的な段階での心的装置の役割は不快を避けることであり、それで済まない局面では、「外界の現実の実態を表象し、現実の変革を目指す」すなわち現実原理に基づかなければならなくなるだろう。つまり生物学的説明とは、機械論的＝快原理では演繹できない生物の機能の飛躍的な変化を、現実への適応という合目的性の観点を導入することで基礎づけようとするものである。だから現実原理は、この説明に対応している。だが以下に見るように、フロイトの「生物学的見地」にはもう一つの含みとして、生物特有の実体である「欲望」「自我」といった機能単位を、説明なく前提とするところがある。それらは組織全体に宿る生命のように働き、結果として、生気論（有機体論）は再び招き入れられているようである。

実際、機械論を貫徹するために解剖学用語を使うことが「術語の置き換え」に他ならないならば、意味は乏しい。『ヒステリー研究』でブロイアーは指摘している。「われわれが『表象』の代わりに『皮質の興奮』を用いたとして、この後者の言葉がわれわれに対して意味を持つとすれば、われわれがその変装のうちによく知ったものを見抜いて、『表象』という言葉を暗黙の裡に復元する場合のみである」。こう注意を喚起しつつも実際には、ブロイアーはエクスナーを何度か引用して、「脳内部の緊張性興奮」と「ヒステリー性転換」を代わる代わる論じている。それは結局、細胞規模の事象と人間の振る舞いの間に、直結させる連関は確認できない中で、身体と精神の間に類比《アナロジー》を見ていることになる。

フロイトの場合はどうか。『草案』冒頭の、「量的把握」として「ヒステリーや強迫のように過大な表象」に「量的性格」を見て、さまざまな過程を「神経の興奮を流れる量」に結びつけるのは、感受の強さが入力の強さに比例するという、自然な連合に見える。興奮量に注目することは、「慣性原理」を維持しようとする者にとって必要なことでもある。しかし、例えば「大きい」という情報を大きい文字で書くのは極めて素朴な方法であり、コード化されていれば、そのように具象的な信号である必要はない。現実を知ることは最終的に、現実の秩序を何らかの形で写し出すことだが、彼の立論では興奮が移動するという具象的な想定がなされたのは、「知らせ」という程度の意味でNachricht〔情報〕と書くことはあっても、「情報」の概念が成立していなかったためと思われる。ファックスで文章を送信するときに、紙そのものが手元に残っても文字の情報は、デジタル化された電気信号として送られている。当時のモデルは、そこでそのままの「写し」(文字の絵)が送られると想定しているようなものである。代わってフロイトは、質的性格を捉えるために「周期」という概念を持ち出したが、それは「情報」概念を欠きながら信号を捉えようとする試みであると見做せるかもしれない。

彼の「ニューロン理論」にも、「情報」に関する限界がある。シナプスの存在が知られ始めるのはシェリントン(Sherrington, C.)による1897年以降であり、シナプス間隙が電子顕微鏡で確認されたのは1950年代である。神経伝達物質の発見自体は早かった(アセチルコリンは1914年)が、化学シナプスにおける情報伝達の形態と機能が明らかになるのは更に後のことだった。フロイトが提唱した「接触障壁」に形態学的な根拠がなかったのは致し方ないとして、その機能も、想定された堰き止めるダムや防壁のようなものではなかった。それは実質的には、心的機能のモジュール間の関係として、心的生活の描写に適しているようである。

接触障壁は、一方では個別のニューロンが持つ構造とされ、書き込みによって成立する通道とその差異によるシステムである記憶の基盤である。ニューロンの性質には、透過性と非透過性の二種が想定されている。フロイトの想定上、ニューロンの構造は一種類であり、透過/非透過という性質の違いは、位置関係に由来する(「両者がその性格を保持しているのは、ϕニューロンは末梢とのみ、ψニューロンは身体内部とのみ関係を有しているからである」)。もう一方でそれは、ニューロン群のシステムの性質である。「透過性ニューロンϕ」と「非透過性ニューロンψ」は、機能上の相違すなわち知覚と記憶の対比から導入されているが、実際には脊髄灰白質と中枢の脳灰白質の対照が念頭に置かれている（「暫定的にわれわれとしては、Ψ系を脳灰白質と同定できると見ておこう」）。それらはもっと漠然と、φ（Phi: Physisch あるいは Physiologisch）とψ（Psi: Psychisch）つまり物理的・生理学的なものと心的なものという経験上の次元を指しているようでもある。これらは機能単位として考察されている。事実、後にビオンは接触障壁（contact barrier）を、アルファ要素からなる意識と無意識の間の透過膜として構想している。

ではそれらが単一のニューロンではなくニューロン群であるとして、両者の違いは位置関係から生まれているのだろうか。当時からネットワークや回路構造の重要性は理解され、単なる位置関係ではなく言語中枢・視覚中枢のように機能単位が問題にされていた。これはつまり、それらをモジュールとして扱い、内部構造をブラックボックスのまま論じていく、ということである。このこと自体は、どのような科学でも行なうことだが、考察によって分解-再構成されるべき機能がそのブラックボックスの中にホムンクルスのように紛れ込んでいたら、それは証明にも説明にもならない。しかし物理的／生理学的次元から心的な次元に移るとき、フロイトは結局これを行なっていないだろうか。

C. 圧迫と欲望

その典型は、「自我」の措定である。「心的装置」の中に、経験上「自我」と呼ばれるものを位置づけようとすることは、当然であり必要なことである。しかし、能動性と主体性の源を演繹的に構築している中で、「自我」を未定義の一般的な意味で使用すると、説明抜きで議論を飛躍させることになる。フロイトの論述を順に抜き出してみよう。

彼は知見を末梢から積み上げて、個体外の質量の世界と個体による知覚の違いを、「痛み」を例にして「感覚の闘」から描写する（**図Ⅱ-1-1、右**）。そこでは「質」が把握されていないので、彼はそれを担う別のニューロンωを想定する。続いてフロイトは、「意識」を単なる「生理学的-心的過程への付加物」とも「あらゆる心的事象の主観的側面」で「生理学的な心の過程と分かち難いもの」ともせず、「ω過程の主観的側面」でありωの寄与に反映するものとする。つまり、意識は知覚器官である。

ここでフロイトが何を指して「質」（Qualität）と呼んでいるのかは、確認しておく必要がある。「意識はわれわれに、質と呼ばれているもの、つまり感覚を提供するが、その感覚（Empfindung）はきわめて多様でそれぞれ**異なって**おり、この**異なり**は外的世界との関係に応じて区別される」。つまり「質」は五感が生み出すものであり、神経系が外的量を質へと転換している。彼は前提として、「自然科学は**量**のみを認めるが、われわれの意識は**質**のみを提供する」と考えるが、感覚としての質が提供するのは、物体の性質である。これでは経験内容の記述として不完全であり、次にフロイトは、意識の内容を主観の状態である「快-不快感覚の系列」と「感性的質の諸系列」に大別する。前者は後者と「大きく異なるもう一つの系列」だが、対象経験の多様さを思えば、快-不快感覚のみでは、色彩という質が脱落した白黒画像のようなものである。実際には彼は、快／不快が経験される対象に「敵対的な（feindlich）対象」といった形容をすることで、対象を擬人化しつつ、快／不快以上の質的な意味をそれに与えている。彼が挙げる「痛み」と「充足」は、それぞれ不快と快の経験である。それらの色彩版は、情動（Affekt）と欲望（Wunsch）である。この欲望の登場は、「自我」の導入と同時である。

Außenwelt（外的世界）　　Reiz（刺激）

図Ⅱ-1-1⑩

『心理学草案』の頃のフロイトの論考は、外的刺激を詳しく扱っていても内的欲動については、生理学的欲求以外にほとんど触れていないと指摘されている（例：ストレーチー SE14, 121n）。「特異的行為」の例には「栄養の供給と性的対象の近接」が挙げられるが、彼が論じるのは前者である。「性的対象の近接」は、8歳の場面までにしか遡らない第Ⅱ部中の「エマ」の例から分かるように、「小児性欲」を指してはいない（症例のこのエピソードは、現代的には、より早期の親機能の不全と性的興奮によるその否認という観点から考えられるだろう）。

しかし、彼は「内因性刺激」あるいは内因性興奮については述べている。後年の意味での「欲動」が見られないのは、むしろそれが、限界のあるニューロン理論に取って代わるものとして登場することになるからである。内因性刺激としての「原動力」(Triebfeder) を想定するのは自然である。だがそうした「細胞間の性質」は、高次の心的機能である「意志」(Wille) からはもちろん、その動因を構成する「欲望」からも懸け離れており、それを「欲動の派生物〔岩波版訳：蘖《ひこばえ》〕」とすることには、類比以上の実体がない。心身問題はそのまま残っている。

フロイトの記述を辿ると、彼は「内因性の伝導路」の議論に続いて、「特異的行為」の場面を含む「充足体験」へと進む。内因性の刺激は圧迫 (Drang, urgency) を生じるが、それを除去できるのは、実際の充足経験のみである。そして生後間もない個体はそのための「特異的行為」を自力では行なえないので、「他からの援助」を得る必要がある。注目すべきなのは、この圧迫は、最初の「特異的行為」による「充足体験」を経ると、次には、**「圧迫状態ないし欲望状態」**(Drang- oder Wunschzustand, the state of urgency or wishing) を再出現させるようになる、とフロイトは述べていることである。単なる**圧迫**、機械論的な量は、最初の「充足体験」を経て、対象への方向付けと意味内容を持つ**欲望**と等しく置かれるようになる。あるいは、最初が「圧迫」で、それが失われ再び求めるのが「欲望」なのだろうか。だとしても、この2回目は、同じものの反復によって充足される「欲求」と違って、失われて手に入らないものが対象である。代わりに表象が与えられることで充足には至らない点で、欲望は圧迫と全くの別物である。このように創発的で特権的な欲望誕生の、神話的と言ってよい瞬間は、どのようにしてありうるのだろうか。「圧迫」(Drang)は、「欲動と欲動運命」(1915)で、もはやニューロンへの言及なく「欲動」論の基礎を構成する一連の概念の一つである（岩波版第14巻では、同じ原語が「衝迫」と訳されている）。こうした等置が可能ならば、この言い換えがすり替えでないならば、「神経系」から「心的生活」への移行は、30年後の改訂を待つまでもなく果たされていたことになるだろう。

しかし、１９１５年のメタ心理学論文を読めば分かるように、両者は同格ではない。欲動という「心的なものと身体的なものとの境界概念」は、「身体内部に発し心の内へと達する刺激を心的に代表するもの」とされ、ニューロンに代わって基礎づけの役割を担う。フロイトは欲動（Trieb）を、圧迫〔衝迫〕(Drang)・目標（Ziel）・対象(Objekt)・源泉（Quelle）という構成要素に分解して検討する。しかしながら、その考察に「欲望」(Wunsch)の概念は登場しない。このことは、欲動が部分的である限り愛や憎しみには関わらず、性のすべての部分欲動が統合されるとき初めて、「全体自我とその諸対象との関係」に関わることに一致しているのだろう。つまり欲望は全人的な関係に関わっており、その対象は欲動の対象と違って、主体でもある対象である。

機械論の一部としての「欲望」は、対象の「想起像」を生気づける（「欲望による生気づけ」Wunschbelebung)。だからこの「欲望」は、生気づけによって「知覚と同じもの、つまり**幻覚**を生み出す」。これが一次過程であり、夢は「充足体験に向かう一次過程である」とされているのだから、幻覚的性質を持つ夢が欲望成就なのは、定義の言い換えである。問題は、このような機械論的「欲望」が、夢に現れる（あるいはそもそも日常の）「欲望」と同じかどうかである。フロイトの立論では、それは「自我」を演繹できるかどうかに懸かっている。と言うのも「欲望吸引」(Wunschanziehung)および「抑圧への性向」の想定は、「実際には既に、まだ論じられていなかったψの一つの状態」すなわち「自我」という組織を前提にしているからである。

だから、「自我」とは独立して欲望に関する説明が成功するならば、「自我」の説明も成功することだろう。逆に、自我の一般的性質を前提にして一次過程以外の欲望の性質を述べるならば、問題を先送りにし続けるか――

「知覚と想起の間の区別のための判別基準を可能にするものは、自我による制止である」として、その制止は何処に由来するのか――定義である仮説を述べ続ける――「自我の十分な備給によってのみ可能となり、一次過程に抑制を効かせるような過程を、心的な二次過程と呼ぶ」――ことになる。（例えば敵対的な）「対象の想起像」は、ニューロン系の一部をなすとともに個体間の関係の写像であるという意味で、両水準の類比を媒介する項である。「自我」の説明は、このタイミングで与えられる。しかしその記述は、$Q\dot{\eta}$量に関する特徴――「自我はこうしてそのつどのψの備給全体と定義できる」――に限られている。その仕様には、「同一に留まる構成部分を変化する構成部分から区別することができる」という、「知覚」および「判断」の構造を、事物／属性および事物／述定へと分解する古典的な判断論に基づいた区別しかない。ニューロンと自我が繋がっていない限りで、欲望は宙に浮く。

この〝定義的仮説〟（ビオンのグリッドのΨ）と言えるものは、一定の方向性によって探求の成果をもたらす。だがその仮説性は、フロイトの論述の中で見失われていくようであり、『夢解釈』では「心的装置」は、欲望を成就させる装置として登場する。確かに、装置に最初の（最初に限らないが）**充足場面**が欲望の対象とともに書き込まれていて、夢における場所的退行が個体を幻覚的充足の再現へと連れ戻すならば、夢見手に想定された欲望へと遡ることができるだろう。だが、書き込み＝通道が保証しているのは、**写しとしての対象**つまり一次過程の対象である。二次過程が本当に現実を把握しようとしているのなら、対象は主体に全貌を現さないものとして登場するしかないことだろう。それに応じて圧迫と欲望は、ラカンが「欲求」（besoin）と「欲望」（désir）の相違を際立たせたように区別されるだろう。

二次過程の出現は、一次過程からの飛躍である。だがそれでも、空間移動のような限定的な「計画能力」ならば鳥類や哺乳類にも認められる、3億年前の進化の贈り物である[32]。それは予めインストールされたプログラムであり、個体にはそれを改訂する権限も能力も、おそらく進化に要した時間に反比例して極めて少ない。それに対して「自我」が更に飛躍的な飛躍を示してきたのは、言語を代表とする象徴記号の、個人内を超えた歴史的・社会的広がりの賜物だろう。クラウド・コンピューティングは、そのようなあり方を模示しているかもしれないが、核心の自我と欲望のことは、シミュレートし尽くせないだろう。フロイトが難渋したのは、二次過程の立ち上げが、機械論を超えて有機体論を要請しているからではないのだろうか。

D．特異的行為の場面

『心理学草案』における「特異的行為」の場面を見よう。

「〔内因性の刺激〕の場合、刺激を除去することは、身体内部において$Q\dot{\eta}$の迸出《ほうしゅつ》をしばらくのあいだ取り除く介入によってのみ可能となる。そしてこうした介入は、外的世界に変化をもたらすこと（栄養の供給、性的対象の近接）を要請するが、それは**特異的行為**として特定の経路を通ってのみ生じうる。人間という有機体（Organismus）は当初、この特異的行為を引き起こす能力に欠く。特異的行為は**他からの援助**によって生じるが、それは内的変化の経路による放散を通じて、経験ある個人が子供の状態に注意を向けることによる。こうしてこの放散軌道は、**意思疎通**というきわめて重要な二次的機能を獲得するが、人間が原初的に無力であることはあらゆる**道徳的動機の究極的源泉**(die Urquelle aller moralischen Motive）である。

手助けのできる個体が外的世界での特異的行為の仕事（Arbeit）を無力な個体のために行なってやると、この無力な個体は反射の仕組みを通じ、内因性の刺激除去に必要な働きを自分の身体内部において造作なく遂行することができる。この反射的遂行を持ってこの全体が**充足経験**を体現しているが、これは個体の機能発達にとってきわめて決定的な帰結を有している。すなわち三つのことがψ系に起こる。一、〔反射によりψ系で〕持続効果のある放散がなされ、これによってωにおいて不快を生み出していた圧迫に終止符が打たれる。二、〔ψ系の〕外套部において、ある対象の知覚に対応して一つ（ないし複数の）ニューロンに備給が生じる。三、特異的行為に続いて誘発された反射運動の放散情報が、外套部の他の部位に入って来る。ついでこれらの〔＝二および三〕備給と中核ニューロンとの間に通道が形成される。

〔……〕

こうして充足体験を通じ、〔対象像と運動像という〕二つの想起像と、圧迫の状態で備給される中核ニューロンの間に通道が生じる。充足放散とともにおそらく想起像からも$Q\dot{\eta}$が流れ出すだろう。圧迫状態ないし**欲望**状態が再出現すると、備給は二つの想起へも移行し、それを生気づける。**欲望によって生気づけられる**のは、まずは対象の想起像の方であろう。

私の考えでは、こうした欲望による生気づけがまずは知覚と同じものを、つまり幻覚を生み出すということは疑いない。これに続いて反射的行為が開始される場合、幻滅が起こらずには済まない」（強調原文、〔 〕内は邦訳者補記）。

「手助けのできる」という「個体」への形容詞からは、乳幼児と母親が自然に連想される。ただ、特異的行為の例として彼が挙げたのは、「栄養の供給」と「性的対象の近接」の二つである。どちらも「人間という有機体」の基本に関わり、フロイトがシラー（Johann Christoph Friedrich von Schiller）を典拠とする「飢え」（Hunger）と「愛」（Liebe）（"Die Weltweisen" 1795）の二大欲求に対応する。ここでフロイトはそれらを、内因性の刺激であると同時に、意思疎通を含む対人交流を通して充足されるものとして描写している。彼が異性間の会話を書き記したものはほとんど眼にしないが、これは母子交流に言及した数少ない幾つかの一つである。そしてそれが思考のための「先立つ仕事」（vorarbeiten）となる。但し、こうした前提は子育てを行なう鳥類でも哺乳類でも共通であり、そこに意思疎通や道徳的動機の動物的源泉を辿ることはできたとしても、更に高次の機能に対する説明としては不十分である。

赤ん坊は、完全に無力なのではなく、内的変化の経路による放散（泣き叫ぶ）を通じて、親の注意を引きつけて特異的行為の代行を託する。だが摂取そのものは、赤ん坊自身の吸啜《きゅうてつ》反射が完遂させる。これは一次過程に準じる、思考が介在しない仕組みである。思考が可能になるためには、それが学習を通じて発現する先天的な基盤がなければならない。そのこともまた「生物学的」に説明されるしかないだろう。

フロイトは機構に具体性を与えて、充足経験の場合、引用部に続いて以下の三つがψ系で起こるとする。

（1）持続効果のある放散がなされ、ωにおいて不快を生み出していた圧迫が終わる。

（2）ψ系の外套部で、対象の知覚に対応するニューロンが備給される。

（3）反射運動の放散情報が外套部の他の部分に入り、対象の知覚像と運動像の備給と中核ニューロンとの間に通道が形成される。

これらの像は現実の痕跡として想起の際の基準となり、この連合もまた、後の判断で基準として参照されることになる。対象と快-不快は、この充足経験の場面で結びつく。しかし単一の経験である限りで、それは機械的記憶（rote memory）である。それを拡張して応用する機制は記述されていない。またここでは、対象に関する「質」の記述はなく、「手助けができる」（hilfreich）という「無力な」（hilflos）に対応した第三者的な記述がなされているのみであることに留意しよう。これらを経て「圧迫」は、「欲望」として立ち現れる。それが如何に特殊な性格を帯びているかは、十数年の間にフロイトが同じ場面をどう述べたかから窺うことができる。しかしその前に、『心理学草案』での流れを確認しよう。

フロイトが次に記述する生成あるいは発達の段階では、充足経験の場面に由来するこの基盤の存在が、探索のための前提である。欲求不満は、欲望対象の想起像を刺激して、幻覚を生む。「充足経験」の締め括りとして彼は、「これに続いて反射的行為が開始される場合、幻滅（Enttäuschung）が起こらずには済まない」と書く。つまり、自他の特異的行為がなく反射のみでは充足を経験しようがないとき、幻覚を維持し続けることはできない。成人の場合、フロイトは幻覚の維持が「精神病状態」に通じると論じていた（「防衛・神経精神病症」（1894））が、ここでは、その先はどうなるだろうか。乳児の場合、欲求不満に耐える力も含めて装置に備わっておらず、泣き続けて更に訴えるか、その気力を失ってしまうかが容易に想像される。

続いてフロイトは「二次過程」を導入し、「思考」と「判断」を説く。そして幾つかの場合を想定する。第一に、想起像を欲望備給（既に「欲望」である）して直ちにそれを知覚し、そこにωからの現実指標がある場合（ない場合――「生物学的には利用されない」）。この場合、放散には成果がある。第二に、欲望備給と知覚が部分的にのみ一致する場合。一般に「知覚複合体」は、同一性を保つ部分（ニューロンa）と変異する部分（ニューロンb）に分解され、変異しない部分が「判断を免れた残余」としての「物」(Ding) に、変異する部分は「属性」に対応する。第三の場合、一致しない部分のある一方cから他方bへの通路を、知覚像に対応するニューロンの諸結合を「追跡」することによって見出す。実際には、cからbに対応する運動像が、部分的な知覚に「全体的光景の知覚」を提供する。彼は、「Q'η をあらゆる経路に試行錯誤的に遷移させる」という方法を挙げるが、それはきわめて非効率的で、実際に行なわれていることからはおそらく遠く、過去に経験して痕跡が残っているものしか照合できない検索方法である。実際、これは物質に対する思考と判断であり、乳児が「母親の乳房とその乳首の全体的光景」に対して、このような機械論的な水準でしか関わっていないとするのは疑問である。

フロイトは次に、欲望備給の想起像が知覚と全く一致しない第三の場合を挙げる。「この場合、この知覚像を**認識する**という関心が生じる。と言ってもそれはおそらくこの知覚像からEr+［想起像］への経路を見出すためである」。食い違いは、目標を欠いた想起の仕事 (Erinnerungsarbeit) を引き起こし、やはり目標を欠いた判断の仕事を示す。彼の考えでは、認識の基礎は**「側の人〔隣人〕」**(Nebenmensch) を認識することにあり、それは側の人の「知覚複合体」を、「物」としてまとまった「恒常的な組織体」とそれ以外に分解することである。後者は側の人の動作や言動の知覚であり、それぞれに模倣価値 (Imitationswert) と同情価値 (Mitleidswert)〔岩波訳：共感価値〕がある。それらは個体が自分の「身体の情報」すなわち「自身の身体経験、感覚、運動像」を参照することで**理**

解されることができる。

特異的行為の遂行を他人に仰ぐ最初の段階と「認識するという関心が生じる」段階との間には、発達の段階として大きな開きがある。泣く以外、言葉を持たない赤ん坊にも好奇心や関心はあるだろうが、「認識する」ほどの装置はそこに備わっていないし、関心にしても、情動に圧倒されているときには、発揮できる見込みはない。「認識する」ことができるのは装置が出来上がっていて、かつかなりの余裕があるときである。この装置は、いつどのように仕上がったのだろうか。充足経験の積み重ね、つまり場面毎の辞書的定義の蓄積による知識では、機械翻訳程度の理解にしかならない。また、フロイトによる「判断」の分析は、主語-述語という言語の構造が前提である。しかし言語がどこでどう働くのかは、「言語連合」という機能単位の概念の中に押し込められている。しかも「側の人間〔隣人〕」についての認識は、「充足経験」とほぼ同時のことである。自分の身体経験・感覚・運動像のまとまりと意味は、充足経験による通道によって初めて与えられる。実際には、それらを参照しても「側の人間〔隣人〕」の場合と同じである保証はないし、荒い一致しか予想し難いが、それ以前の問題として、フロイトの説明は論理構成として、獲得されるべきものの存在を前提に、それを使用して獲得するという循環に陥っている。

E.「自我」措定の困難——注意の例から

自我の中核的な機能「注意」を見てみよう。彼は（次頁の図Ⅱ-1-2）を説明しつつ、こう想定する。「自我は、自我の注意を敵対的な想起像への新たな備給の到来に向けさせる機制の助けを借りて、必要に応じて増強されうる豊富な側方備給により、想起から不快迸出に至る経過を制止することができるようになる」。aは敵対的な想起像である。左端の$Q\dot{\eta}$は→に沿って流れてaを刺激し、それが↘を通ってbに至ると、不快がもたらされる。それに対してａの右手からのαは、「側方備給」を与えることで「Qη̇に対する制止」を行なう。

しかし、α関連の構造は左横にβ・γ・δと書かれてはいるが、それらは「注意」の機構を図示しているわけではない。そもそも注意は、回路や想起像にではなく、その外のQη̇の元に向けるものである。フロイトは、対象が**現実**に存在しているのか、それとも「空想**表象**に存在しているに過ぎない」かを問題にしている。これは「知覚」と「表象」をどう区別するかという問題であり、彼はその区別がψの中のみでは付かないことを認める。それは「別のところから基準を必要とする」。彼はその機能をωニューロンに付与し、それが現実指標を提供すると考える。この論理構成に遺漏はないが、そうした現実指標を活用して学んでいくことができる装置は、どこにあるのだろうか。ωニューロン自体が注意の機能を担うのでは、機構として不明点が多過ぎて、何も述べていないのに等しい。確かなのは、単にωがψに質的／現実的指標を提供する位置にあるという定義のみである。こうなると、ψ系の中に注意の機能を可能にする構造が含まれているとするしかない。各機能はここでもモジュール化しており、しかもψは具体的な構造の裏付けがないまま、もはや「自我」とほぼ同等のものになっている。更に言えば、この現実知覚の場面で「自我」は付け足しである。現に『夢解釈』第7章の議論では、「制止」という二次過程への言及はあっても、「自我」概念は登場しない。

「注意」は一般に、現実の中で未確認のものを探索する、観察と照合からなる活動である。その働きは、特定の対象や属性について意識的に行なわれるとは限らない。多くの場合、より詳しく知ろうとして注意を向ける何か

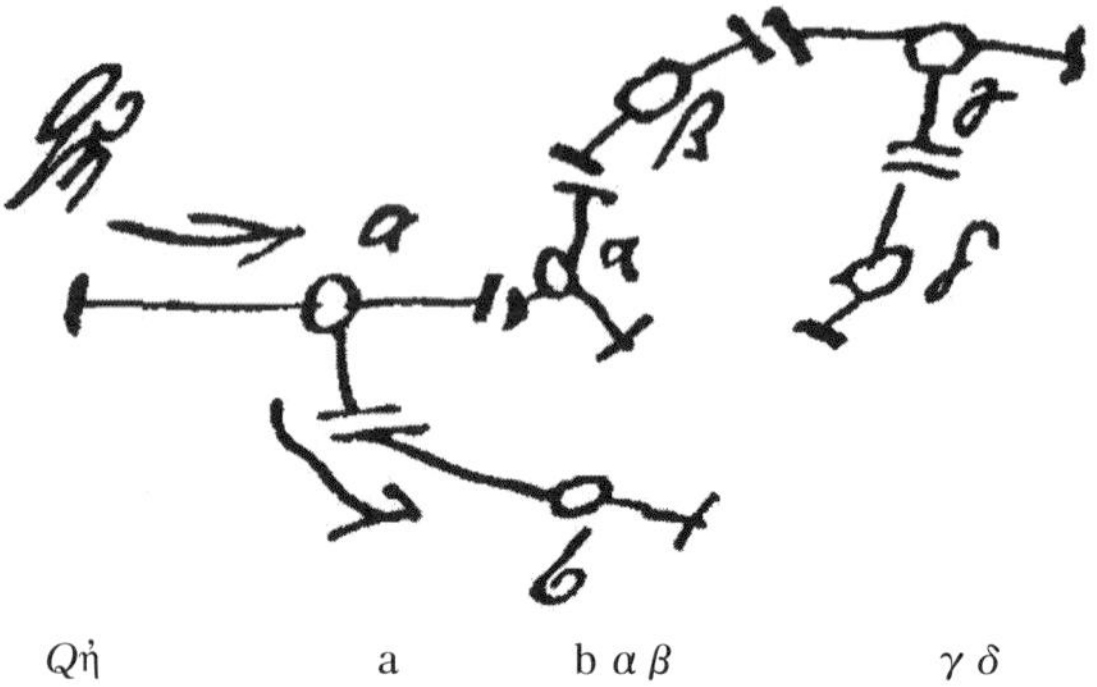

Qη̇　a　bαβ　γδ

図Ⅱ-1-2⑩

に気づくまでに、心当たりがありそうなものに関して既に無意識的なスキャニングが行なわれていると考えられる。それがつまるところ、現実の対象の像あるいは表象に対する操作であるなら、それを可能にする超越的な位置か水準の差異がシステムの中になければならない。その「予期状態の心的状況」には、「連想検索」のような機能が備わっていたり、何らかの絞り込みのアルゴリズムを有していたりすることだろう。そうした点を具体的に述べて、初めて何らかの解明をしたことになる。

それに対してフロイトが述べるのは、「注意」発動に当たっての一般的な特徴である。「故に：備給された自我によって制止が起こる場合、ωの放散指標は全く普遍的に**現実指標**となり、ψはこれを生物学的に利用することを学ぶ。自我は、欲望による緊張状態においてこうした**現実指標**が出現するのに居合わせると、特異的行為に向けた放散を続かせる。**現実指標**と不快の亢進が一致すると、ψは、しかるべき部位における適切な大きさの量の側方備給によって、正常な大きさの防衛を遂行するだろう。……」。これは、幻覚／不快という「一次過程」に対する、いわゆる「二次過程」である。ここでの「自我」には、この語から通常連想される種々の機能はなく、「制止」機能のみがある。

この定性的な記述から分かるのは、快-不快の両極しか存在しない過程に、「自我」が制止を通じて介在して、現実の質を捉えるようになることである。だがその必要条件である「現実指標の正しい使用」が何のことかは、明確ではない。不快が亢進しなければ発動しないのでは、実態に即していない。結局フロイトは第3部「正常なψ過程を記述する試み」で、これらの概念では「心的注意の機制の発生を機械論的（自動的）に説明することは、私には困難である」と認めて、代わりに「生物学的説明」を持ち出す。

フロイトが「機械論」に対比して「生物学」と言うとき、それはダーウィンの進化論を指しており、原理から演繹できない事象の合目的性を、「自然選択」の結果として説明しようとしている。現実が多様かつ常に未知のものを孕む限りで、有機体がどのような現実に対してどのような対応を取るかは、偶然に左右される。或る機能が発生・発達した原因は、本当のところでは分からないし、突如降臨したような飛躍を後からの理解によって埋めることは難しい。ダーウィンの進化論に依拠すると、生存にとって意味の乏しいものは淘汰されて、目的を叶えるのに適した機能が残ったと考えることで、一応の説明が付いたとすることができる。フロイトは継承に関しては、「空想」に関して見たように、1910年代半ばから「系統発生」を通じた「太古の遺伝」という説明を取り入れるようになる。

だが、生物学的説明に訴えても問題は残っている。フロイトは第3部の少し先で、「このように合成された**自我**がそもそもどのようにして発達しえたのか」という問いを投げ掛ける。その考察は過剰備給が経済論的にどう成立するかに限られており、一般的な意味での「『自我』の発生という最深の問題」にまでは及ばない。また、「意志」のように高度な志向性を扱ってはいない。フロイトは、「意志はψにおける全$Q\dot{\eta}$の放散である」と述べているが、それは意志の経済論的側面の特徴に過ぎない。後に彼は、『自我とエス』で心的装置の新たな構造論を明示するときに、同じく「自我」という言葉を用いる。この両者は、混同するべきではない。**『心理学草案』の「自我」は特殊な神経学的機能に限定されたものであり、主体としての自我ではない**。機械論的とは、そういうことである。読む際に後者をも指しているかのように受け取るとしたら、それは同じ言葉であることに引きずられて、著者も読者も「暗黙の裡に復元」(前出、ブロイアー)しているからだろう。言い換えれば、復元の際「自我」には定義を超えた隠喩的な含みが与えられている。

「自我」の発生を「生物学的」に、偶然に備わった或る機能が適合性から自然選択で残ったと説明しても、その機構自体は機械論的に説明できなければならない。しかし、側方備給による制止も注意の振り向けも、モジュールとして十分にプログラム化されてはおらず、それらを組み合わせても出来上がるのは「装置」である。それがどこまで〈心的なもの〉に迫っているかは、別のことである。装置がどのような機能を備えれば、それを心と呼ぶことができるだろうか。現代に至るまで、この領域にはさまざまな思考実験がある。サール(Searle, J. R.)の議論を借りると、この装置は弱い人工知能（Weak AI）ではあっても、心に匹敵するとは言えないだろう。装置の中味は意味の理解と無関係に規則通りやり取りしている「中国語の部屋」[42]であり、心の経験過程全体を再演しているとは見做し難い。

「機械論的説明」は、「超自我の発生」（『自我とエス』）を論じる際には消え失せている。そこで挙げられるのは、「二つの生物学的要因」すなわち「無力で依存的な子供時代」と「エディプス・コンプレックス」の存在である（フロイトは英訳の監修に当たって、後者を「歴史的性格」と呼んでいる）。その後フロイトは、心を立ち現われさせるためには、導入せざるをえない次元があることに気づいていくかのようである。ここではそれを、**神話的＝寓話的次元**と述べておこう。それは精神分析に対象関係論が登場する必然性でもある。先に、それが次に浮上する『夢解釈』第7章に至るまでの帰趨を辿りたい。

4　心的装置のための模式図：(2)『夢解釈』まで

A. フリース宛書簡における修正と移行

フロイトは『心理学草案』を、ブロイアーとの共著『ヒステリー研究』を終えた1895年4月下旬から書き始めた。エマ・エクシュタインの手術と留置されていたガーゼの除去による大出血は、その少し前だった。『草案』は彼が9月にフリースと面談をしてから2冊のノートに纏まり、10月には現存する形でフリースに送られた。しかし彼は「小児脳性麻痺」の仕事のため、続きを棚上げにした。彼がニューロン系に言及するのは、1896年1月1日付フリース宛書簡が最後である。そこで彼は、φ・ψ・ω各ニューロンの位置関係を、φ・ω・ψという配列に変更する。それに伴いψは神経系としての独立性を高め、内因性の刺激のみを受け取るようになる。それによって或る種の説明には、より合理性が増す。例えば幻覚は、ωへの逆行として説明される。また、『心理学草案』では「言語」の位置づけが曖昧だったことが分かる。フロイトによる「判断」の分析は、主語─述語という言語の構造を前提にしていた。だが言語への言及は、第3部「正常なψ過程を記述する試み」で唐突に「言語連合」(Sprachassoziation)が登場するまで見当たらない。そして彼は言語がどこでどう働くのかをその概念の中に押し込め、「連合」という名で単に結び付ける以上の、自我に等しい機能を担わせていた。この改訂によって、「知覚過程にはおのずから意識が関与」し、「ψ過程はそれ自体では無意識で、放散過程および知覚過程と結びつけられる(言語連合)ことで初めて事後的に、二次的で作為的な意識を獲得する」ことになり、言語の局所論的な位置が明確にされ始める。しかし、彼がニューロン系を用いて論じるのは、この時期までである。

小児脳性麻痺の総説の仕事は1896年8月まで掛かり、6月から容態が悪化しつつあった父親は、10月23日に亡くなった。フロイトの関心は、誘惑理論とその放棄・夢を通じた自己分析、と移っていく。神経症理論および新しい心理学の構想は、結局

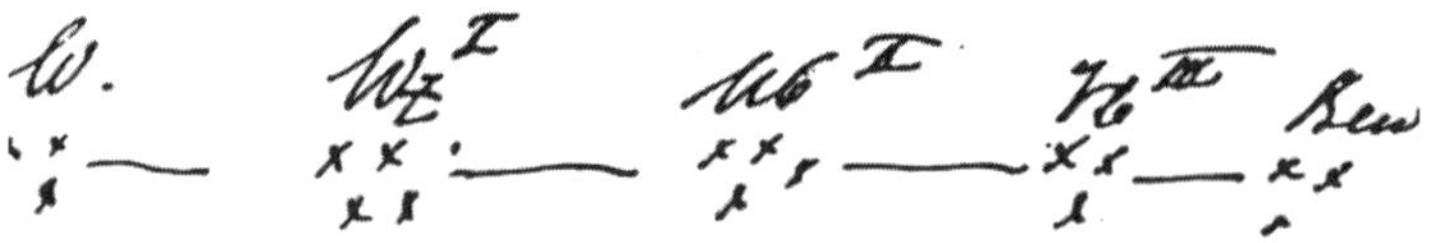

フロイトの手書き原図

図 II-1-3 〔出典：マッソン編『フロイト　フリースへの手紙 1887-1904』河田晃訳、誠信書房、p.212〕

『夢解釈』にまとまる。ニューロン系に代わって次に目に付くのは、1896年12月6日付フリース宛書簡中の、「想起痕跡」(Erinnerungsspur)の場を示す略図である(**図Ⅱ-1-3**)。

「君が知っているように私は、私たちの心的機構は重層形成(Aufeinanderschichtung)を通じて発生したものであり、そこでは現存する想起痕跡の素材は、時折新しい関係に応じて配列替え(Umordnung, rearrangement)、すなわち書き換え/転写(Umschrift, retranscription)を被るという仮定を用いて研究しています。ですから私の理論の本質的な新しさは、記憶(Gedächtnis)が単層的ではなく多層的に現存しており、さまざまな種類の記号(Zeichen)で書き留められている(niedergelegt〔下に置かれている〕)という主張です。私は以前『失語症』の中で、末梢から来る伝導路について、同じような配列替えがなされると主張しました。こうした書き込み(Niederschrift, registration)がどれほどあるのか、私は知りません。少なくとも三つ、たぶんそれ以上でしょう。それについては図Ⅱ-1-3〔フロイトの原図およびマッソン版〕で、個々の書き込みがそれを担うニューロンによっても隔てられている(必ずしも場所的〔topisch 局所論的〕にではなく)ことを示しています。」

ここで、初期のフロイトが性的な意味や経験について多くを論じ強調してきたのに対して、この「心的装置」の議論ではほとんど登場してこないことについて触れておく。フロイト自身の即して言えば、それは『心理学草案』の第1部「総論的構想」でも認められることである。性的な意味は、第2部・第3部になって登場する。原理を解明しようとするフロイトの姿勢はどこの記述にも見られるが、心的装置の「生成」を論じている限り、性的な連関は乏しい。もちろん、「抑圧」は性的な意味に直結している。しかしそれは、W-Wz-Ub-Vb-Bewという系列のような基本構造が成立した上でのことなので、心的装置としては、「使用」の問題と見做されるだろう。ニューロンに関して言えば、「知覚」「知覚記号」「無意識」「前意識」「意識」というそれぞれのモジュールに、それらを担うニューロンがあることは前提とされ続けてはいる。だが彼はその内的構造をニューロンに即して問うことはなく、神経解剖学からは離れつつある。この図式は、「ヒステリー・強迫神経症・パラノイアという三群の性的精神神経症」の特異性を心的素材の「翻訳の失敗」によって説明し、23日周期の心的段階（Phase）と28日周期の性的段階の展開を基礎として「抑圧された想起」(die verdrängten Erinnerungen）という一種の固着時期と結びつける、彼の極めて大きな構想の一部である。図式の「次々に起こる書き込み」は、出来事の翻訳が発生させる不快放出（Unlustentbindung）のために思考障害を引き起こされて、正常な防衛ばかりでなく病理的な防衛がなされる（**図Ⅱ-1-4**）。図式は、どの疾患ではいつ・どこで何が起きるかの座標を提供している。

　ここで、初期のフロイトが性的な意味や経験について多くを論じ強調してきたのに対して、この心的装置の議論ではほとんど登場してこないことについて触れておく。フロイト自身に即して言えば、それは『心理学草案』の第1部「総論的構想」でも認められることである。性的な意味は、第2部・第3部になって登場する。原理を解明しようとするフロイトの姿勢はどこの記述にも見られるが、心的装置の「生成」を論じている限り、性的な連関は乏しい。もちろん、「抑圧」は性的な意味に直結している。しかし

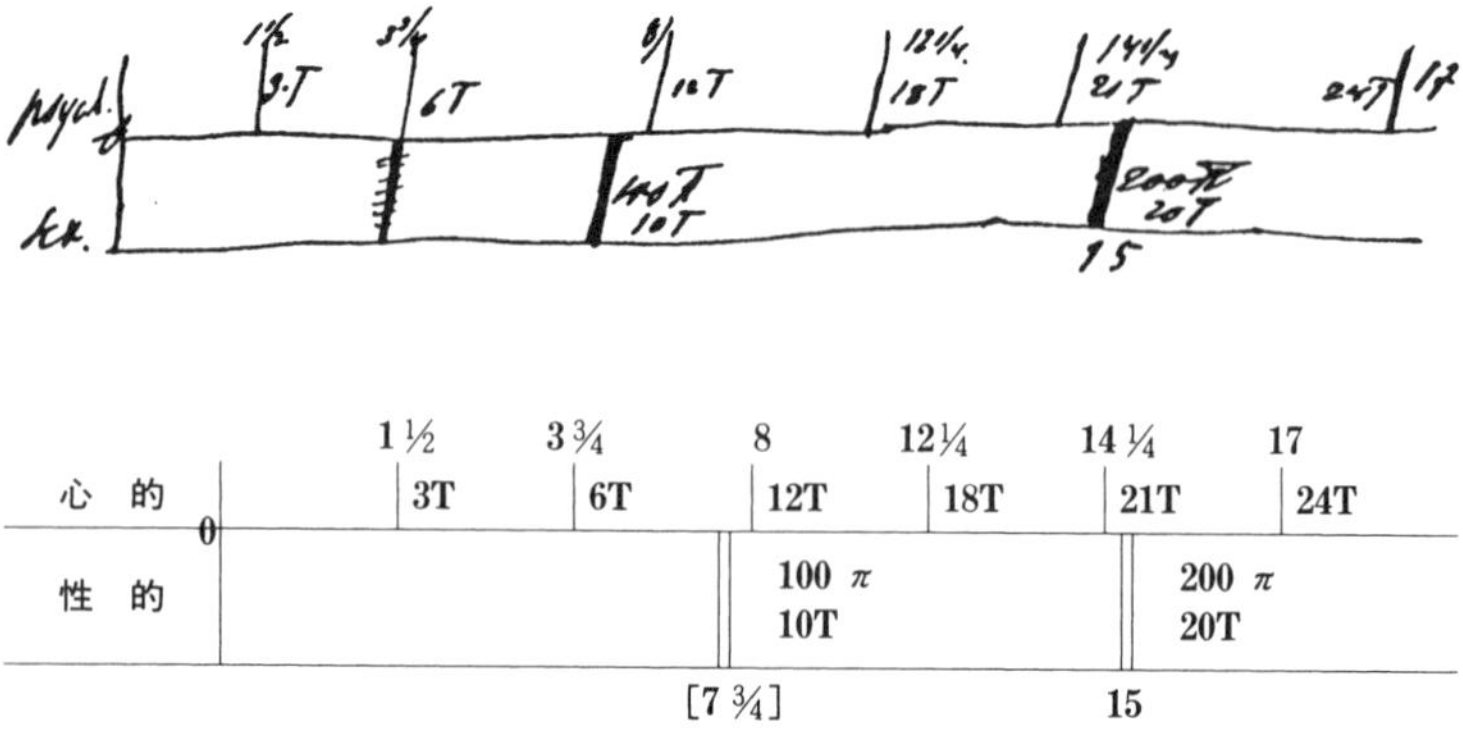

図Ⅱ-1-4〔出典：マッソン編『フロイト　フリースへの手紙 1887-1904』河田晃訳、誠信書房、p.212〕

それは、W-Wz-Ub-Vb-Bewという系列のような基本構造が成立した上でのことなので、心的装置としては、「使用」の問題と見做されるだろう。

この構想のほとんどのもの、つまり心的段階と性的段階の周期性も「抑圧された想起」が「ヒステリーの場合は1歳半から4歳、強迫神経症の場合は4歳から8歳、パラノイアの場合は8歳から14歳の年齢の当時に関わる」（**表Ⅱ-1-1**の第2行の数字）とする発生論的成因論も、パラノイアを「精神神経症」の一種とすることも、そもそも想起の障害を分類の鍵とするほど重視することも、現代ではもちろん、フロイト自身が後には顧みていない。特に、このさまざまな記号××は、他では全く見られないので、意味の確定は困難である。何段かの×は、おそらく多層性を示しており、場所による「配列替え」と「書き換え」を図示している。知覚記号の一部は、「無意識」において更に下層に位置するようだが、手書きの原図では、「前意識」でも「意識」でも、位置に大きな違いは認められない。結局、×の個数や位置が何を意味しているのかは、決め難い。

それでも本図式は、一、W-Wz-Ub-Vb-Bewという系列、二、それぞれの場所の区分、三、移行の機制を挙げている点で、先駆的であると同時に限界を提示している。この系列は、『夢解

表Ⅱ-1-1

	Wz	Wz＋Ub	Wz＋Ub＋Vb	同　前
	―4	―8	―14/15	
ヒステリー	現実的	強迫	Wzにおいて抑圧	
強迫神経症	――	現実的	Ub標識 において抑圧	
パラノイア	――	――	現実的	Vb標識 において抑圧
倒　錯	現実的	現実的	強　迫 （現実的）	抑圧は不可能 または企てられない

〔出典：前出『フロイト　フリースへの手紙 1887-1904』p.215〕

釈』における心的装置の構造と同じである。その考察は、もはやニューロンではなくモジュールを前提にして行なわれる。だが、喩えに満ちた線的な構造では、描写できることに限りがある。また、記憶が心的装置の複数の場所で書き留められていると考えられる謎は、「無意識」(1915) および「『不思議のメモ帳』についての覚え書き」(1925) での考察へと続く。移行の機制は「遷移」と「縮合」(Verdichtung) という神経症的防衛機制と同内容であり、夢・失錯行為・機知を読み解く基礎となる。しかし、この図式とその延長では、他者が消えているように見える。

B.『夢解釈』における図示

『心理学草案』の物理的（「量Q」）で擬似解剖学的な構想に対して、『夢解釈』ではフロイトは明確に、「心的局在性を、例えば解剖学的に規定したくなる誘惑は注意深く避けて」「われわれは心理学的な基盤の上に留まろう」と宣言して、「単なる足場を構築物そのものだと取り違えない」と自戒している。これは、あくまで「喩え」(Gleichnis) なのである。また、『夢解釈』における心的装置は、夢を位置づけることを第一の目的としており、『心理学草案』のように、最初から「正常なψ過程」全般を記述しようとはしていない。しかし夢を主題としたことで、外界にも脳解剖学にも位置づけられない心的過程に固有なものが論じられることになる。そして初め「日中に働いている無意識の活動」とも「精神病理的な形成物」とも区別されていた夢は、それらに通底する「王道」と位置付けられる。また、夢過程は前意識における「拘束」(Bindung) の一つであり、精神療法が成り立つ根拠に一致している。フロ

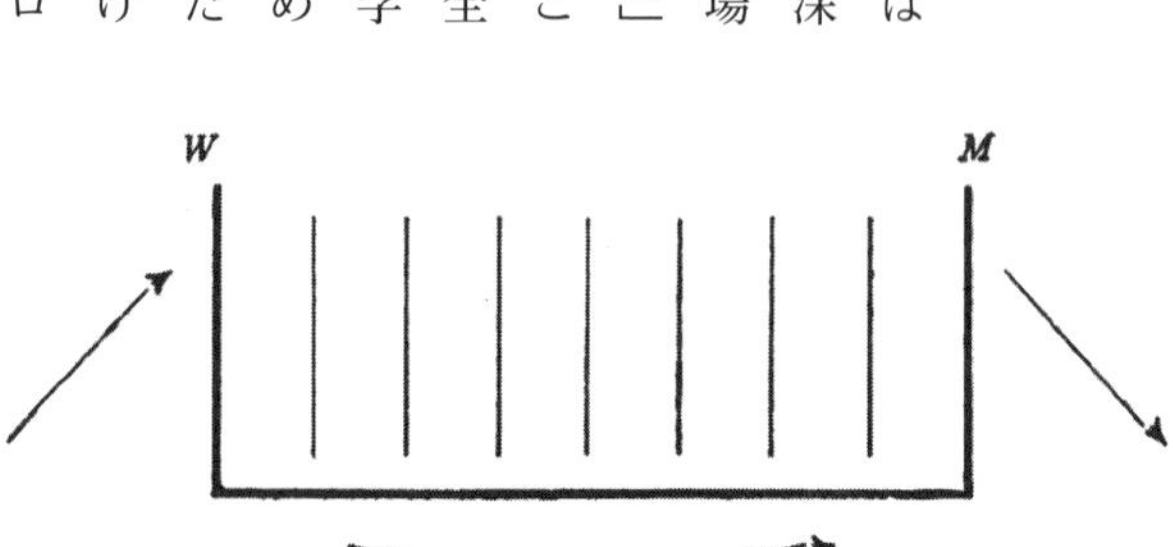

図Ⅱ-1-5⑱

イト以後の論文でも夢の呈示が主流を占める所以である。

それにしては、彼の最初の図示は枠と棒数本の位置関係を示すのみのかなり素朴なものであり（**図Ⅱ-1-5**）、課題はむしろ、そこで如何に推測（Vermutung）を広げるかにある。

左端（W）は「知覚末端」とそこへの刺激（↗）であり、それは下の弧が示すように装置を通って、右端（M）の「運動末端」へと至る（↗）。ここでは、「心の装置」は、「組み立てられた道具のようなもの」であり、刺激-反応の流れは、反射弓に類似している。彼はその構成部分を、**「審級**（Instanz）、もしくは直観に訴えやすくするために、系（System）と呼ぶ」ことにする。そこには、位置関係のモデルとしても通用する期待があるが、とりあえずは、「興奮のある種の時間的な継起」が反映すれば十分である。光学的な機器の比喩は、ブロイアーが「知覚」機能と「記憶」機能の両立不可能性を証示するために、「反射望遠鏡の鏡」は「写真機の乾板」を兼ねられないという対比の形で持ち出したものだった。望遠鏡や写真機の喩えは、機器という装置一般の特質として以上に適用しようとするのは難しい。入って出ていくのは光であり、レンズは途中の縦線のところにあるとしても、読み取られるべき画像の位置は、おそらくWの外にあるが不明である。また、画像の認識は最終的に、Mの外にいる人間が行なうとすると、装置は眼鏡程度の付け足しである。レンズは、その位置関係や屈折・反射の機能などを喩えとして用いるのには有効でも、そうした物理的性質以上の「批判」機能は有していない。だから、例えばレンズを出発点にして、その「審級」に物理学的関係以上の意味を想定するならば、もはやそれはレンズではないレンズ的な何かである。フロイトは『夢解釈』の末尾近くで再びレンズに言及し、「この喩えを更に進めてよいなら、二つの系の間に位置する検閲は、新しい媒体へと移行するに当たっての光の屈折に対応するであろう」と述べている。レンズによる屈折は、空気とガラスのように媒質の違いが生むものであって、能動的に検閲を行なう機関があるわけではない。レンズに割り当てられた以上の人間的な機能がそこに繰り込まれていないか、注意する必要がある。

レンズの場合、単純なので喩えの問題は見て取りやすい。元々望遠鏡や写真機は、眼の構造を模して製作した機械であり、道具以上の中枢神経の機能を期待されていない。それが人間の機能に匹敵するのは、外に人がいるか、操作する人間が中に入っている場合のみである。

『夢解釈』でのフロイトは、図示したこの装置に関して、「一つの反射装置のように構築されているに違いない」と推量する。岩波版訳注にあるように、この「反射」で彼は、腱反射や対光反射を例として「刺激-反応系」を想定しているのだろう。心つまりWとMの間がブラックボックスになっていても、感覚末端と運動末端には現実との対応があるので、これは「粗くても手応えのある仮説」となりうる。イオンチャンネルの発見は百年後となるが、当時から末梢神経の伝導速度は測定されていた。しかしこの先の「装置」の構造は、生理学的な検証を行なうことができるものではない。と言うのもフロイトは、言葉によってしか描写できないからである。

続いて彼は、知覚末端における分化を「記憶」と「知覚」の性格から、運動末端側の系は夢の理解から、興奮の流れに合致するように組み上げて、心的装置の構造を複雑化させる。記憶すなわち保存を担うのは、Er・Er'・Er''・・の系であり、知覚すなわち新規受容を担うのはW系である（Erは、彼が基本単位として据える「想起痕跡 Erinnerungsspur」を指す。原書の図2は略）。次いでフロイトは、歪曲されている夢を「証拠の源泉」として、「批判を加える審級」と「批判を受ける審級」を導入する。彼は前者を意識そして随意運動に近い「前意識」（Vbw）系とし、後者を「無意識」（Ubw）系としてその奥に位置づける（**図Ⅱ-1-6**）。

図示が成り立つと、今度はそれを臨床事象と照合して細密化していくことがで

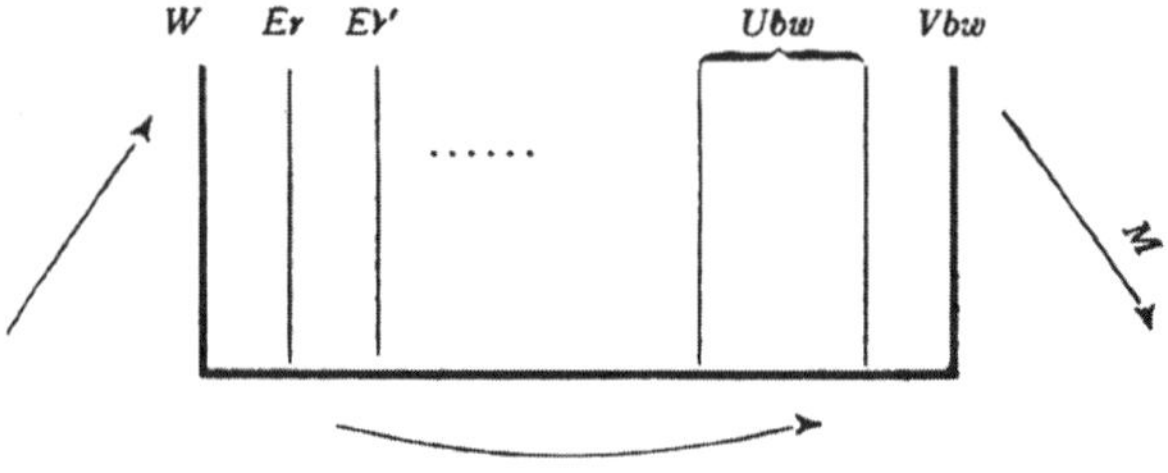

図Ⅱ-1-6⑱

きる。彼は位置関係と興奮の流れの向きから、三種類の「退行」、すなわち局所論的・時間的・形式的な、古く原始的で知覚末端に近いものの出現の可能性を導き出す。それによって、同じ知覚像の幻覚的復活でも、夢と幻覚つまり病気の時の退行とを区別することができる。

こうした作業は『心理学草案』に共通しているが、フロイトはもはやニューロンにまで辿ることはせず、各機能と構造の系をモジュールのまま扱っている。そのことは、一つには『心理学草案』にあった、充足体験における神経系への書き込み＝通道という、一対一に対応しているかに見える遡行されるべき源の保証を失うことを意味する。また、『心理学草案』でも曖昧だった「言語」の位置は、『夢解釈』の心的装置では主題化されず、各モジュールの中に組み込まれる。そして『草案』では外にいた相手は、専ら夢形成との関連で論じられている限りでのこの装置でも、やはり外にいる一方で、他者の存在は「検閲」の必要性の中に、暗に織り込まれている。また、後の「対象選択」は、他者を対象とする行動である。しかし心的装置の問題系の中では、反射系を中心にしたモデルを脱却した『自我とエス』に至って初めて、対象は「超自我」として形象化されることになる。

「無意識の系こそが夢形成の出自の点である」とは、あくまで仮定である。夢過程を「われわれによって仮定された心の装置の内部での一つの退行である」と見なすことができるのならば、夢形成の特性は説明されるが、それは説明ではなく、定義に戻っただけである。「説明のつき難い現象に対して、一つの名前を与えたという以上のことは、なにもまだできていない」。図示の役割はここまでである。第7章（C）以降に、新たな図は提示されていない。実のところ、心的装置自体が一種の筐体である。外枠つまり反射装置の内側にある系は、どれもほぼ自立している。

そういうわけでフロイトは、『夢解釈』では原理的に考察しつつも、第7章冒頭に子供を亡くした父親による「燃える子供の夢」を掲げたように、個別の夢から欲望の成就という命題を帰納的に成立させようとする。この夢は、さまざまな意味で心を動かすものがあるので、引用しておこう。「眠りに入って何時間か経って、父親はこんな夢を見る。**彼の寝床の傍に、子供が立っている。子供が彼の腕を掴む。そして彼を責めるように囁きかける。ねえお父さん、見えないの、僕が燃えているのが？**　父親は目を醒ます。そして明るい光に気づく。光は亡骸の置かれた部屋から射して来ている。父親は急いで行ってみる。すると年老いた番人は居眠りをしていて、大切な亡骸の経帷子と片腕が燃えていた。火の付いたままの蝋燭が、亡骸の上に倒れ込んだのだった」。亡くなった子供からメッセージが来るという不思議議には、子供が倒れた蝋燭によって燃えているという落ちが付いている。それでも、子供が彼の腕を掴んで囁くところは、夢を超えてリアルである。現実世界と心の中は交流しており、人物は心を出入りしている。眠ってしまった番人（Wächter）も、登場人物の一人であり、思わぬところで姿を見せるだろう。

続いてフロイトは実践的な証明のために、「幻像」（Vision）が幼児期の場面を意識化されて幻覚のように見えるようになり、語り告げられて解消する例を挙げる。これは、「幼児期場面（もしくはその空想的反復 phantastischen Wiederholungen）が、夢内容にとって或る意味で雛型としての重要性を持つ」ことの指摘である。ここで「空想的反復」が、幼児期場面とほぼ同格に言及されていることに注意しよう。フロイトはおそらく、オリジナルとその空想による反復を念頭に置いていることだろうが、この時期の彼は、既に「誘惑理論」を放棄している。それはつまり、オリジナルのない空想の反復がありうるということである。両者は実際には、原理的に判別困難である。痕跡とそれを残す原場面＝原光景に遡行しようというときに、元々が空想だった可能性が忍び込んでいる。

フロイトの著作では一貫して、原版としての現実の痕跡とその再現的想起が問題である。思考過程の独自性を位置づけようとするときも、それは「目標と終端」が「同一状態をもたらすこと」だとされる（『心理学草案』）。一般にはむしろ逆に、精神分析の独創性は「記憶」を意識されている通りの一義的なものとせず、多層的で意味を多重決定されたものとした点にあると評価されてきたと思われるかもしれない。確かに、フロイトは途中の過程では注意を公平に漂わせ、連想が自由に広がることを奨励する。しかし彼は再構築において、最終的には原場面／原光景へ、起源へと遡行しようとするのをやめない。「狼男」症例でフロイトは長い註を付けて、「原光景(Urszene)が空想なのか現実の経験なのか」を検討した。彼は結論として、或る種の空想は「疑いなく遺伝されてきた所有、つまり系統発生的遺伝であるが、それらはまた個人的経験によって獲得されたものでもありうる」とした。

彼がこの解決案をどれだけ確信していたかはともかく、原版(現実の痕跡)は何らかの確認できる形で実在する、と考えているようである。空想も素材なしの無からは生まれないので、その意味では実在と関係はある。しかしながら、既存のもののブレンドが全く新しい印象を生むとき、それはもはや原版の再生ではない。逆に、ミクロの規模であっても原版があるとするなら、何かがその場で新たに生まれることはないだろう。言葉の意味が主に何かの名称ならば、新しい概念の由来を理解することは困難である。フロイトには、要素cとlがdになるような変容は想定外だったことだろう。ちなみに、縮合や妥協形成による「中間表象」(『夢解釈』)は、この例になると思われるかもしれない。しかしながら、それはフロイトにとって病理の産物であり、「間違い」の一種であって、創造的な意義はない。分解して元を明らかにすることが、彼の狙いである。

夢の意味の理解もまた同じ危うさの上にある。彼は夢を全体として直ちに何かに対応するものとは見做さず、それを要素に分解し、更にその連想をすべて考慮して解釈する。だから、現実との単純な対応関係は想定していない。しかしその要素は、「歴史的真実の一片」であり「一粒の真実」である。そもそも、「夢作業は考えず、計算せず、判断もしない。そして事柄を変造することに自らを限っている」(『夢解釈』)。痕跡は、配列を変え(Umordung)別の場所に書き換え(Umschrift)られる(先に引用した1896年12月6日付フリース宛書簡参照)が、要素自体は変容しない。彼は、「夢の表象は幻覚の類であり、意識を喚起し、信憑を見出す」(『心理学草案』)と記述する。彼の観察では、「夢は大抵、以前の通道を進み、何ら変更を生じない」。定義上、幻覚は充足に向かう一次過程である。

夢から二次過程の部分つまりさまざまな二次加工を取り除いたとき、幻覚としての夢が欲望の成就であることは定義そのものに等しく、個別例の確認は原理的に不要である。しかし夢は、そこまで同語反復《トートロジー》のようであっても、言葉すなわち二次過程の媒体によってしか表現されない。二次加工の不可避性こそ、欲望の解釈を一義的ではないものにする。それでもフロイトは、源に遡る努力をするだろう。

C．欲望の多様性と「生の困窮」

『夢解釈』第7章の続きに戻ると、次にフロイトは、夢において具体化している欲望の由来を問う。それは図あるいは局所論に基づけば、①昼に興奮させられ、満足に至らないままの欲望の残渣、②昼に棄却され抑え込まれた欲望、③昼間の経験と関わりのない、抑え込まれていた欲望、という、それぞれ意識・前意識・無意識の系が考えられる。彼はそれに加えて、④現在の欲望を挙げる。

最後の付加には、異質な印象を受けるだろう。フロイトが言う「夜になって高まってくる現在の欲望の動き」の例は、「口渇刺激や性的欲求」(Bedürfnis) である。つまり、かつての『夢解釈』の読者は知らなかったけれども、これらは彼が『心理学草案』で挙げた、「特異的行為」によって外的世界に変化をもたらさなければ解消されない内因性の刺激である。それらは幻覚的に満たされても、実際に物質的・具象的に満たされない限り、必ず幻滅に至る。それらは欲望と言うより、身体的に満たされるべき欲求である。欲求は表現されても、解消はしないし変わりもしない。実際、夢を通じて表現されるのは欲求ではない。19ヶ月のアナ・フロイトは、一日食べられなくてイチゴ・野イチゴ・オムレツといったものの夢を見たようにみえるかもしれない（「アナ・フォーイト、エル（ト）ベーア、ホーホベーア、アイアー（シュ）パイス、パップ〔独〕*Anna F. eud, Er (d) beer, Hochbeer, Eier (s) peis, Papp.*〔英〕'Anna Fweud, stwawbewwies, wild stwawbewwies, omblet, pudden!' 第3章「夢は欲望成就である」）。しかしフロイトはそこに、イチゴの偏食を問題にした保母に「報復措置」をするという関係も認めている。——興味深いことに、邦訳では長年、Papp に対して「お父さま」という訳が付いてきた。この語は英訳を参照していれば、柔らかいどろどろしたもの、つまり粥と訳されていたことだろう。だが Papp に Papa を見ることが許容されるならば、ここには更に、父親との関係もあることになる。それはこの夢に〝含まれて〟いるのだろうか。アナの欲望だろうか。それとも、単に翻訳者の欲望だろうか。少なくともこのような読解の可能性は、欲求ではなく言語表現の水準にある（アナ・フロイトの夢を取り上げたラカンの『欲望とその解釈』でも、Papp については述べられていない）。

欲望と欲求の区別は、フロイトでは時に曖昧である。彼は、『夢解釈』の末尾で「原始的な心的装置という仮構」（第7章）について再説する際、欲望を「不快に発し快を目指す装置の流れを、われわれは欲望と呼ぶ」と定義して、「何らかの迂回路」すなわち二次過程を欠いた状態まで入れている。また、睡眠のように目標が単一の直接的で明確なものは、欲求として捉えた方が適切と思われる。実際、彼は「燃える子供の夢」を巡る議論で、父親の「睡眠欲求」と述べている。しかしそれをほぼ同時に、「前意識の眠ろうとする欲望」（第7章）とも呼んでいる。

④の異質性に比べて、①から③までの分類には合理性がある。しかしフロイトは当初、それほど意味はない——「夢欲望の源（Herkunft）が違ったからといって、夢を引き起こすという夢欲望の能力については、何も変わらない」と言う。「夢を引き起こす」という形で共通するのは、欲望の或る種の盲目性である。欲求と違って欲望は、自分が本当は何を求めているのかを知らないかのように振る舞う。欲望は何かを通じて表わされるしかなく、主体には直接的ではない。呈示を必要とするという欲望の性格は、必然的にその解釈を多様化する。それに対して、もしも口渇や空腹が自分の求めているものを知らなかったら、悲惨なことだろう。

フロイトは夢欲望の源の違いに差はないと言いながらも、すぐに「夢で提示されている欲望は、幼児期の欲望でなければならない」と絞り込む。それは、夢の発現には「無意識からの強力な援助者」を要すると考えられるからである。そこにはさまざまな傍証がある。「夢の超記憶と幼年期素材の使いこなし」は、その例である。

夢が、無意識的な幼児期の欲望を成就させようとする偽装された試みであるという理解は、フロイトの最終的な主張としてよく知られているものである。しかしここで彼は、こうも言う。「私は、この洞察が一般的には証明できないことを知っている」。しかも彼は、幾つもの夢の「無意識の欲望」について述べ、心的装置の成立場面と機能を吟味し、一次過程と二次過程の概念を導入し、精神病理的な形成物との同一性を示唆してから再び、「一般的に証明することはできない」と断る。これは彼が、『性理論三篇』および神経症者の夢分析（ドーラ）をまだ執筆していなかったので、少なくとも夢の欲望成就という性格は確保するための、修辞的な譲歩だろうか。

心的な生活と幼児期の経験との結びつきは、精神分析の中核的な指摘の一つである。「想起」すなわち忘れられた過去との関わりは、重要な役割を果たす。だが、夢の素材は日中残渣を用いているにしても、夢の主題がすべて幼年期に由来するならば、夢はどれも再現でしかないことになってしまう。これ自体は、夢の解釈の一つとして整合性はあるが、夢見手＝患者と治療者の関係性を問題にしない、自己分析あるいは精神病理学的な枠組みでの考察である。そこには転移の次元への注目が欠けており、夢の語り手が報告を通じて、夢の世界を聞き手と実演しているといった理解は、フロイトにはない。現代フロイト派だったサンドラー（Sandler, J.）は、フロイトの概念枠を維持しつつ現代の捉え方を包摂するために、「現在の無意識」「過去の無意識」という概念を鋳造した。[40] フロイトとは別な意味での、「現在の欲望」である。しかしそうすると今度は、敢えて「過去」を言うことに意味が乏しくなる。

フロイトは、図の提示に留まっていた心的装置に再び言及して、夢欲望の源の議論と結びつける。それは「特異的行為」と同じ場面である。だが、ここでは「他からの援助」が強調されていないばかりでなく、「幻滅」も見当たらない。欲望はどのように位置づけられるのだろうか。フロイトが原理から出発して「装置」の構造を推測していくならば、問題は欲望がどう立ち現われるかという形になる。しかし、論述の性格は、解明から記述に変わっているようである。

「われわれは、この心的装置が、長い発展［Entwicklung：進化］の道程を経て初めて今日の完全さに達したということを、何ら疑うものではない。その作業能力以前の段階へと、試しにそれを置き戻してみよう。他のところに基礎づけを求めなければならない仮説をいろいろ立ててみることができるが、それらの仮説がわれわれに語り掛けるのは、心的装置がまずは自分自身を可能な限り刺激のない状態に保つことに追求を傾けていたこと、そしてそれゆえに、その最初の構築においては反射装置の図式の形を取ったということである。反射装置は、外から心的装置にやって来た感覚的興奮を、たちまち運動経路へと放散させることを可能にしてくれる。しかし、生の困窮 Not des Lebens がこの単純な機能を乱しにかかる。装置は更なる形成への刺激を、この生の困窮に負っている。生の困窮は、まずは大きな身体的な欲求という形で、心的装置にやって来る。内的な欲求によって敷かれた興奮は、「内的変化」あるいは「情緒運動の表現」として印づけられるような運動性となって流出していくことを求める。空腹の子供は、寄る辺なく叫んだり手足をばたつかせたりするだろう。それでも状況に変化はない。それというのも、内的な欲求に発する興奮は一時的に突き上げてくる力ではなく、持続的に働く力であるからだ。何らかの経路で、子供の場合なら余所からの助けによって、内的な刺激を終息させる**充足体験**（Befriedigungserlebnisse）の経験が得られて初めて、向け換えが起こりうる。この経験の本質的な構成要素は、ある一定の知覚（例えば栄養補給）の出現であり、その想起像は、その時から、欲求興奮の記憶痕跡と連想関係で結ばれたままになる。この欲求が次の回に出現すると、先ほど作られていた結合（Verknüpfung）のおかげで、あの知覚の想起像に再び備給を与えて、その知覚そのものをもう一度喚起し、かくして本来のあの最初の充足の状況を再び作り出そうとする心的な動き Regung が発生するのである。こういう動きこそ、われわれが欲望という名で呼んでいるものである。そして欲求興奮によって完全な知覚備給が起こることが、欲望成就への最短の道である。［……］

苦い生の経験が、この原始的な思考活動を、もっと目的適合的な、二次的な思考活動へと修正したに違いない。［……］第二の系が、恣意的な運動性を支配する。すなわち、ここで初めて、前もって想起された目的に運動性を応用するということが、系の能力に結び付けられる。しかし、複合化した思考活動はすべて想起像から始まり、外界による知覚同一性の制作に至るまで進んで行く以上、それが呈示しているのは、やはり単に、経験によって必要となった欲望成就への迂回路であるに過ぎない。考えるということは、どのみち、幻覚的欲望の代替物に他ならない」(第7章)。

心的装置は、機能から要請される構造として構想される。フロイトが依拠する仮説は、有機体が興奮量を最小にするという恒常性原理で、先の図の外枠のように、知覚がもたらす興奮は反射装置が放散する。その際、心的装置は快-不快をモニターしている。この構造に加えて、絶えず外界と接触して新陳代謝をする生物の本性として、内的欲求とその処理法の存在を考える必要がある。それには、現実との関わりが不可欠である。身体的な欲求は、実際に充足体験をしなければ収束しない。そしてその経験が、次の探索行動の範となる。彼は『心理学草案』ではそれを通道と呼び、機構としてニューロン系への書き込みを想定した。そして「圧迫」が達成した充足を再び得ようとする傾向を、「欲望」と呼んだ。ここでは細かい議論はすべて省略され、欲望とは「本来のあの最初の充足の状況を再び作り出そうとする心的な動き」とされている。だがこの定義では、欲望には再生しようとする以上のことはできない。フロイトは、この「知覚同一性」を求める動きを「原始的な思考活動」と形容している。既に紹介したようにビオンの考えならば、それは心の活動ではあっても、ベータ要素水準に分類され、それ以上の「思考」とは区別されるところである。

この引用に続いて、フロイトは夢が欲望を成就することを高らかに謳い上げる。「そして、夢が一つの欲望成就だとしても、それはけだし自明のことなのだ、どうしてと言って、われわれの心の装置を仕事に駆り立てるものがあるとすれば、それは欲望以外のものではありえないからである」。しかしこの命題は、欲求と同一視された欲望の定義に戻っただけであり、夢に実際に現れている欲望固有のあり方について、実証しているわけではない。だからこれは、背理法で定義に戻って、証明をしたとするようなものである（無理数であることの証明法を思い出してみよう。直角二等辺三角形の斜辺は、比（ratio）で表わすことができない irrational なものなのだろうか。$\sqrt{2}$が有理数ならば、mとnは互いに素な正の整数として、$\sqrt{2} = m/n$と表現できる。両辺を二乗して$2 = (m/n)^2$つまり$2n^2 = m^2$。そこで両辺の平方根を取ると、$\sqrt{2} \times n = m$、両辺をnで割って$\sqrt{2} = m/n$、だから$\sqrt{2}$は有理数?!）。固有の意味での「欲望」は、まだ欲求に紛れている。欲望はどのように、欲求から離陸するのだろうか。

フロイトが述べる「二次的な思考活動」は、彼が後に現実原理と呼んだものに即している。この思考活動は、興奮を直ちに行動に放散する前に、思考すなわち留保して、目的適合的な行動をとることを可能にする。しかし、先に「動物の計画能力」について触れたように、本質的な思考作用は行動を制御するプログラム自体を改訂する能力であると考えるならば、特定の固定されたソフトに基づく作業は、プレインストールされた広い意味での再生である。この程度の思考はフロイトが言うように、「やはり単に、経験によって必要となった欲望成就への迂回路であるに過ぎない」かもしれない。

では、計算される組み合わせ以上の、機械の思考以上の思考にはどのようなものがあり、それはどのように可能となるだろうか。フロイトは夢解釈を、神経症および錯誤行為・機知についての論考と連動して、法則に基づいて進められることを示した。その意味で、人の心的生活のかなりの部分は、本人がそう認識していなくても機械的である。創成期の精神分析には、心が装置のように従う法則性を見出した功績がある。しかしそうした理解はすぐに定型化して硬直化し、模倣されて生きた意義を失う。もしも夢の仕事の機制に「縮合」と「遷移」の二種しかなかったとしたら、夢は多少複雑だったとしても、パズルのようなものでしかないだろう。

夢の仕事の内で、普通の意味での「思考」に近いのは、「表現可能性への顧慮」と「二次加工」である。これらは、夢本来の潜在内容を歪曲・偽装することが主な役割であると思われているかもしれない。もちろん、夢から目覚めるに当たって、あるいはその後夢の流れを思い出そうとするにつれて、防衛的に話を整えてしまうことはありうる。だが、夢は元々、非言語的な知覚と情動の世界であり、言葉によるその叙述は、夢の一面に過ぎない。

別の二つの機制である表象化と劇化は、却って、夢の言語的な秩序に乗らない地平を指示することにもなるだろう。

夢の思考を裁くのは、フロイトの考えでは、夢検閲である。彼はそれが系と系の間にあるとしてきたが、引用した箇所の少し先で、どのような存在かを具体的に述べる。「夢はわれわれに、Ubw（無意識）とVbw（前意識）の間の検閲というものを仮定することを強いたが、その検閲の中にわれわれの精神的健康の監視人Wächterを認め、尊重しなければならない」（『夢解釈』第7章）。彼は心的装置の構造の中核を述べようとしているのに、再び「監視人」という人物を招き入れている。監視人の働き具合によって、睡眠や精神病が作り出される。擬人化はもはや、装置の一部であるかのようである。実際に、監視人は夢の内外を行き来する。第7章冒頭の夢を思い出してみよう。「［……］**ねえお父さん、見えないの、僕が燃えているのが？**　父親は目を醒ます。［……］年老いた番人は居眠りをしていて、大切な亡骸の経帷子と片腕が燃えていた」。この番人（Wächter）こそ、こうした夢を見ることを可能にした監視人である。それとも、単にフロイトの見事な修辞だろうか。

5　「心的生起の二原理に関する定式」における心的装置

A．原光景としての「幻滅」

「充足体験」を、純粋に飢えか性愛の内的刺激を除去する場面として解釈すると、動物全般の判断および行動の理解に留まる。「特異的行為」も「他からの援助」も、子育てをする動物に一般に見られる。そもそも乳児には何を「認識する」関心があり、何を判断するのだろうか。『心理学草案』（1895）の時点でのフロイトは、精神分析を展開させようとしてはおらず、自然科学的な立論の中で「意思疎通」および「道徳的動機」を位置づけようとしていた。フロイトは同じ問題を十数年後に、「心的生起の二原理に関する定式」(1911)の中で、ほぼ同じ問題設定で論述している。彼は幻滅の場面について、こう書く。

「私は、心の安静状態は、当初、内的な欲求から来る命令的な要求によって攪乱されたと想定する。その場合、思考内容（欲望されるもの）は、単純に幻覚となって現れたが、これは今日でもなお夜ごとわれわれの夢思考で起ることである。ところが期待した満足が得られず幻滅に終わった結果、ようやく、幻覚という方途によって満足を得る試みは放棄された。その代わりとして、心的装置は、外界の現実の実態を表象すること（vorstellen）、および現実の変革（Veränderung）を目指すこと（anstreben）を決断（sich entschließen）しなくてはならなかった。かくして、心の活動の新たな原理が導入された。もはや快適なものが表象されるのではなく、たとえ不快であろうとも現実的なものが表象されるようになった。［……］

思考とは本質的には、比較的少量の備給を、少なめに支出（放散）しながら遷移させることを伴う、試験的な行動である。そのためには自由に遷移しうる備給を拘束された備給へ転換することが必要だったが、それは備給過程全体の水準を高めることによって達成された。おそらく思考は、単なる表象作用から抜け出して対象印象の間の関係に向かう限りでは、元来、無意識だったのであり、語の残渣に拘束されることによって初めて、意識に知覚しうる更なる諸性質を持つようになった」。

この場面で要請されているのは、心の進化を説明することに等しい。そうした局面でフロイトが持ち出しているのは、新たな機能が獲得されている結果からそこに至る道筋を辿る、生物学的説明である。しかしそれは機械論と矛盾するものではなく、何故そうなったかという一点を除けば、機械論的に成立していなければならない。つまり、機械論的説明と生物学的説明は、快原理と現実原理の間と同じ位相にある。前者は、数学的秩序が同時に物理法則であっても物質世界と直接関わりがないように、全体としては同語反復（A＝B＝C…）であり、新たな事象については何も述べていない。現実が多様かつ常に未知のものを孕む限りで、有機体がどのような現実に対してどのような対応を取るかは、演繹できない偶然である。生物学的説明では、生存にとって意味の乏しい存在は淘汰され、目的を叶えるのに適した機能を有するものが残るとされる。そのようにして機能を拡張された次の体系では、諸前提を変更していたとしても、再び同語反復（A'＝B'＝C'…）すなわち機械論が成立している。但しこれは論理的整合性の点についてだけのことで、理由の説明ではない。それを突然変異によるとするならば、なるようにしてなったという以上の説明ではないし、用不用説では、遺伝の事実に反する。

二原理との対比から分かるように、機械論的説明と生物学的説明の難点は、どちらも〈心〉が立ち上がる瞬間を説明しないことである。快原理が全面的に支配するとき、心は自動機械に等しいモードにあり、分解して現れるのも機械に共通する機構である。そこには自己意識の水準がなく、自由な選択の余地はない。その事情は、現実原理が成り立つ拡張を成し遂げたときにも同様である。逆に、生物としての機能を先取りすると、説明すべきものを既に機能単位として前提にして、ブラックボックスとして扱うことになる。そこで注意・判断・思考…と個別に機能を考えようとしても、同種の問題が規模を変えてフラクタルに現れる。問題は、主体を組み込むところで、やはり棚上げにするか解決済みとして進むかしかない。謎は、自己をも対象化する自我に残る。

進化論という種にとっての問題は、一代で克服されることではなく、この場面は実際には、個体が新たな現実にどう対処するかを考えようとするものである。そして思考の進化した形態として、具体的には「表象すること」と「変革を目指すこと」が挙げられている。

ここでフロイトは最終的に、二原理のみでは満足しなかったことが想起される。その余白とは「快原理の彼岸」であり、快原理でもその変形である現実原理でも説明されない、「魔的《デモーニッシュ》」な反復強迫である。『快原理の彼岸』（1920）は、生の欲動と死の欲動を、喪失の克服と外傷神経症・喪とメランコリー・体細胞と胚細胞・ナルシシズムとサディズムなどの、質の異なる対立項の糸を幾つか撚り合わせた複雑な議論である。今日ではアポトーシスと呼ばれるようなプログラムされた細胞死と、生を積極的に死に至らしめる何かを一括して死の欲動の表れと考えるのは、かなりの思弁に思われる。しかし快原理が及ぶ範囲の外に、構築または解体／無という二極を見ることは、論理的な選択肢である。

ではそれに対応する問題構制は、理論の形成過程にも見出されるのだろうか。現実原理は「注意」に導かれて、従来には十分に考慮して来なかった因子を取り入れ、過大評価していたものを調整する。だがそれは一種の保守であり、そうした微調整で済まなくなる事態に至ると、創造的にして破壊的な力が求められる。ビオンはそれを集団と神秘家との間の緊張関係に見て、打破（break-through）あるいは解体（break-down）と対比されるところで、それらがほとんど等価でありうることを示した。それは現状との関係で肯定的に捉えれば「救世主的な考え」であっても、否定的に捉えれば異説や異教の煽動である。それが行動に等しい分、提唱者は無視されたり迫害を受けたりする。その人物が自覚的には破壊的な動機しか持たないことも狂気を帯びている場合もありうることであり、直接知った者がいなくなって初めてテクストを評価し始められるほど毒性が強いこともあるだろう。ただ、一般にパラダイムシフトでは、前提のラディカルな否定を伴う印象があっても、多くのことは保存されている。例えば自然科学では、天動説から地動説へというほどの大転換であっても、星の位置関係や運行の観察データはそのまま有効であって、解体されたのは解釈方法である。

フロイトの引用に戻ると、彼はここで、心的装置が幻滅して決断したとしている。このような語り方は、通常擬人化と呼ばれるものであり、科学的な記述に本来は馴染まない。理念は或る意味で、まだ現実化していない存在である。より自然科学的な解決法は、それを超時間的な存在と見做し、モデルとして扱う。フロイトはやむをえず、あるいは『夢解釈』の総説を再論するために簡略化して、こうした寓話的な表現を採用しているのだろうか。この語りは、育児の時間を考慮に入れない仮構であるにしても、『心理学草案』にあった「他からの援助」という因子を省略している。彼が母子関係に言及したのは単発的なことであり、乳児水準の経験に照準を合わせるのはフロイト以後の仕事である。

そうした限界はあっても、これが一種の説話であり、起源と来歴を説いているとすれば、この語りは、『夢解釈』の記述にはないものを含んでいる。一つは、主体の定立である――ここでは心的装置は擬人化されて、幻滅と決断の瞬間を担っている。もう一つは、「語の残渣」による思考の広がりの可能性である。思考は、「単なる表象作用」であれば写しであり、「対象印象の間の関係」を表したとしても、諸項目の計算である。それが、「語の残渣」に拘束されることによって、ほぼ無限のテクストを参照する可能性が生まれる。言葉が思考する。無意識を言葉で表わすこと、すなわち夢想（reverie）とは、機械的な再生ではなく、このようなものである。先に、「擬人化」の方を見よう。

起源に関して、因果関係の堂々巡りつまり循環論法を打ち切りにするなら、それは歴史的な時間のどこかに求めて、何処かの時点で出現したとするしかない。フロイトによる『トーテムとタブー』の中の「原父殺害」の語りは、その最も顕著な例である。「ある日のこと（Eines Tages）、追放されていた兄弟たちが共謀して、父を殴り殺し食べ尽くし、そうしてこの父の群族に終焉をもたらした」。それは痕跡から――この場合、トーテム崇拝と近親姦の忌避という謎から――読み取られるものである一方で、歴史的な時間の中にはない。

発生を過去に求めるならば、進化論的比較解剖学のような傍証がない限り、理念の水準では際限なく遡るか、唐突に登場したとするしかないだろう。神話的な解決は、線路が遥か彼方の起点から発して見えるように、遡ることができない過去に、リアリティのある起源を求める。すなわち、かつて現在であったことのない過去が最も古いかのように。その論理では、最も古い過去とはかつて一度も起きたことのない過去である。それはまた、常に現在でもありうるものである。そのような場所を〈無意識〉と言ってもよいのだろう。

しかし実際問題として、ここにあるのは機械論的説明の挫折に見えるものであり、読み手に**精神分析的な経験**

をもたらすとは言い難い。フロイトがエディプス劇を引き合いに出したとき（1897年10月15日付フリース宛書簡）、「誰もが承認する一つの強制力」を自分の内に感じ、それが「われわれの運命だったかもしれない」（『夢解釈』）ことに感動を認めた。精神分析的であるとは、説明に整合性があるに留まらず、こうした次元に触れることにあるではないのだろうか。それに対して、主体が心的装置では、我が事として受け留め難い。「二定式」という短い論考がもたらすのは、経験と言うより説明である。これ自体が神話としては、いわば未完成なのである。だが説明として、彼は手掛かりを与えている。この快原理から現実原理への移行あるいは「代替 Ersetzung」に関して、彼はこう書く。

「この代替の心の内への印象は極めて強力なものだったので、それは一つの特別な宗教的神話（religiösen Mythus）に反映されている。自発的な意志からであれ、強制されてのことであれ、地上の快を――自発的にでも強制的にでも――断念すれば、彼岸でそれが報われるという教えは、この心的な変動を神話に投影したもの（die mythische Projektion）に他ならない」。

フロイトは「一つの特別な宗教的神話」が何かは、具体的には述べていない。ここで彼は、一方ではいつものように、宗教を快原理の派生物としている。続く教育・芸術への評価も大変保守的で、「外界を実際に変革するという途方もない迂路」に立ち向かうところから程遠い、とされる。だから「神話」もまた、「欲望成就」の途上にある代理満足のための産物なのだろう。その一方で神話は、さまざまな「語の残渣」によって成り立っている。語の残渣の諸形態が新たな思考をもたらすとしたら、神話は心の活動の痕跡そして外傷の痕跡を表わすと同時に、単なる表象作用と対象印象間の関係を越えた、更なる性質を表わす可能性がありうる。

フロイトはこの点について、『トーテムとタブー』（1912-13）の中で、「連続する世代系列内部の心的連続性」が存在するのか、それがあるとして、どのような手段・方法で伝えられているのかを問うている。彼は、こう想定する。

「全く痕跡を残さないほど抑え込まれ（unterdrückt）、残渣現象を残さない心の動き（Regung）を認めうるのならば、問題は更に難しくなるであろう。しかし、そのようなものはない。どれほど強い抑え込みであっても、歪曲された代替の動きや、それから帰結する反応のための余地を残さざるをえない。しかしそうであるからには、いかなる世代も、心の出来事の重要なものを、次世代に対して隠しておくことができない、とわれわれは想定してもよいであろう。と言うのも、精神分析がわれわれに教えるところでは、いかなる人間も、その無意識的精神活動のうちに、他の人間の反応を解釈可能にする装置（Apparat）を持っているからである。つまり、他の人間が感情の動きを表現する際に企てた歪曲を、再び元に戻すことを可能にする装置を持っているのである」。

この時点の彼は、そして精神分析は、「分裂」も「体内化」（N・アブラハムの意味での）[1]も知らないでいる。実際には、秘密は存在自体を秘密にされたまま伝えられることがありうるし、すべての意味を知ることは、何についてであれ、そもそも不可能である。だからフロイトは楽天的だと言わざるをえないが、想定の後段は興味深い。彼が言及している「装置」は、これまで取り上げてきた心的装置以外のものではないだろう。この装置は、歪曲を超えて、無意識を把握することができると想定されているのである。それを保証するのは、一つには、装置が有する構造の同型性である。彼が無意識を受信機（電話）に喩えたのも、同じことを意味している。もう一つは、媒体の一致である。電話で言えば、周波数域と変換方式が一致していることで、交信は可能となる。フロイトは、どのような媒体を想定していたのだろうか。痕跡として最も正統的なのは、言語である。それが前意識系にあるなら、意識化できることはむしろ前提だろう。それが情動価を切り離されているために、本来の意味が伝わっていないことはありうる。また、フロイトとは全く別のものに見える無意識のモデルでは、直接交信の道が想定されている――投影同一化である。

この場面は、人間の基本的交流である限りで、フロイトにおいても当初から記述されている。しかし、重要性が理論の中で与えられるのは、もっと後のことである。この点を振り返ってみよう。『心理学草案』において「特異的行為」を招くのは、「内的変化の経路による放散」である。編者あるいは訳者による註を参照しなければ、この記述は、赤ん坊の泣き叫びを指していることを見落としかねない素っ気ないものである。『夢解釈』の記述を見よう。「空腹の子供は、寄る辺なく叫んだり手足をばたつかせたりする」。子供の体験はかなり明瞭に、「欲求」とその訴えとして描かれている。「栄養の補給」は、それを解決する。さて、泣き叫びをそうした欲求の信号と見做すのは、機械論的説明に即している。それは、泣き叫びが聞き手、端的には母親に、何を伝え、何を引き起こすのかという問題を捨象している。「二原理に関する定式」が叙述する、心的装置の「幻滅」は、或る意味で大人の体験である。フロイトが行ない続けた自己分析のように、そこには経験の乳児的水準が隠されている。

奇しくも同じ頃、ラカン（1959-60年）とビオン（1961-62年）は、『草案』の解釈を含む論考を提示している。『心理学草案』では機械論的説明の挫折であり「二定式」では飛躍と擬人化である場面に、精神分析の経験が、神話的に織り込まれている。彼らはそれを、それぞれ独自の仕方で表しているようである。

B. ラカンの『精神分析の倫理』と「もの」の経験

ここでラカンの『精神分析の倫理』[26]を参照しておきたい。彼はこのセミナーで、「二定式」の原理を踏まえて極めて大きな構想の中で『心理学草案』を読んでいる。ただ、彼の読解を本格的に展開するには彼独自の用語に立ち入らなければならないので、そのごく一部に触れるに留めておく[12]。

一般に倫理は、行動を規定しているものである。精神分析は、人間の動機や行動の意味を理解しようとする。その問題は象徴的なもの（象徴界）に属すると思われるだろうが、ラカンはセミナー『精神分析の倫理』の冒頭で、倫理的な問いは「理想」(l'idéal) の領域ではなく現実界（le réal）と関わる、と探究の方向づけをする。「道徳の法、道徳的命令、道徳的審級の存在こそ、象徴界によって構造化されたわれわれの活動において、現実化を現前化する、しかも、現実界そのもの、つまり現実界の重みを現前化する」。彼が法や道徳を取り上げて論じるのも、そのためである。

ラカンは『心理学草案』を読むに当たって、ヘルムホルツ学派やブリュッケといった19世紀自然科学の機械論的理論の文脈を、考慮せずに読むように指示する。「そうすればこのテクストの冷静で、抽象的でスコラ的で、複雑で、無味乾燥な形式の下に、ある経験を感じ取られることでしょう。そしてこの経験は根底において道徳的次元に属するものであることがお解りになるでしょう」。

フロイトによる「倫理的な次元に属する最初の中心となる直感」とは、「もの」(das Ding) への注目である。ラカンは、それを論じるに先立って、心的装置およびφ系・ψ系を概説した上で、次の一節に着目する。

「知覚が提供する対象が主体と類似のもの、すなわち側の人〔隣人〕[Nebenmensch 岩波訳：同じ人間〕であると想定しよう。この場合の理論的関心もまた、援助を与えてくれる唯一の力がそうであるように、そうした対象が同時に最初の充足的対象であること、更には最初の敵対的対象であることで説明できる。こうした理由で、人間は認識することを同じ人間において学ぶ。〔……〕このようにして側の人〔隣人〕の複合体は、二つの構成部分に分かれるのであって、その一つは恒常的な組織体によって印象を与え、もの（das Ding）としてまとまっているが、もう一方は想起の作業によって理解されうる、すなわち自身の身体の情報へ帰着されうるものである」。

「もの」が、快-不快を超えた次元にあるのは、或る意味で当然である。更に言えば、そのように一次過程的にではなく、現実原理に即して認識したとしても、「物自体」は表象ではなく、そうした主観の及ばないところにあるとするのも、近代的な常識である。しかし問題は、そうした事物（Sache）の認識ではない。ここでラカンは、「隣人」という近くても他人である存在に言及している。他者とどう関わるのか、が大きな問題である。つまり、物自体を言うにしても、物理的世界の認識の限界のことではなく、「人格」としての物自体であり、実践理性が課題である。「もの」(das Ding) とは、「心的組織の最終的現実界であり『快自我』(Lust-Ich) との関連で常に必然的に想定されているという意味で仮説的な現実界である、『現実自我』(Real-Ich)」の「内部へと排斥されたもの」である。

ラカンはこの「もの」(das Ding) を、幾つもの問題系に関連づける。一つには、それは「失われた対象」である。しかし、それ自体は失われており、決して再発見されることはないとされる点で、神話的存在である。再発見されるのは、「この対象ではなくて、その快の居所」である。「『もの』はその本性上、対象の再発見という形で、他のものによって表される」。

また、彼は「特異的行為」を、神経症者の充足体験の様式へと読み替えて、「もの」(das Ding) との関わりから、神経症を特徴づける。すなわち、ヒステリー者にとって対象は「嫌悪を引き起こすもの」であり、強迫神経症者にとっては、「過剰な快感をもたらす」ものである。これはフロイト当初の、「栄養の供給、性的対象の近接」に関わるという定義から離れた、ラカン独自の「特異的行為」についてのラカン独自の解釈である。但し、このような図式を説くときのラカンは、非常に決定論的である。こうした類型化は、実際の臨床で「神経症選択」という概念が意味を持つ限りで有効だろう。規模は異なるが、同様の類型化としてフロイトは、芸術・宗教・科学という昇華の三つの形態を、ヒステリー・強迫神経症・パラノイアと結びつけていた。ラカンは、芸術においては「もの」の抑圧（Verdrängung）が、宗教では「もの」の遷移（Verschiebung）が、科学では「もの」の排除（Verwerfung）がある、と整理している。彼は「昇華」という古典的な概念を、「対象が『もの』の尊厳にまで高められること」とする。

更に彼は、「もの」（das Ding）を母親的なものの本質的特徴と結びつけ、その相関物を「近親姦欲望」であるとする。法は息子と母の近親姦を排斥する「法」は、「もの」との無意識的関係の水準に位置する。この母に対する欲望は、決して満たされることのない、「人間の無意識を最も深いところで構造化している欲望」である。「もの」は至高善であり、禁止され、それ以外にはない善である。これは「道徳の法の基盤」である。罪過は、主体が「もの」に関わろうとしないことにある。

フロイトは『心理学草案』で、人間の「原初的な無力さ」を「あらゆる道徳的動機の究極的源泉」であるとした。この時点のフロイトには精神分析からの裏付けは乏しいが、彼は『文化の中の居心地悪さ』冒頭においても、同じ主旨のことを述べた。ラカンは後のフロイトの見解もすべて持ち込んで、「フロイトへの回帰」を行なっている。

このような抜き書きでは、さまざまなテクストのラカンによる精妙にして華麗な解釈とその広がりを伝えることはできないので、それを味わうには原書あるいは訳書を実際に読んでいただきたい。ここでは、彼が「われわれをして個別的運命の中に根を張らしめているものの適切な分節化の支え」である「欲望」について、「もの」との関わりで引き出した命題を確認しよう。

曰く、精神分析的な意味で「われわれが有罪でありうる唯一のことは、欲望に関して譲歩することである」。これは決定的であり、ラカンによる《Wo Es war, soll Ich werden》の言い換えである。それが在ったところに、私は存在するようにならなければならない。それとは「もの」（das Ding）である。だが、指針は明らかながら、何が正しい欲望なのか、それが誰の欲望なのか、カントの定言命法のように、そこには内容の規定はない。欲望は失われたものを求め続ける。

6　心的装置のための模式図：（3）『自我とエス』と「遺稿断片」

A.『自我とエス』における方法

『自我とエス』は、1920年代のフロイトの最も円熟した論文である。それは従来の無意識系・前意識系・意識系からなる局所論から、超自我-自我-エスという精神内界の構造論への転回を促し、自我心理学の先駆けとなったと見做されて来ている。また、新たな二大欲動論は、原始的で破壊的な精神病理を理解するパラダイムを提供した。

後者の点に関しても、フロイトは主に思弁によって「推測」を広げており、実際の臨床的な理解は、攻撃的な子供を見たクラインや後の分析者たちが進めたように見える。それはおおむね正しいと思われるが、論文としては公表されなかった彼自身の臨床経験、例えばフリンク（Frink, H.）の訓練分析があって、それらが彼の理論化に寄与していた可能性もある。それに関しては次の機会で扱うとして、ここでは、心的装置および対象について、テクストの具体的な表現に即して読んでみよう。

この論文で彼は『快原理の彼岸』（1920）を引き継ぎ、「生物学からの新たな借用は一切行なわない」ことで、「一層精神分析寄り」に仕上げたと言う。確かに、有機体の生命現象を論じた『彼岸』が、未分化の小胞の構造や胚細胞による生殖を論じたり魚や鳥の習性を参照したりしたようには、生物学の議論はここに持ち込まれていない。だが彼は脳解剖学や位置関係には頻繁に言及しているし、欲動を論じるときには結局、原生動物にも触れている。心的装置に関して言えば、機械の比喩は影を潜め、代わって彼は、有機体自体を引き合いに出して述べる。「自我の有り様は……胚盤葉が卵の上に載っているのに似ている」。単に形態についてだけならば、別の比喩でもよかったことだろう。その成長と働きを語るときに、有機体論的な表現が不可欠となっている。このことは、精神分析の「断固たる道」が辿っている行先ではないのだろうか。

最初に彼が述べるのは、記述的な意味での無意識と力動的な意味での無意識の違いである。彼は従来から、「無意識」として「抑圧されたもの」の探究に従事してきたが、抑圧を維持する抵抗も無意識的であり、両者は無意識的かどうかによって区別できない。となると、「意識的なもの」と「無意識的なもの」を対立させて行なってきたこれまでの整理を、より基本的な別の対立から見直す必要がある。そこでフロイトが導入するのは、「統合する一貫した存在としての自我と、そこから分かれた抑圧されたものとの対立」である。その一方の「自我」(das Ich)は、「心のさまざまな出来事をまとめ上げる編成体（Organisation）」である。

この自我は、『心理学草案』で導入された「自我」と、内容的に同じではない。ここでの自我は、「それが関わる個々すべての出来事を制御し、夜になって眠りに就いてもなお夢を検閲するのを怠らない心の審級」である。『夢解釈』の反射装置の図は、知覚・想起痕跡・無意識系・前意識系……を組み合わせていても、「自我」を指し示してはいなかった。元々機能上、それは不要だった。Ich に関して、それは「自我」と言うより「私」であるという議論はあるが、第2章「自我とエス」以下でフロイトが、「自我」(Ich) を装置の一部として考察しようとしていることは、明らかである。しかもそれは高度な重要性を帯びるに至った以上、図示を続ける限り、何らかの形で描き込まれなければならない。そこで、その機能、位置と形態、形成過程がどう述べられているかを見てみよう。

彼は「自我」に取り掛かる前に、従来からの意識・前意識・無意識系という局所論の見解を整理する。確実なのは、「意識とは心の装置の表面である」という命題であり、彼は知覚と意識を一つの系として括る（知覚-意識系 W-Bew）。無意識系と前意識系の関係は、表象のあり方の差異に見られる。前者の表象は、それに対応した語表象と結び付くことによって前意識的になることができる。

語表象についてのフロイトの説明は、興味深いものを含んでいる。彼は、語表象とは「想起-残渣〔岩波訳：想い出-残渣〕」（Erinnerungsreste）であり、それは「かつて知覚されたことがあるもの」だと言う。しかも彼は、「意識化されうるのは、かつて意識的知覚となったことがあるものに限られる」と述べるので、あたかも、現実に見聞したことだけが再現されると考えているかのように見える。それでは、「エディプス王」や「ケンタウロス」といった歴史的・神話的な存在や虚構の存在も、「共同体」や「社会」のような抽象概念も理解することができないだろう。フロイトはこの点について、解決をこう用意している。「語とは、かつて聞いた語の想起-残渣に他ならない」。つまり、可能性としては、経験は語を通しても行なわれ蓄積されるということであり、そのように言語表現を通じて伝統を受け継ぐということである。また、語の喚起力によっては、深い経験をもたらしうるということでもある。治療との関わりを言うと、抑圧された無意識的なものは「分析作業を通じて、この種の前意識的な媒介項を作り出すことによって」、意識化されることができる。逆に、そうした媒介が不可能なとき、少なくともフロイトの精神分析の枠組みの中では、治療の手掛かりが見出されない。メランコリーの「強すぎる超自我」がその例で、それは語表象による媒介が意味をなさない場合である。

以上は、外的知覚についてである。内的知覚の場合、それが快-不快以外にどのようなものなのか、そして知覚-意識系とどのように関わるのかが問題である。フロイトは、「感覚も感情も、知覚系に到達することによってしか意識化されない」と考える。とすると、無意識的なままの感覚・感情があり、それは意識化されるときには直接意識化される、ということである。

各系について述べたところでフロイトは、それらと自我の関わりを確認する。「自我は、知覚系を自らの核として伸び広がり、差し当たりは、想起-残渣を拠りどころとする前意識を包摂している。しかしこの自我はまた、既に知られたように、まさに無意識的でもある」。彼はグロデック（Groddeck, G.）に倣って、自我は「生において本質的に受動的に振る舞う」と述べて、続ける。「われわれは、見知らぬ統御し難い力によって『生きられて』(gelebt) いる」。「自我」と「われわれ」は並行しており、どちらも生気論的に生きられている。何によって――「自我と地続きでありながら無意識的な振る舞いをする、これとは別の心的なもの」によってであり、フロイトは「エス」と呼ぶことにする。自我とエスの位置関係は、「エスの表面に、知覚系を核として成長した自我が載っている」というものである。ここで先程の、「卵の上の胚盤葉」という比喩が登場する。

　これらの表現は、普通に考えると、かなり奇妙である。一方でフロイトは、知覚系から「成長した自我」を言い、もう一方ではそれを、「胚盤葉」というこれから分化するものに喩えている。しかも「もう一つ付け加えて」、「自我は『聴覚帽』(図Ⅱ-1-7の akust.) を被っており、しかも脳解剖学によって証明されているように、それは片一方の側だけに限られている」。ということは、それは脳の一部でもある。「自我」は生物学的概念ではないから、脳解剖学によってその位置を決めることはできないだろう。にもかかわらず、「斜め上」に「聴覚帽」まで有しているとすると、「自我」は「われわれ」と重なっていると考えるしかない。それは装置の一部でありながら、生きているし、生きられている。これ以上説明を詰められないのなら、説明原理としての生気論は、完全に復活していると言わざるをえないだろう。出来上がった図は、前上方に「知覚意識系」(W-Bw.)、自我 (Ich) との区切りの上に「前意識系」(Vbw)、自我の下に「エス」(Es) および「抑圧されたもの」(Vdgt) を擁した、下図のようなものである (**図Ⅱ-1-7**)。

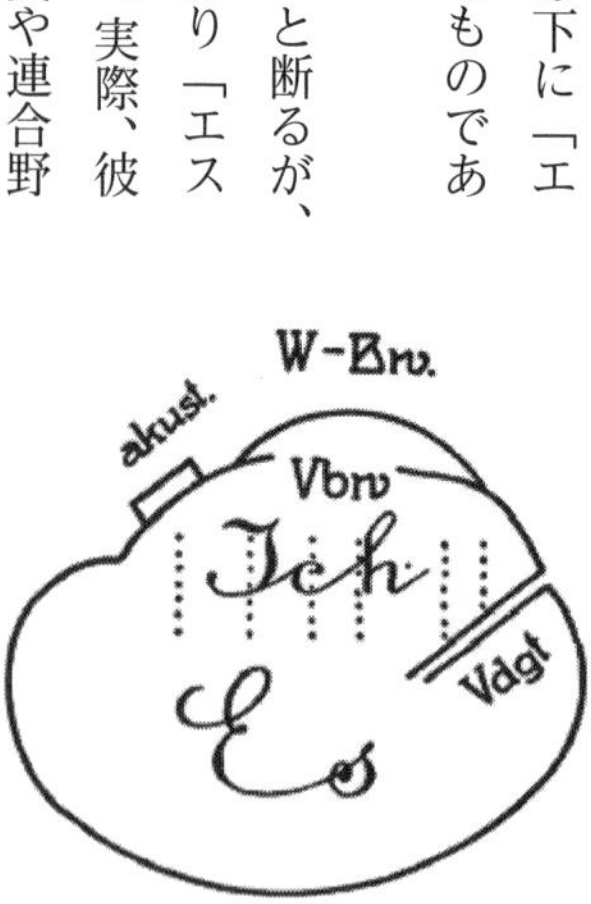

図Ⅱ-1-7⑲

　フロイトは、「輪郭線はあくまで叙述の便を図るためだけのもの」と断るが、図はいかにも脳の断面に見える。それでも、自我がエスの一部であり「エスの表面分化の延長上にある」という位置関係は、視覚化されている。実際、彼が進化論や比較解剖学に親しいことを考慮すると、脳の大脳新皮質や連合野

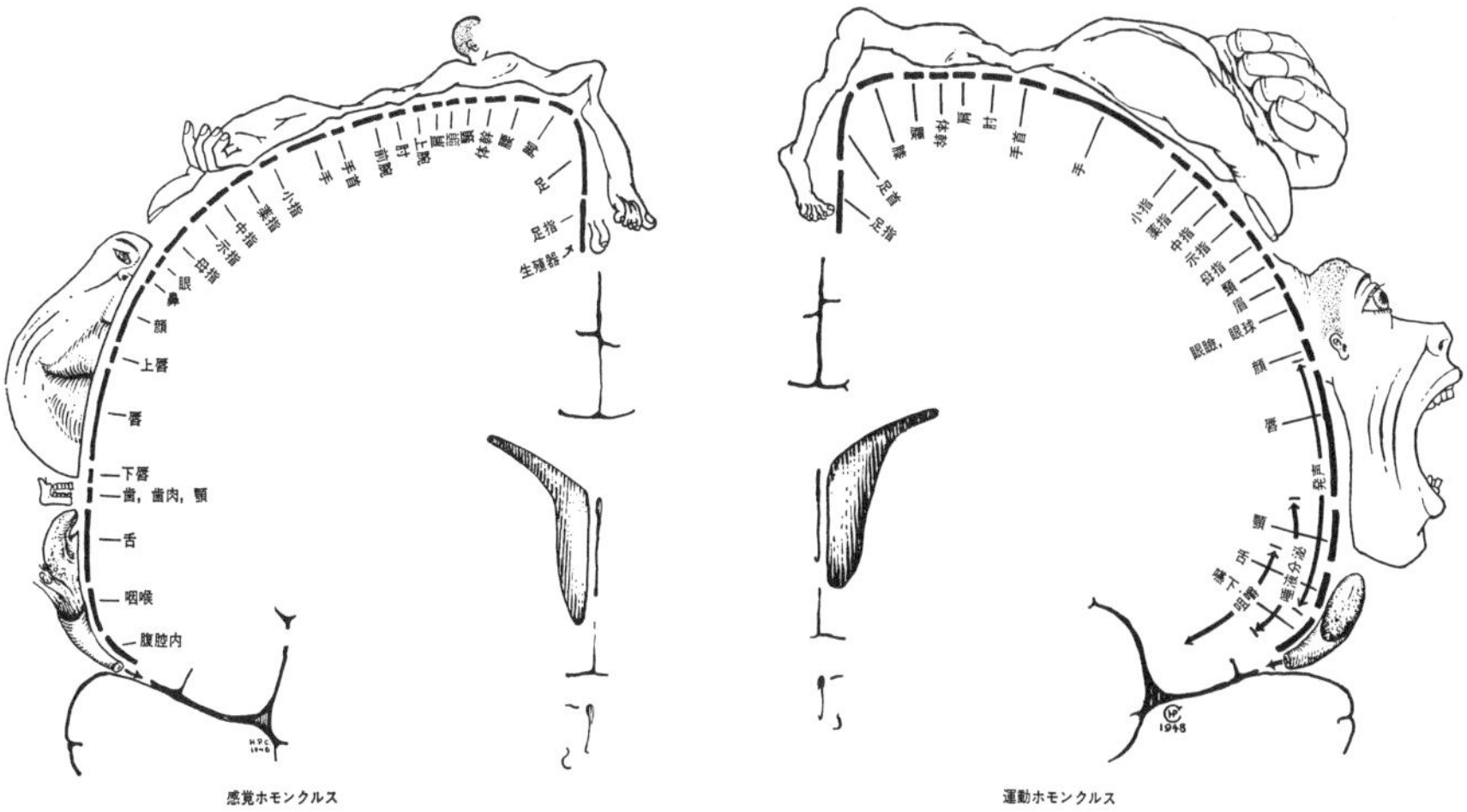

図 II-1-8　〔D. ビンドラ『知的行動の脳モデル』富田達彦訳、誠信書房、p.44-45〕

と呼ばれる領域を「自我」の該当部位として念頭に置いていた可能性はある。するとエスは、例えば旧皮質として捉えられることだろう。「自我」は「単に表面にあるだけでなく、それ自体が表面の投影」であり、その「解剖学上の類似物」は、「脳中人」(Gehirnmännchen) である。後にペンフィールドが印象深く図示したのは、このことだろう（**図II-1-8**）。

結局、フロイトによる図示は、彼のさまざまな着想あるいは空想を盛り込む舞台であり、メタ心理学的な構成単位の位置関係の表現でもあれば、脳の断面に準じた模式図でもあれば、いわば胚が分化していく途上の一段階でもある。というのも、エスから自我は分化していても、そこにはまだ「超自我」が描き込まれていないからである。

さて、この図は『夢解釈』中の心的装置と、どのような関係にあるのだろうか。一見、回路や組立て図のような機械的なものとここでの生物の模写のような二つは、別の物のようである。しかし、二つのモデルが表わそうとしているのは、どちらも心の装置であり、構成単位に共通性はある。そして『自我とエス』の図は、以前のものの発展形である。

主な系とそれらの位置関係を示すに留まった『夢解釈』の図には、その位置関係の表示にも問題があった。意識系

(Bew) は『夢解釈』でも既に「心的質の知覚のための感覚器官」(『夢解釈』第7章F節) として理解されており、知覚系Wにつながるものなのに、両端に分かれている。知覚Wから前意識系・意識系へと線上の流れで図示するモデルは、意識の役割に合致していない。

「夢学説へのメタ心理学的補遺」(1917) でフロイトは、『夢解釈』で「Wと名づけられたこの系を、われわれはBw系と重ねる」と明言する。『自我とエス』の図示は、その帰結である。それは『夢解釈』の図示の両端、W端とBw端を、巾着のように結ぶことで出来上がる。何本かの縦の破線は、櫛状の機能単位の名残りのようである。

同一化は以前から、同性愛者が母親に同一化して、理想的な母親が息子を愛するように相手を愛するというように、対人関係で知られていた。この機制は、メランコリーの病態にも見出され、早期の成長段階にある自我の形成過程そのものに適用される。自我は、「対象備給と同一化がおそらく区別不可能な状態」の中で生まれる。結果として、自我の性格は、「かつて断念された対象備給の沈殿したもの」である。そこには、「対象選択の歴史」がある。こうして見ると、自我を規定するものについての機械論的説明や生物学的説明は可能かもしれないが、その性格は、専ら対象との関係から叙述されるものである。

基本的な対象は、両親と両親自身の対象である。その対象の中にも、「断念された対象備給の沈殿」がありうる。つまりこの対象は、フロイトのこれまでの対象と違って、それ自身の歴史と独自の同一性を備えている。後の時代の用語で言えば、それは「内的対象」である。自我はこうした対象との関係を通じて、直接経験していない対象関係にも入っていく可能性がある。フロイトは、「性格変容」が「対象関係をいわば缶詰にして保存」していることがあると言う。その歴史の有りさまはさまざまであり、親が缶を開けずに次世代に渡され、自我に不十分にしか親和的に吸収されないために、世代を超えて再演されるかもしれない。

原初の自我が生成の発端ではどのようなあり方をしており、それが「身体自我」からどのように発展するのかは、「対象備給と同一化が区別不可能」であることによって、どうにも曖昧である。ナルシシズム概念の導入は、ナルキッソスの神話がもたらすイメージと含意の広がりを通じて、パーソナリティの諸相を精神分析的に明らかにしたと同時に、「自体性愛」「一次ナルシシズム」「二次ナルシシズム」などの概念を整理困難にした。「自体性愛」は、欲動の水準で把握されるものであり、対象関係に移行させるには飛躍があるし、「一次ナルシシズム」と「二次ナルシシズム」は、それぞれ同一性あるいは一次同一化と、対象備給の間の問題に引き継がれる。

『自我とエス』ではフロイトは、形成過程を次のように素描する。最初の同一化、一次同一化は、「太古の時期の父親〔あるいは両親〕との同一化」である。この同一化は、「直接的かつ無媒介的であって、いかなる対象備給にも先立つ」とされている。ところで、何が父親あるいは両親と同一化するのだろうか。子供と父母との間には、対象備給／選択の関係もある。そこまで分化が進めば、その先の過程は、両性性およびエディプス・コンプレックスが説明する枝分かれである。男性性と女性性、父-同一化と母-同一化の組み合わせが、四つの「性的傾向」〔岩波訳では「追求」〕を作り出す。前年の1922年にフロイトは『集団心理学と自我分析』第7章で、「母親に対する明らかに性的な対象備給」と「父親に対する模範への同一化」の両者が、「しばらくの間併存し、互いに影響し合うことも妨害し合うこともない」と書いていた。より早期の三者関係や超自我の早期形態が考察されるのは、もっと後になってから、クラインによってである。フロイトは、子供と父親との関係にほぼ限定していた。少年は父親を理想として、彼のようであることを欲する。この同一化に対して対象備給では、少年は父親を所有することを望む。「である」と「持つ」の対比を、このように全体対象的な発展した段階で考えると、無視し難い同性愛的なニュアンスが生じる。

フロイトは、部分対象関係に見える論述も残してはいる。1938年7月12日の遺稿断片にはこうある。「子供における存在〔sein である〕と所有〔haben 持つ〕。子供は対象関係を、自分は対象であるという具合に同一化によって表現したがる。所有〔持つ〕とは〔両者のうちの〕後の方であり、対象喪失の後に存在〔である〕へと逆戻りする。例えば乳房。乳房は私の一部である。私は乳房である。後にはただ、私は乳房を持っている、すなわち、私は乳房でありはしない……」。しかしこの「子供」は、あまり子供らしくなく、退行して「同一化」することもあるが、振る舞い方は全般的に確立した「自我」によるものに感じられる。フロイトは１９３３年の『続・精神分析入門講義』でも、「同一化」についての自分の総説への不満足を表明している（第31講）。

ではここで、出来上がった「子供」ではなく、「エス」が同じように振る舞おうとしたと考えることにすると、どうなるだろうか。『自我とエス』に戻ろう。第3章「自我と超自我（自我理想）」の続きである。注目すべきなのは、フロイトは、自我がエスからどのように分化していくのかを論じているのではなく、最初の同一化が「自我理想の発生現場」に関わると述べていることである。そこでの「自我理想」は、「父親」に由来する。それを「乳房に」と言っては、フロイトの考えではなくなり、クラインの見解になる。ともあれ、それは「直接的かつ無媒介であって、いかなる対象関係にも先立つ」、つまり、対象があってそれに備給することで生じる同一化ではなく、同一化かつ対象の成立に関わる事態である。となると、自我は自我理想とともに析出されたとするのが論理的だが、それは実在した段階ではない、神話的な叙述でもあるだろう。ラカンが『精神分析の四基本概念』の中で、「疎外」と「分離」の操作で示しているのは、このことのようである。その「存在」は自我であることで、穿たれた対象を「意味」として所有する。「もの」（das Ding）の所有は不可能であり、そこで許されるのは、欲動の享楽である――という見取り図なのだろう。但し、これは主体性の由来をエスに移したのであって、主体性そのものの発生までを説くものではない。

フロイトが成立過程を述べているときも、個体の歴史と圧縮して把握され構築された（Konstruktion）生成過程を区別なく挙げている。そのように語っているとき、彼の念頭には現実の親との関係およびその展開があるのは、疑いないことである。しかしそれは、個体の中の出来事であり、内的な対象関係のことである。あるいは、取り入れの過程は不明だが、内在化された対象関係である。

「かくして、エディプス・コンプレックスに支配された性的発展段階のもたらす最も一般的な結果として、自我のうちに或る種の沈殿物〔Niederschlag〕が生じると仮定することができる。それはこれら二つの、何らかの形で互いに一致できる同一化が生成される際に作り出されるものである。この自我変容は、その特権的地位を保持し続けて、自我の他の内容に、自我理想あるいは超自我として対立する」。

このようにして成立した「対象」は、もはや欲動充足のための対象ではない。その対象つまり超自我は、「父のようにあるべし」と促す一方で、「父のようにあってはならぬ」と命令する。それは、「エディプス・コンプレックスの後継」として自我に引き入れられた「極めて重要な対象」であり、意志を持つように振る舞う対象である。一方、自我は、「そのほとんどの部分が、エスの放棄された備給を受け継いで生じる同一化を元にして形成される。そして、これらの同一化のうち最初のものが、通例、自我の中の特別の審級として振る舞い、超自我として自我に対立するようになる」のである。

B.『続・精神分析入門講義』から「遺稿断片」へ

この「沈殿物」は、『自我とエス』の図には登場していないが、『続・精神分析入門講義』(1933) 第31講の図では、卵割の進んだ胚のように、「超自我」が描かれている（図Ⅱ-1-9）。だがそれは脳や眼の断面でもなければ頭部ですらなく、何の描写なのか分からないほど、模式的で性格が曖昧である。

この図に関してフロイトは、無意識的なエスが占めている領域は見掛け

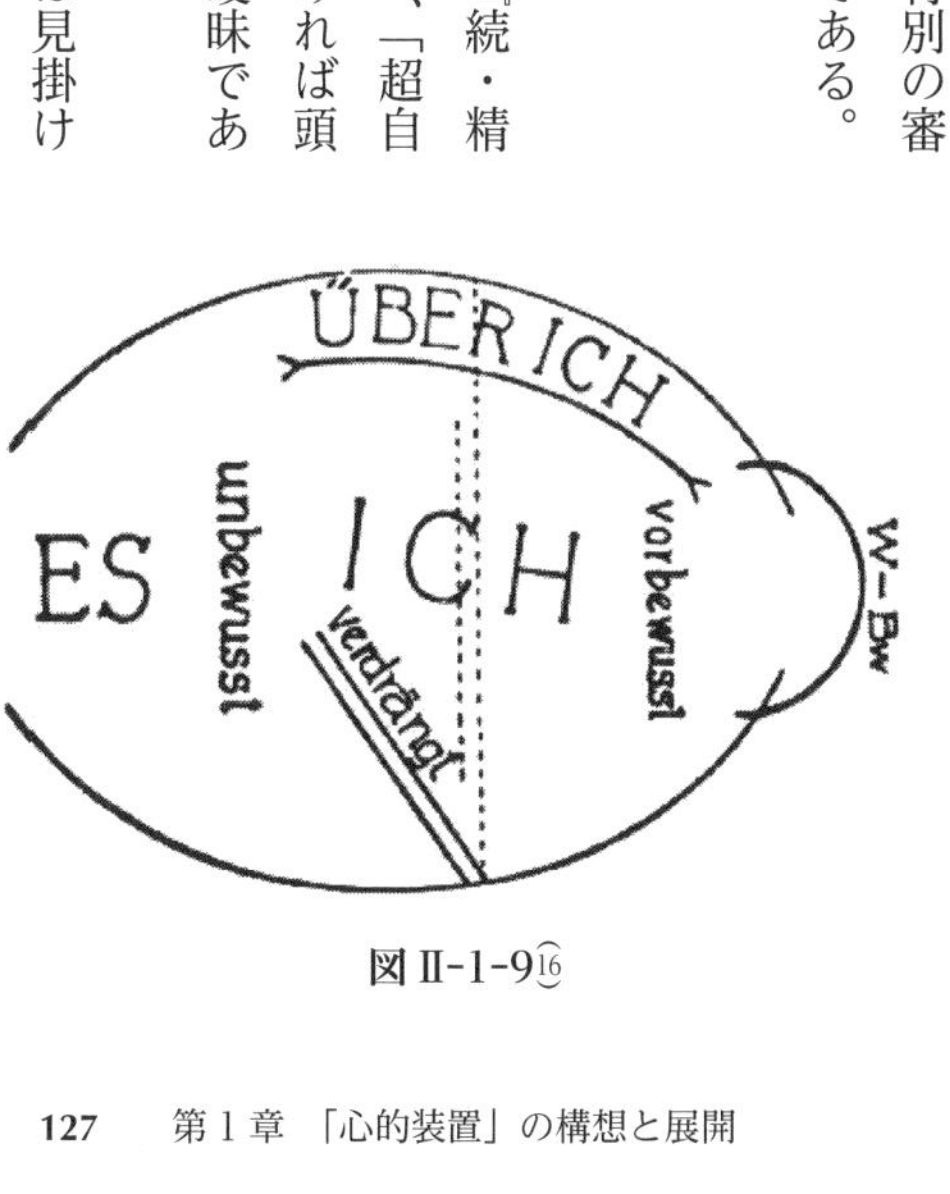

図Ⅱ-1-9⑯

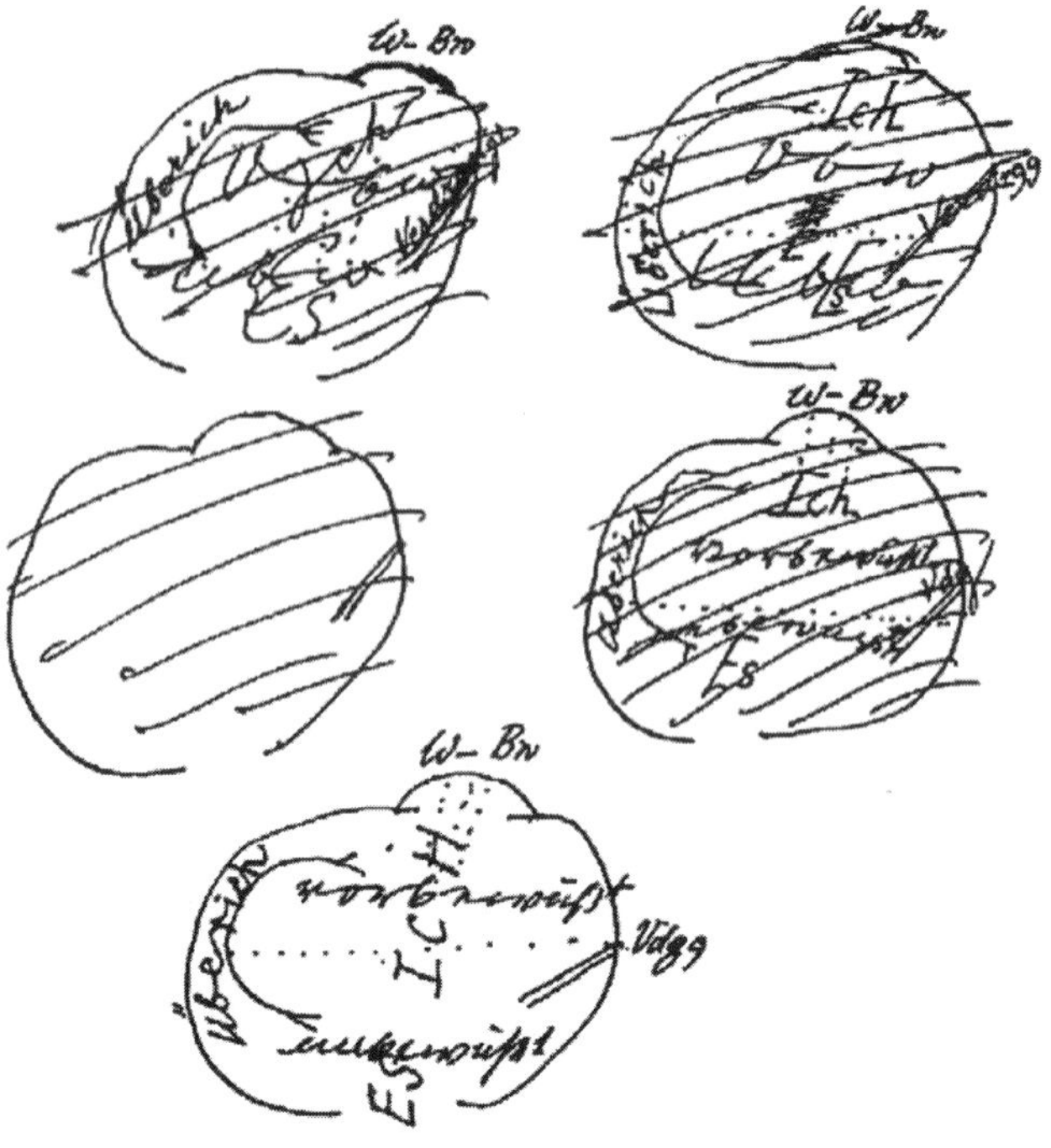

図Ⅱ-1-10[21]

よりもはるかに大きいので、頭の中で修正してほしいと言う。それから、「自我、超自我、エスと入ったこのパーソナリティの区分けを、政治地理学で人工的に引かれてきたような明確な境界線を有するようなものとは考えないでいただきたい」と述べている。グリュブリッヒ-ジミティス（Grubrich-Simitis, I.）が公表したフロイトのスケッチ[21]（**図Ⅱ-1-10**）を見ると、彼は各項の位置を幾つか試して、従来からの局所論と新しい構造論を一つの装置に収めようと、腐心していたことが分かる。それらは地名のように領域を指している一方で、フロイトの文章の中では、もはや機能単位《モジュール》としてではなく、明らかに擬人化としか呼びようがないほど人物として振る舞っている。「超自我は、かつて両親が子供に対してしたように、自我を注察し、指導し、脅かすことになる」。

超自我の成立に関して言うと、既に見たように「最初の同一化」は、謎に満ちたままである。それに続く形成過程は、エディプス・コンプレックスによって支配されるとフロイトは考えた。この見解も長い年月を掛けて析出してきたものだが、印象深いエディプス神話が参照される理由は必ずしも合理的ではない。

フロイトはフリース宛の書簡でソポクレスの劇に言及したのを引き継いで、『夢解釈』でも「一つの伝説」として「エディプス王の物語とソポクレスによる同名の悲劇作品」を取り上げた。『夢解釈』は、夢が欲望成就であることを証示することを狙うものである。彼は第5章「夢の素材と夢の源泉」で、まさに素材（A夢における直近のものと些末なもの）および源泉（B幼年期そしてC身体的夢源泉）を論じた後、D「類型夢」に転じる。類型夢が追求されるのは、「誰にとっても同じ意味を有している」と想定できるからであり、つまりは「どの人においてもおそらく同じ源泉から発している」からである。『夢解釈』のこの箇所は、改版を重ねる度の内容の加筆や移動が多く、各項目の分量も不揃いだが、類型性を指摘するためにさまざまな物語を参照する点は一貫している。

彼は「α裸で困る夢」では、アンデルセンの『皇帝の新しい衣装』を引用して、類型夢と童話や文芸作品との繋がりが偶然ではないことを説く。そしてこう解説する。「詩人はいつでも、人間性の最深部の永遠の本質を聞き手の中に呼び覚まし、そこに訴えかけてくる」(p.320)。フロイトはここで既に、その人間性の本質を「子供時代に根差した心の生活の諸々の動き」すなわち「小児欲望」に結びつけている。だから、夢が欲望の成就であることを証明する手続きとしては論点先取なのだが、特定の欲望が入ってくることには、それなりの説明の流れがある。

エディプス王の物語が登場するのは、「β大切な人が死ぬ夢」においてである。そうした夢の理解し難さは、愛する近親者の死をわざわざ夢見ている点である。欲望成就の観点からすれば、それもまた欲望の表現である。しかしその意味を、「その内容が示す通り、当該の人物に死んでもらいたいという欲望」とするのは、「こうした夢を見たことのあるあらゆる人の気持ちを逆なですることになる」とフロイトは心得て、それは「子供時代のいずれかの時点」での欲望である、とする。ここで彼は、二重の緩和措置を講じている。一つは、「その夢が、当人がその人物の死を、**今この時に**(jetzt)欲望している証拠である」とは主張しないことであり、もう一つは、子供にとっては死の表象と意味が大人と異なる、とすることである。「後に残った者の邪魔をしない」という点で、子供には「旅立った、解雇された、疎遠になった、死んだ、はどれも同じである」。それによってこの「欲望」は受け入れやすくなるが、「今この時に」働いていて激烈でありうるものは、見えにくくなっている。

こうした説得と対照的に、フロイトは「神話や伝説の形で太古の人間社会からわれわれにまで伝えられてきているぼんやりとした情報」がもたらす「陰惨な表象」のことも挙げる。そして両親への葛藤を表わした二、三の症例に触れて、その子供時代の心的生活における「片方の親への恋着と他方の親への憎悪」を抽出してから、エディプスの物語に至る。

フロイトの議論の前提は、この伝説に「透徹しかつ普遍性を備えた訴求力（Wirksamkeit）」が認められることである。それは一方では、精神神経症者の心の動きによって説明される。しかしもう一方では、それは近代の運命悲劇と違って現代の観客をも感動させることができる。その違いは、神託が恣意的ではなくて、「われわれの上にもその呪いを掛けている」ことにある。つまり、われわれはそのように定められているのである。

「［……］エディプスにおける諍い難い運命の暴力については、それを進んで承認しようとする一つの声が、われわれの内面に潜んでいるに違いない。事実そのような契機が、エディプス王のなかには含まれている。彼の運命がわれわれの心に響くのは、それがわれわれ自身の運命であったかもしれないからである。なぜなら、われわれが生まれる前に下された神託が、彼の上にのみならず、われわれの上にも、その呪いを掛けたからである。最初の性的な動きを母に向け、最初の憎悪と暴力的な欲望を父に向けるということは、おそらくわれわれすべての定めであった」。

エディプス劇を参照したフロイトの、ここまでの目的は、夢が欲望成就であることを実証することにあり、少なくともそれを補強するための引用だった。欲望の内容は精神神経症者の子供時代の心の動きだったにせよ、この訴求力こそ、感動と説得力の源である。しかし続いてフロイトは、リアリティの在り処を逆転させる。

「われわれの夢は、そのことを認めるようにわれわれに迫る。父ライオスを打ち殺し、母イオカステを娶ったエディプス王は、われわれの幼年期の欲望成就の姿である。しかしエディプス王に比べて幸せなことに、われわれは、精神神経症になっていない限りは、性的な動きを母から切り離し、父への嫉妬を忘れることに成功している。あの遠い昔の幼年期の欲望を成就させてしまったこの人物の姿を目の前にしたとき、われわれはぞっとして、あの抑圧の全力を挙げてそこから後ずさりする」。

神話はもはや夢の意味の典拠ではなく、逆に夢の迫力からその意味を説明されるものの位置にある。もしもこれが論証であったならば、前提と結論は循環している。エディプス神話の導入が必ずしも合理的ではないとは、このことである。しかしこの問題の解決は、示唆されている。もしも神話素材もまた何かから出現した、夢と同列のもので、同じく形にならざる〈神話〉に由来するとしたら？　エディプスは、具象的にして普遍的な存在であり、特定だが誰にしも該当しうる人物である。彼は、夢の中の人物と同列に寓話的性質を持つ内的対象でありながら、彼が更に神話的なのは、ギリシア神話に由来するからと言うより、定めとしてのその強制力にあるのだろう。

このように神話記述に何らかの根源的な力や起源を想定することは、おそらく錯覚であり、それもまた欲望の表われの可能性がある。しかしフロイトは、神話記述をそもそもそうした産物と見做している。彼は「心的生起の二原理に関する定式」で、心的装置における原理の「代替」が、彼岸で報われると教える宗教的神話に反映しているとした。書かれた神話は人類史において、沈殿物の一種として蓄えられてきたものである。

フロイトは『夢解釈』では、神話の世界を行きつ戻りつしながらも、心的装置の中にこのような人物の位置を記さず、機械のに、「番人」のような機能を見たのみである。しかし、『続・精神分析入門講義』に至って心的装置は、光が波動としても粒子としても捉えられるように、場であると同時に人物を含むものとなっている。かくして心的装置は、一種の舞台である。だが彼は人格構造を或る程度静的に捉えており、「今この時」の外界および対象との交流は、「対象選択」の観点から考察された。それはそれで、イオカステやマクベス夫人についても取り上げる道を開き、時には患者がそれらを自分の一側面として理解することを可能にした。

フロイト自身は晩年まで機械論を基本として、心的装置を「空間的な延長（Ausdehnung）を持ち、さまざまな部分から合成された」、「望遠鏡や顕微鏡などと同様のもの」であると考えた（『精神分析概説』）。しかし内部構造に関しては、彼の記述は二重である。

「この心的装置についての知識に、われわれは、人間存在の個体発達の研究を介して至った。この心的な区画ないしは審級（Provinzen oder Instanzen）のうちで最も古いものをわれわれは、エスと名づける。エスの内容は、誕生の際に遺伝的にもたらされて、体質的に決定されているものすべてであり、従って何よりも身体編成に由来する欲動であって、欲動は、この場所に、われわれにはその形態が知られていない最初の心的表現を見出す。

われわれを取り囲む現実の外界の影響下に、エスの一部分は特別な発達をする。元々は刺激受容のための器官と刺激保護のための装備を備えた皮質層として、特別な編成が形成されたが、以後それは、エスと外界を仲介するようになる。われわれの心の生活のこのような領域（Bezirk）に、われわれは自我の名を与える」。

「区画」と訳されたProvinzは要するに場所であり、「審級」(Instanz）は機関である。自我もまた「領域」とされているが、実質は活動の主体である。この二重性は、元来の局所論とその後の構造論に対応している。加えて彼が許容するのは、「長い幼年期の沈殿物」として形成される更にもう一つの審級、超自我である。

それに対してアブラハムとメラニー・クラインは、心的装置が摂取と投影を、フロイトが想定した以上に活発に、しかも「今この時に」行なっていると考えた。そして登場する対象は、人格を与えられて具象的に実在する

(personification)、内的対象である。そのとき心的装置は、内的世界における自我とさまざまな内的対象のための場である。超自我は単に一つではなく、無限のヴァリエーションがありうる。しかしこの対象は同時に、個々人と言うより、マッテ＝ブランコが無意識の「一般化原理」として指摘したように、集合的な特徴を表わしている。[29]

フロイトはそこまで話を飛躍させなかったが、彼にとっても、エディプスが神話からの唯一の人物ではなかった。エディプス・コンプレックスは確かに、自分の誕生と両親との関係に纏わる強力な布置である。だが神話は他にも、さまざまな形で人生と運命について取り上げている。ナルキッソスは、自己と像および他者を巡る物語である。フロイトがエディプス王の物語に主として両親と息子の関係を見たとすれば、彼が母親と男性の関係を素描したのは、「三姉妹間の選択」という古くからのモチーフにおいてである。「ここに描かれているのは、男にとって不可避の、女に対する三つの関わり方なのだとも言いうる。女とは産む者であり、伴侶であり、滅ぼす者である。あるいは、母の肖像が一生のうちに変化していく三形態、すなわち、母それ自身、ついで、男が母の似像似従って選択する愛人、最後に、男を再び受け入れる母なる大地である」(「小箱選びのモチーフ」1913)。

フロイトはこの結論を、『リア王』のコーディーリア、ギリシア神話のアプロディテ、童話のシンデレラ、そしてアプレイユスによるエロースとプシューケーの物語から引き出した。プシューケーは、ただついでのように触れられている。「プシューケーは三姉妹のうち最年少で最美の娘である。プシューケーは、一方で人間となったアプロディテとして崇められ、他方でこの女神から、灰かぶりが継母から受けるような扱いを受け、大量の種籾を選り分けねばならないが、小動物（灰かぶりの場合は鳩、プシューケーでは蟻）の助けを借りて乗り切る」。彼は、これらの三番目の女性には美しさの他に、或る種の変わった点があると言う。それは「沈黙」であり、精神分析的には、それは「死の慣用的な表現」である。彼はその正体を、すぐに「死の女神」に結びつける。プシューケーの場合、「その結婚式は葬式のような飾り付けが施され、彼女は冥界に降りて行かねばならず、後には死のような眠りに沈み込む」といった死の特徴を帯びている。

この叙述で「不可解」な点があるとすれば、愛の女神に匹敵する彼女の美しさである。フロイトは、それを死の美への代替（Ersetzung）と解釈することで解決する。すなわち、必然や宿命であるものを、選択するものであるかのように扱うことが、神話の実相である死の不可避性と残酷さをいわば糊塗する表現による、欲望成就なのである。

こうして美は真実を覆っても、神話は神話で、何らかの水準の現実を伝えていることだろう。プシューケーは、初め夫である愛の神クピードーあるいはギリシア名エロースの声を聞くばかりであり、夜の寝所でもその姿を見ることができない。姉たちの計略のために彼女は彼に去られて、遂には冥府の眠りに陥る。さまざまな試練の末に結ばれるプシューケーを巡る物語は、ユング派によって「女性の自己実現」とも「男性の誕生」とも結びつけて論じられている。そのように物語の内容に想像力を働かせるのは別の機会にして、ここでは、フロイトがナルキッソスから「ナルシシズム」を導いたように、そして人の心にナルキッソスが潜むのを認めたように、プシューケー（Psyche）から心《プシュケー》（Psyche）について思い巡らせてみよう。物語の舞台と設定は、寝椅子《カウチ》と治療関係を連想させないでもない。この思いつきは、一人物プシューケーと全体としての心の関係に結びつくだろうか。

一登場人物は、必然的に戯画的・寓意的であり、人の心の一面について何かを教えることはありうるにしても、それは部分的であって、通常は全体ではありえない。しかしながら、その内奥を更に探ると、関係性の網が再び広がり、新たな人物理解に通じうる。これは、やはりマッテ＝ブランコが、数論の無限集合に類似した無意識の性質として、「対称性原理」と呼んだものである。例えば、無限の要素を持つ集合である自然数では、その部分の偶数と全体を比較すると、一対一対応が可能である点で、両者の濃度を等しいとすることができる。部分対象という存在も、それに関わっている当人にとっては全体に等しい点で、対称性原理に従っている。クラインが描出した世界は、このような関係に満ちている。では、フロイトの記述では、こうした関係性はどう理解できるだろうか。

フロイトの「心的装置」への関心は、神経学から精神分析へと移行するとされる時期から最晩年までの45年間、一貫している。１９３８年６月のロンドン亡命以降、最晩年の記述は、公開されている範囲では同年８月22日の次の断片が、最後のものだろう。

「８月22日。空間性とは、心的装置の延長の投影かもしれない。他に本当らしい派生源はまったくない。カントのア・プリオリの代わりに、われわれの心的装置の諸条件が。心は延長しており、そのことについては何も知らない。

〔独〕Räumlichkeit mag die Projektion der Ausdehnung des psychischen Apparats sein. Keine andere Ableitung wahrscheinlich. Anstatt Kants a priori Bedingungen unseres psychischen Apparats. Psyche ist ausgedehnt, weiß nichts davon.

〔英〕Space may be the projection of the extension of the psychical apparatus. No other derivation is probable. Instead of Kant's *a priori* determinants of our psychical apparatus. Psyche is extended; knows nothing about it.

〔仏〕Il se peut que la spatialité soit la projection de l'extension de l'appareil psychique. Vraisemblablement aucune autre dérivation. Au lieu des conditions a priori de l'appareil psychique selon Kant. La psyché est étendue, n'en sait rien.

８月22日。神秘主義とは、自我の外側の領域であるエスの、漠たる自己知覚である。

〔独〕Mystik die dunkle Selbstwahrnehmung des Reiches ausserhalb des Ichs, des Es.

〔英〕Mysticism is the obscure self-perception of the realm outside the ego, of the id.

〔仏〕Mystique, l'obscure auto-perception du royaume externe au moi, au ça.」

内容的には、最初の一節は『精神分析概説』の準備稿だろうと考えられている。後者は、彼が１８９７年12月

12日付フリース宛書簡以来表明している世界観である。

心（Psyche）は、デカルトの意味では「延長している」ものではない。デカルトの説を素朴に心身二元論として理解すると、松果体での結びつきを別として、心／精神すなわち「思惟実体」(res cogitance) は、物体すなわち「延長実体」(res extensa) としての身体から独立した実体であるとされた。最初の数行には幾つかの類型的な解釈が容易にありうる。一つは、フェヒナーのように、心は心的装置そのものであり、身体／物体として機械論的説明に還元されるという想定である。カントのア・プリオリに代わるとは、感性の「直観形式」としての空間が心的装置に由来するのだから、心的装置は超越論的能力を有していて、空間を投影すると考えようとしているのかもしれない。しかし、光学装置のような装置は媒体でしかないから、源について述べるものではない。空間をただ投影とする更に心理主義的な解釈は、フロイトに馴染まないだろう。

謎めいているのは、「心は延長しており、そのことについては何も知らない」という一文である。前に続けて読むと、装置は自己意識を伴っておらず、自己の存在様態を知らないようでもあれば、逆に、心は身体として存在しているのに、自己理解していないようでもある。同じ日の次のメモにつなげると、心の大半はエスという延長存在だが、それは「漠たる自己知覚」しか有していないのかもしれない。

ここで先に示唆した思いつきを、精神分析的な想像の原理、つまり擬人化＝一般化によってつなげてみたい。その手掛かりは、ナンシー（Nancy, J.＝L.）『共同-体《コルプス》』そしてデリダ（Derrida, J.）『触覚、ジャン＝リュック・ナンシーに触れる』による、La psyché est étendue, n'en sait rien. を、敢えて「プシューケーは横たわっており、そのことについては何も知らない」と読むことにある。これは、étendu がドイツ語あるいは英語と違って、「延長した」だけでなく「横たわる」も意味することに依拠している。

するとフロイトのこの表現は、心的装置でもあれば身体でもある患者が、心としては何も知らずに横たわっている、という分析状況を表わすことになる。しかも、心的装置がその舞台であり、それは分析者の目の前で、彼とともに展開していく。『続・精神分析入門講義』の横長の図は、患者が横たわる寝椅子《カウチ》のようでさえある（本書カバー参照）。分析者は、患者と言葉を交わす一方で、その心《プシュケー》に働き掛けている。このように、精神分析の〈現場〉は、メタ心理学的な抽象論が直接の相互経験および神話的夢思考と交叉しているところにあるだろう。

その臨床的な意味を確認するために、ビオンにおける「特異的行為」の場面を見るとしよう。

C．ビオンの「思考のための装置」と神話的次元

ビオンは、彼独自の経験を掘り下げていくことによって、フロイトのメタ心理学を一新した。彼が起点とした理論的な著述は、フロイトの『心理学草案』・「心的生起の二原理に関する定式」であり、臨床的な基盤となったのは、クラインによる2ポジションの理解である。彼はそこから更に先に進んで、精神病的な世界を含む心的領域を、新たに分節した独特の用語で描き出そうとした。それはおそらく本人の企図を超えて、外傷や自閉の領域をも包摂する展望を提供している。

彼が自らの立場を形成していく過程には、第二次世界大戦後に限っても、仕事の面ではタビストックでのさまざまな形態の集団経験・クラインとの個人分析・精神病患者の精神分析とその論文化が、個人生活ではフランチェスカとの再婚（1951）・個人分析の終結・息子ジュリアンの誕生（1952）・娘ニコラの誕生（1955）・アミアン再訪などが、複合的に関わっている。『心理学草案』を含むフロイトのフリース宛書簡集が、『精神分析の起源』（〝The Origins of Psychoanalysis: Sigmund Freud's Letters- Letters, Drafts and Notes to Wilhelm Fliess (1887–1902)〟）という題で初めて英訳出版されたのは、１９５４年である。それがビオンの蔵書として確認されるかどうかは不明だが、『経験から学ぶこと』[4]における用語および問題設定との重なりは、彼がそれらを「二原理に関する定式」からのみ抽出したのではない可能性を支持する。ここでは『再考』に収録された論考を、心的装置の概念に関わる限りで

簡単に振り返って、ビオンによる刷新の特徴を確認しよう。

彼の統合失調症理解の出発は、記述的-精神病理学的なものを含んでいる。その代表は、「奇怪な対象」の概念である。これは、精神病的超自我の対象関係と対象としての性格を論じた点がユニークだったが、おそらくはその生成過程も転帰も制御困難なために、記述として以上には展開されていない。「過酷な自我破壊的超自我」の概念は、それを拡張した精神病に限定されないものである。彼は「奇怪な対象」よりも、パーソナリティの機能に基づいて導入した「非精神病的部分」と「精神病的部分」の区別を主題としていく。この時点ではまだ、「アルファ要素」「ベータ要素」も「夢想」も、彼は概念として提起していない、だが既に彼は、表意文字（ideograph）という中間形態を導入することによって、フロイトの無意識系-前意識系-意識系という局所論に変更を加えている。手短に言うと、フロイトでは事物表象（無意識系）と音声言語に結びついた表象（前意識系）しかなかったところに、彼は視覚的なまとまりすなわち像に意味の萌芽を認めたのである。

フロイトも同様のことを、『自我とエス』で述べてはいる。しかし、彼は限定的な意義しか与えていなかった。「像による思考（das Denken in Bildern）においては、意識化はきわめて不完全なものでしかない。実際、像による思考は、語による思考（das Denken in Worten）よりもどこか無意識的過程に近く、個体発生的に見ても系統発生的に見ても、語による思考よりも古いことは疑いえない」。それにしても、夢こそ「像による思考」ではなかったのだろうか。

これはおそらく、フロイトでは主体が意味づけをすることに、積極的な意義が与えられていないためである。実際にはフロイトも直観を用いて患者の夢や言動を解釈しているが、彼は自分の想像力がどれほど関与しているかを査定していない。それは、主観的に過ぎないという批判を警戒したためだろうか。そのような意味づけも、もちろん殆どが慣習に基づくものであり、人が勝手に作り出すのでは、精神病的な言語新作か自閉症的な私的言語にしかならない。しかし、既存の全く同一の文を語り続けることも、誰もしていないことである。言語全体として見ても、小さな揺れは絶えず生まれては消え、印象的な表現が残っていく。そうした中で、個人の固有表現は否応なく存在する。

ビオンは例えば、時間的にも空間的にも飛び散った、汚物・脱腸・頭痛・黒い眼鏡などの連想の断片から、侵入同一化による視力の喪失という患者の無意識的空想を解釈している。(6) これは、患者の連想を集めることで自動的に解析されるものではない。通常は、意味あるものとして受け取られず見過ごされるものであり、むしろ嫌悪感とともに拒否される内容を含んでいるかもしれない。また、患者本人の中でも経験としてまとまっていなかった可能性が高い中で、あらゆる解釈が抱える危険と同じく、それは本人との内在的なつながりのない押しつけになる恐れもある。いずれにせよビオンの関心は、患者の投影を受容する側つまり治療者の機能にも向いていく。

論文「傲慢さについて」(1957)は、その過渡期にある。彼がパーソナリティの精神病的部分の特徴として挙げる「好奇心」「傲慢さ」「愚かさ」という三徴は、何を根拠に抽出されたのか、同時代人のクライン派分析者に尋ねても不明のようだが、彼が見るところの全知全能の感覚に囚われた、エディプスの特徴ではある。エディプスの物語は、精神病的に機能する知の破綻を表わしており、後にその印象的な場面は、寓話化された心的装置の諸部分としても捉えられる。(5) 彼は対象間の情動的な結合に、愛すること(L:love)・憎むこと(H:hate)・知ること(K:know)の三種を認めた。フロイトが講釈したエディプス王の物語は、愛と憎しみの葛藤に基づいている。そこでも父親と母親という他者の存在は、競争心や嫉妬・羨望を駆り立てる点で、葛藤を招く。また、LおよびHの結合でも、部分対象水準の関係がありうるだろう。

しかし、愛情や憎悪は対象の存在を最低限認めないと関係が成立しないのに対して、知ることにおいては、最も基底にある葛藤は、自分の思い通りにならない可能性を常に孕む他者というものの存在自体である。それは臨床状況では、分析者が分析者であることがまさに問題となるという独特の転移として現れる。つまり、逆に言えば患者にとっては、分析者さえいなければ何の問題もないように思われる。本来は自ら治療を求めたのに、問題を理解し指摘する存在を問題の元凶扱いするところが、傲慢を指摘される所以である。この傲慢さもまた、治療者に投影されている。これらのうち投影同一化の機制自体は、薬や治療に自分の病的部分を投影し、不調の原因として中断してしまう例のように、精神病患者の一般臨床でもよく目にする。

しかし論文は後半になると、精神病的機制が活発な患者との治療の中で、対象つまり治療者側に見られる特性を取り上げていく。ビオンは初め、患者からビオンは「それに耐えられないだろう」と伝えられる。彼は、それを羨望や憎悪として解釈しても進展がなかったと言う。それは結局、彼による言語的コミュニケーションの強調が、患者には自分の伝達方法を阻害するものに感じられているという理解にまとまる。患者によるそのつながりの機制は、投影同一化である。しかしそれは、病理的な投影同一化のようにほぼ常に可能なのではなくて、「彼の私との関係とその関わりを生かす能力は、自分の心の諸部分を分裂して私の中に投影するという条件次第だった」。

ビオンは本論最後の段落に至って初めて、その実質について述べる。それは「私の中に嫌な感情を入れて、私の心に留まることでそれらが修正されるほど十分に長く置いておく能力」であり、もう一つは、「自分自身の良い諸部分を私の中へと入れることで、結果として理想対象と付き合っていると感じる能力」である。彼はそれを、「コミュニケーションの原始形態であると信じたい」という。ビオンが「投影同一化の正常な使用」について述べるのは、一回のみ、それも最後の結論においてである。

このように、患者と分析者との間の内的であると同時に現実の対人関係は、ビオンによる一連の論考の中で初め、遠慮に満ちた表現で登場する。そして彼は転移状況に基づいて、妨害する対象の性質を、「患者についての好奇心はあるが、そのパーソナリティの諸部分のための受容器でいることには耐えられないので、主として種々の愚かさを通じて、彼の投影同一化能力に対して破壊的で切り刻む攻撃をしてくる」と描写した。

「結合することへの攻撃」(1959) ではビオンは、「正常範囲の投影同一化の拒否」と章題にまで掲げて、「極めて早期の場面の目撃」すなわち再構築あるいは構築を語る。

「私は、患者が乳児期に経験した母親は、乳児の情動の表れに対して義務を果たすように（dutifully）反応する母親だったと感じた。義務を果たすような反応には、焦れた『私にはこの子供のどこが具合悪いのか分からない』という要素があった。私が推論したのは、子供の欲することを理解するために母親は、子供の泣き声を、母親に側にいて欲しいという要求以上のものとして扱うべきだった、ということだった。子供の観点からすると母親は、死にそうだという子供の恐怖を自分の中に取り入れ、そうすることでそれを経験すべきだった。子供が包容できなかったのは、この恐怖だった」。

ここまで読んできた読者ならば、この「泣き声」からフロイトの「特異的行為」の場面を思い返さずにはいられないだろう。フロイトはその場面で、「無力な個体」と「助けになる個体」の間に、欲求とその充足への援助という関係を見出した。そしてその欲求を、欲望へと横滑りさせた。「欲望」は、能動性の源として「主体」の定立に寄与している。しかし、主体にそうした能動性が不可欠であるにしても、それは人間存在の一面である。他の対照的な面の一つは「寄る辺なさ」（Hilflosigkeit, helplessness）であり、ビオンはそれを「恐怖」として組み入れている。更に彼は、それに対処する母親の側の特性について述べる。空腹欲求を満たすような対応つまり単に栄養補給しかしないのは、義務を果たす母親であり、それ以上を求めている子供にとっての情動的必要性を、理解しない存在である。引用の続きは、その分岐点を描写している。

「子供はその恐怖を、パーソナリティのそれがある部分ごと分裂排除して母親の中へ投影しようと、懸命に努力した。理解力のある母親は、極度の恐怖感、つまりこの赤ん坊が投影同一化で懸命に処理しようとしているものを経験しつつ、バランスの取れた見方を保つことができる。この患者は、そうした感情を経験することに耐えられずそれらが入ってくるのを拒否するか、あるいは乳児の感情を取り入れて生じた不安の餌食になるかの反応をする母親を、相手にしなければならなかった。後者の反応は稀で、拒否が顕著だったと私は考える」。

ビオンがこうした早期状況の推測に至ったのは、患者とのセッションという現場で、患者が彼に押し入ろうとする必死さと暴力性が募っていくのを、分析の文脈から切り離して一次的攻撃性の表れと解釈することに、違和感があったからである。理論的には、攻撃性は一次的でなければ反応的-防衛的なものであり、「私の敵意ある防衛的態度と彼が感じたものへの反応」と解することになるが、そこには裏付けがなければならない。ビオンの上記の推測は、認知上合致するだけでなく、情動上思い当たるものがなければ、生まれて来なかっただろう。それは必ずしも、ビオン自身が現実に「義務を果たす母親」だったことを意味しない。そこに埋没していたら、自分の有り様に気づく余地もないだろう。しかしながら、治療者が何の防衛性もなく受容していたら、このような事態にはならない。バランスの取れた見方としては、治療者が防衛的態度を取ったと同時に、患者／乳児にはそれを引き出す難しさがあったというように、双方の問題が実演されたということだろう。そこで膠着状態のままではないのは、患者からの寄与に、病理的ではないものを認めることができるときである。ローゼンフェルドはそれを「コミュニケーションとしての投影同一化」と概念化した。ビオンはここに、「患者がそれまで騙し取られてきた機会の許容」を見ている。包容《コンテイン》（contain）とは、このように表出の機会を提供して受け止め、その意味を精錬して理解することである。

このような解釈に達するには、二つのルートが考えられる。一つは、治療者が自分の防衛性に気づくことを通じて、もう一つは、患者の情動状態と言い分の正確な理解を通じてである。前者は一般に、広義の逆転移感情の活用とされるものである。ただ、本当の逆転移は、そのように対象化つまり意識化できない防衛性であり、逆転移を扱う素地が訓練分析／セラピーを通じて出来ていることが前提となる。後者は、クラインのようにどこからともなく直観されるとしか言いようがない場合もあるが、多くは徐々に、相手に何処か筋が通っているものを感じたり、患者の心理的状況がリアルに想像されたりすることによる。いずれにせよ、これらは説明して済ますものではなく、経験として共有されることである。

こうして確認することで既に明らかと思われるが、ビオンの議論は、精神病の成因論ではない。一方には「過剰な攻撃性や憎悪や羨望という生得的素因」があり、もう一方に、「患者に分裂や投影同一化の機制の使用を拒否する環境」がある。後者は環境要因のうちでは中心的な特徴と考えられるが、それだけで精神病は成立しない。逆に言えば、ビオンは精神病への精神分析的アプローチの内在的な限界を認めているとも言える。

また彼の論考は、クラインの「羨望」概念への批判でもある。クラインがその原型を発表したのは１９５６年のことであり、この１９５９年論文は『羨望と感謝』(1957) も含めて、クラインの考えに基づきつつも、批判的な吟味を行なっている。ビオンが導入したのは、「正常な現実的投影同一化」であり、「母親の機能」である。クラインが母親を部分対象として具象的に表現していても、問題は「機能」であって「形態学的構造」ではない。

クラインについての検証は機会を改めるとしよう。ビオンはフロイトの「特異的行為」の場面を、以上のように治療関係から再構築／構築して描写したばかりでなく、理論的-抽象的にも表現した。それが、彼の「アルファ機能」論である。ここではその具体的な内容[12]ではなく、叙述上の特徴を見よう。

それは抽象的な理論である限りで、定義を内包的に述べれば、アルファ機能はベータ要素をアルファ要素にする機能であり、ベータ要素はアルファ機能が障害されてアルファ要素になれないもの、というように循環的・同語反復的である。だから、理解には辞書的な定義だけではなく、外延つまり何を指すかという実質的な意味を把握することが必要である。それで言うとベータ要素とは、心的世界の一部として経験され難い感覚印象および情動である。これは、そこに精神分析的意味を見出して初めて、臨床上の価値を持つ。例えば、「乳房の不在」が

「悪い乳房」として経験されるのは、不在が概念（〝nothing〟）としてではなく、物の不在（no〝thing〟）が欲求を喚起して、それが欲求不満を掻き立てる悪い物の存在と感じられるからである。それは更に解釈を拡張することで、新たな意義が見出されるかもしれない。例えば、感覚印象が主体を圧倒し、恐慌・麻痺・回避を起こさせるとすると、ベータ要素の問題系は、心的外傷のモデルとなる可能性を持ち始める。また、情動が、迫害や恐怖を含むときには精神病的世界の、感覚印象によって置き換えられ占められているときには自閉的経験のモデルとなるかもしれない。

精神分析は、このような場面を体験の水準でも語る。

「母親が乳児を愛するとき、何によってそうしているのだろうか。交流の身体的通路は別とすると、彼女の愛情は夢想によって表現されているというのが私の印象である。［……］夢想は、夢想する者が愛している対象に由来するどんな『対象』をも自由に受け取る心の状態であり、だから乳児が良く感じていても悪く感じていてもそれの投影同一化を受け入れることができる。短く言えば、夢想は母親のアルファ機能の因子である」（『経験から学ぶこと』第12章）。

これは、説明としては部分的である。アルファ機能の働きは述べられており、ベータ要素がそこでアルファ要素となることは了解される。しかしながら、そうした事態を可能にするアルファ機能は、どのようにして成立したのか？　その親のアルファ機能によってということならば、それは更にその親から、と無限後退するし、アルファ要素がより纏まってということならば、アルファ機能成立の説明としては循環的・同語反復的である。このアポリアに対して、むしろ母子交流のこうした場面自体が、夢想によって一気に見出されるとするのが神話的解決である。これは事実の陳述ではなく、かつていつ起きたと特定はできないが、超時間的に起きている経験であり、ビオンのグリッドでは、C行「夢思考・夢・神話」に属する言明である。それを更に一般化して、精神分析はこの次元を源とする経験である、と言ってもよいだろう。

ビオンは、『経験から学ぶこと』(1962) ではまだ「モデル」という自然科学的に見える説明概念を用いていた。だが続く『精神分析の要素』(1963) では彼は、精神分析を構成する要素が、「感覚 (sense) の領域」に加えて「情念 (passion) の領域」および「神話 (myth) の領域」に広がりを持つと指摘している。「感覚」は、精神分析の臨床で二人の実在が確認される手段として自明である (但し彼は、物質的現実よりも、「不安」という匂いも形もないものの心的現実を強調するようになっていく)。また、ビオンは「情念」を結合の性質としてL・H・Kに整理する「情念」が、精神分析は個人の内的思想の表明ではなく二人の関係の質に注目するという点で、必須の項目として了解される。しかし「神話」は、フロイト以来の精神分析で馴染みがあるにしても、解釈に必要な次元とまでされている。その意味を考えよう。

「個人的神話」(personal myth) は、英米圏ではクリス[24] (Kris, E.) がフロイトの「家族ロマンス」に倣って提起したのが初出と思われる。ラカンはそれより早く、1953年の論文「神経症者の個人的神話」[Le Mythe individuel du névrose ou poesie et vérité dans la névrose] で「個人的神話」という問題設定を呈示している。だがそれは、エディプス・コンプレックスという普遍的神話に対して「鼠男」の個人的神話を取り上げつつ、エディプスの三者関係を四者関係へといわば脱構築していく論文であり、ラカン独自の用語と理論に繋がっていくので、ここでは措くとしたい。

クリスはビオンと対照的に、省略や歪曲を含む自伝的記憶を個人的神話と呼び、主に防衛的な役割を果たすと論じた。これは、自我心理学とクライン派とで空想の位置が対極的であることと一致している。前者にとって「空想」は防衛的な最終産物であるのに対して、クライン派が考える「無意識的空想」は、単なる内的状態の記述ではなく、発端、対象関係を実演させる母胎の地位にある。それはそれで奇妙なことだが、それがクライン派による空想の位置づけなのである。そこから更に踏み込むと、「**無意識的空想は個人的神話の一形態である**」という命題を掲げることができるだろう。逆の、個人的神話が無意識的空想や夢そして言動を通じて現れることには、異論はないと思われる。「夢は、私的な神話と見なされるならば、新鮮な重要性を持つ」（第19章）。

反対に、ビオンは「無意識的空想」をどのように位置づけているのかを見よう。しかしながら、無意識的空想はクライン派であれほど重要なものなのに、彼のグリッドの項目には見当たらない。そこで思い当たるのは、最も無意識的空想らしいC行には、それに代わって夢思考・夢そして神話が入れられていることである。ビオンはこう述べている。「私は神話をわれわれの方法の中に復元し、それが歴史の中で（そしてフロイトによる精神分析の発見の中で）演じてきた生気を与える役割を果たせるようにしたいと願っている」（第14章）。実際に彼は、エディプス神話の諸場面を思考作用のための装置の諸部分として捉えるという斬新な着想を提示した。これは装置の生成に関わる無意識的空想であり、それが思考形態において具現される点が神話的である。

そうすると、神話は無意識的空想とほぼ同類だが、そこに何かが加わったものである。

「私は、モデル作成という精神分析者に利用できる道具の一部の可能性を、神話抜きでは考えられない。ある患者が怒っていると仮定しよう。彼の怒りは、『行儀が悪い』と言われたので乳母をぶちたくなった子供の怒り」に似ていると付け加えるならば、その主旨で更に意味が言明には与えられる。引用符に挟まれた言明は、生成的説明の中の理論の表現ではない。それが、小さな男の子は行儀が悪いと言われると乳母を叩くという理論を表現しているとされてはならない。これは哲学者たちが、悪い理論を記述するために軽蔑的に神話だと言って、侮蔑的に退ける型の言明に類似した言明である。私は分析の科学的手順と道具の一部として、この種の言明を必要とする。それらは観察された事実の言明でも、現実化を表現しようとする理論の定式化でもなく、個人的神話の言明である。精神分析的対象の経験に、この型の構成成分を持つ言明の精神分析者による定式化が伴わないならば、必要な次元が欠けている。私はこの次元を、神話或いは『かのような』(as if) 構成成分と呼ぶことにする」(同、第3章)。

ビオンは、解釈が観察された事実の単なる言明でも、成立の予測される法則の定式化でもないと述べている。当然ながら、解釈は事実に反していたり法則性がなかったりするわけではない。しかし、それだけでは必要な次元が欠けていると彼は強調している。とは言っても、ここでの具体例に目をやると、大して深刻に見えないので、やや拍子抜けする。ある患者の怒りを、「『行儀が悪い』と言われたので乳母をぶちたくなった子供の怒り」に似ていると喩えることに、どれだけの意味があるのだろうか。この例は、神話と言うよりも「かのような」(as if) 構成成分と捉える方が、その重さに合致するだろう。スペクトラムの一方を「神話的」と、より日常的光景に見えるもう一方の端を「寓話的」と呼ぶことも可能だろう。

この軽い方にも、共通する構造は見られるだろう。一つには、there & then と here & now の二重性である。彼は今ここでの彼であるとともに、あの頃あの場での彼が透けて見えている。また、そこには人物たちの関係とその質の描写がある。それも登場する人物だけでなく、登場しない人にも意味がありうる。――この程度のことは、「精神分析的定式化」として、通常の精神分析でもアセスメント段階で予想されることかもしれない。ビオンの言わんとしているところは、より生きられている過去ではあるにしても、大筋で外れるものではないだろう。しかし、神話と言うからには、より避け難く必然的な強制力を帯びることだろう。例えば、これは**母の不在**という隠れた主題への変奏の一部なのかもしれない。どこかでビオンは、数年にわたる分析で2回くらい、根本的な事柄に触れる機会があれば、よい分析だと述べていた。それは、主体にその「定め」を露わにすることで、同時に変動を齎《もたら》しうる瞬間なのだろう。無意識的空想の解釈は、そうした神話的次元に狙いを付けている。

7　小括——フロイトとクライン・ビオンにおける対象

フロイトは、心的経験を可能にするミニマルな要件の科学的追求から始め、精神分析を形作る過程を通じて、心における自己と対象の多様なあり方を理解する場と方法をもたらした。心《プシュケー》についての理論上の概念が「心的装置」であり、臨床上の場が面接室、特に「寝椅子」である。この抽象と具象の合体が、フロイトに特徴的である。「心的装置」概念の考察から出発した本章は、「特異的行為」の場面に注目したが、精神分析の特に初期を代表する性的象徴の理解や性的欲望について、ほとんど触れていない。それは、心的装置をいわば使用軸ではなく生成軸（ビオン）から論じていたので、対象と間の「結合（link）」がL（love）やH（hate）に先立つK（know）だったためである。Kの対象は、物体ではなく心である。性愛に関しては、フロイトが心全般の原理的・メタ心理学的な考察と並んで行なった、臨床の推移を確認する必要があるだろう。

「性的対象の近接」は、母子間の「栄養の供給」に並ぶ、「特異的行為」の場面である。そこには、もう一つの見逃せない一貫した傾向である身体因についてのフロイトの考えがある。「ある特定の症状複合を『不安神経症』として神経衰弱から分離することの妥当性について」(1895) で彼は、身体的な性的興奮が「一定の閾値を超えると、大脳皮質にまで連結された伝導路の抵抗に打ち克って、精神的な刺激として表出される」と論じた。彼はこの図式によって身体過程を心的過程へと変換させて、その緊張状態を終結させる手段を「特異的あるいは十全行為」(spezifische oder adäquate Aktion) と呼んだ。この行為は官能的な快に結びついており、その本質は「複雑な脊髄反射作用のうちに存している」。男女の差は、「神経終末を装備された精嚢の外壁への圧力」があるかないかの違いである。

この時点のフロイトは、不安神経症の症状を「性的な興奮への応答である特異的行為〔岩波版1巻は特定行為〕を控えることの代理現象として説明」しようとしている。これは、十全な性的満足に至らしめない「体外射精のような性的な有害事象が、加算累積によって効力を発揮するようになる」という仮説が先にあって、その説明に具合のよい図式を考案しているように見える。その後のフロイトは、「欲動」概念を媒介させることによって議論をより精緻にしているが、身体過程の限界を据える点は、『終わりのある分析とない分析』に至るまで、変わることがない。彼が〝欲動に関して譲歩〟せず、生物学的な「岩盤」を想定したことの含みについては、別の機会に見るとしよう。

臨床に登場するのは、単一の心を最小限の因子で構成しようとする科学的な試みの場合とは対照的に、19世紀から20世紀に掛けて生きた、個別の背景を持つ人たちである。そうした複雑で多種多様の人々の集まりから、どのような水準の抽象が可能だろうか。人はさまざまな対象と関わり、それらに囲まれて生活している。その捉え方も、文化と観点に応じてさまざまである。対象を人・動物・植物・自然環境……と分けることもできれば、身内・他人・外人……という違いを重視する日本的な区別も、島国には共通にありそうである。自己のあり方もまた、それらに対応しているが、通常は明確に意識されない。

フロイトは、父母と子という必然的に存在する関係の中にエディプス構造を見てとり、パーソナリティの形成過程を構想した。それは一本道ではなく、彼は一時確信した「誘惑理論」を放棄したし、現代ならば考慮に入れる他の諸因子の捨象も行なった。それは彼の限界の一つである。実例として次に「少年ハンス」症例を検討しよう。とはいえ、養育環境の影響と遺伝の寄与を考慮しつつ、内的世界と外界との相互交流を辿る現代の展望を開いたのはフロイトである。心的装置の機制が「リビドー拘束」に端を発して、「投影」・「取り入れ」・「同一化」の概念へと進んだことで、対象の精神分析的な意味も変化した。その変遷を大まかに要約しておく。

進化論の議論に並行させてフロイトは、心の原始的水準に痛みや不快の経験を置いた。最初に登場する対象である「側の人間〔隣人（Nebenmensch)〕」は、「最初の充足対象であり、最初の敵対的対象である」(『心理学草案』)。

これは、クラインの「良い対象」「悪い対象」の先駆的な記述のようにも見えるが、主体的な意思を欠いている点で、似て非なるものである。また、それには自己の分裂も対応していない。その一方で、機械論的-生物学的な『心理学草案』ではなく『夢解釈』に登場する「乳房」――「女の胸で、愛と空腹が出会う」(『夢解釈』)――は、「人間の運命の糸車を司る三人の女神」を連想させる「三人の女性と団子の夢」とのつながりで、既に神話の世界を垣間見させている。

しかし問題設定が物体の認識と変わらない限り、対人関係の場面であっても、「対象」は「対象像」であり写しでしかない。「物自体」が不可知で人間にはその属性しか分からない、といった形で物自体と現象を対比させる認識論的な構図は、精神分析にとっては擬似的な問題である。知るのが困難なのは、客体的な事物の本質ではなくて、他人のものであれ自分のものであれ、心の有り様と動きだからである。事物についてならば、大体の属性が分かれば生活には十分である。

「対象」に心を想定しない問題設定では、「自己」にもまた心は登場し難く、また、そのこと自体を問題として捉えることが困難である。実際、特異的行為の場面は、対象が「乳房像」ではなくクラインのように「心を持つ乳房(breast with a mind)」だったとしたら、まして、その心にも「羨望」があったとしたら、その光景と交流の実質は一変するだろう。逆に、純粋に「栄養の供給」しか行なわない母親は、心的交流の次元で、別の意味を帯びる。それが、ビオンの言う「義務を果たすように反応する母親」である。

しかし、写しとしての対象は、臨床を通して、内に心を持つ存在へと乗り越えられていく。その端緒は「対象選択」である。親は子から自動的に親と見做されるが、誰かを選ぶ際には、その対象に特徴がなければ選択のしようがない。そしてその特徴は、取り入れられていなければならない。その事情を描いたのが、『自我とエス』である。そこで「超自我」と名づけられた対象は、内部を持つ具象的存在であり、メラニー・クラインが提唱することになる「内的対象」概念は、それに先立つ原始的な先駆である。クラインの「対象」は、極端なほどに情動に満ち溢れている。対象としてのその特徴は、物質的性質にではなく、人物性つまりは寓話性にあると言えるだろう。内的対象の寓話性は、ユングの「元型」概念にも似ている。元型は、寓話や神話から採られたから寓話的・神話的なのではなく、そもそもの性格がそうなのである。

また、言語を巡る考察も、フロイトの中で徐々に進んだものである。象徴水準に対する理解は、メタ心理学および「シュレーバー症例」において取り上げられるが、独自に発展させたのは、想像界・象徴界・現実界を構想したラカンと、生の欲動と死の欲動の融合と脱融合をポジションの推移で表わしたクライン派の流れである。ビオンは更に、特異的行為と「幻滅」において「無」（"nothing"）の問題を扱う中で、「ベータ要素」および「奇怪な対象」を見出した。フロイトが「心的生起の二原理に関する定式」で言及した「現実の改変」は、言語が関与するようになって初めて実質的な内容を持つ。対象の認識とそれに基づく「判断」は、単に合致を述べるならば、言葉を持たない動物の判断機構によっても達成されている。しかし動物が世界をほとんど改変できないのは、技術的・自然科学的な法則の正確な再現を表現する数式を持たないためである。そうした数式ばかりでなく、言葉もすなわち思想《アイデア》もまた、コミュニケーションの道具である以上に、人間が関わる現実の有り様を変えていくことがありうる。ビオンは、乳幼児期の非言語的交流の重要性を見出したことで知られているが、そこにすべてを還元するのではなく、言葉独自の社会的次元を考察している。

こうしたことの萌芽もまた、フロイトの着想の中にある。それを具体的に形にしているのが、自由連想の設定である。精神分析は当初、それによって何かを発見し解決するための作業であると想定されていたと思われるが、そののち、心の動き自体が目標の一部となった。と言うのも、そのような心の自由さこそが現実とのより深い接触を可能にするからである。ビオンはそれを「夢想」と呼んでいる。彼は或る時期、精神分析の対象を感覚・神話・情念の三つの次元に展開するものとして捉えようとした。これらは、無意識的空想を構成する次元でもある。感覚は実在の世界についての情報を、神話は人間集団の振る舞いと運命について、情念は対象との関係の質を伝える。精神分析が神話と関わるようになったのは、そもそもはフロイトがエディプスを引き合いに出したからであり、彼自身が一種の神話を創作したからである。しかしそれは偶然の産物や付随物ではなく、あるいはそうであったとしても、意味づけの表現であり、最早それ抜きでは精神分析が成り立たない一部をなしている。

クラインは、自ら神話について述べることも自分の叙述を神話に擬《なぞら》えることもなかったが、その霊媒的な語りと時に見せる禍々《まがまが》しさは、神話に匹敵している。ビオンが種々の神話をも遠慮なく参照して発想を自在に述べるようになるのは、より後期になってからのことである。

フロイトの治療は、第Ⅲ部で見るように、今日の基準からすると教示や説得・暗示と指示に満ちていて、記録から見る限りでは、むしろ精神分析的ではない。しかしそれは内容面に関してのことであって、精神分析の設定は彼が用意したものである。彼の臨床的な仕事への批判は、言ってしまえばそれを精神分析だと思うから湧いてくる。彼の主たる功績は、その準備段階である**場**と**方法**の用意にあると考えた方がよいのかもしれない。

その**場**、寝椅子《カウチ》の上に、患者は横になる。そのとき患者の心《プシュケー》もまた横たわっている、何も知らずに。分析者は、患者の語ることを聴き、語り掛けると同時に、患者が知らず患者を知らないでいる自分と、つまり患者の心《プシュケー》と、あたかもそれが一登場人物《プシューケー》であるかのように関わろうとする。抽象物である理論は、分析者の目の前で、分析者とともに、緊迫の中で患者の身体を通して具現化している。高度な抽象のメタ心理学と神話的夢想が織り成す舞台における接触と交わりの試み——それが精神分析の〈現場〉であり、フロイトの見出した経験である。

第2章　ハンス症例と対象概念の変容——欲動論か対象関係論か

1　はじめに

症例としてのハンス少年については、既にさまざまな立場から論じられて来ている。しかし、「現場検証」を行なえるようになったのは、比較的近年のことである。ここでは、第Ⅱ部第1章で取り上げた点を臨床の現場で確認するために、なかでもフロイトがこの症例で論じた対象の性質を吟味するために取り上げたい。両親や妹と言わずに「対象」と言う事情は、すぐに述べる。また、彼がエディプス・コンプレックスとしてまとめたものがハンス症例では何を指すのかを見よう。通常、ハンス症例とエディプス・コンプレックスとの関係は、後者が症例の中でどのように現れているのか、といった形で問われる。そのような設問によって、フロイトはハンスの陽性のコンプレックスしか扱っていない、前エディプス的な母親との関係に注目していないなどの批判が生まれ、実際にそう指摘されてきた。それらは正しくはあるが、後からの概念構成を持ち込んだ問いなので、フロイトの問題設定が元々はどのようなものであり、それがどのような理由からどう変化していったのかという経緯は見えにくくなっている。

彼の論述を改めて読んで気づくのは、フロイトは当初のエディプス・コンプレックスの定式化の中で、**人物としての親対象については何も述べていなかった**ことである。親らしい側面は、母親の記述にも父親の記述にも含まれていないし、もっと言うと、彼らは**意思ある対象としての主体性を欠いており**、そもそも人であるとも言えないような、役割あるいは特定機能の子供にとっての表象である。それでも、子供の欲動を扱っている限りでは、フロイトの議論は首尾一貫している。問題はそれが必ずしも「欲望」の次元の基礎づけにならず、人の経験として扱っていない側面を多く残していることである。

論文「ある5歳男児の恐怖症の分析」を見ていくと、フロイトの表立った関心はそのように限られていた一方で、彼は父親の報告を通じて、ハンスとその一家を理解するためのさまざまな手掛かりを残してもいる。そうした素材をもとにして、さまざまな学派が自分の理論の範例として、この症例の再解釈を提示してきた。以下ではそれらを網羅はできないので、フロイトの原著から目に留まる場面との関連で触れる程度にして、印象的な解釈の例を取り上げて検討することにしたい。そこではフロイトの説明と合致しない、さまざまな疑問が浮かび上がる。

更に近年明らかになったのは、ハンス一家についてかなりの情報が伏せられていたことである。そのことは、症例理解にどのように影響するだろうか。実際には、それは想像を大きく超えた内容ではなく、或る意味では予想を確認するものである。だが、旧来の理解を支えていたはずの精神分析理論の価値は怪しくなる。その歪曲は守秘義務上生じたと言うより、理論を整えたために作り出された可能性が高い。今日フロイトを読むとき、彼が書いたものを教科書として拝受するのではなく、本当に〈現場〉で起きていたことを理解して役立てるには、どうすればよいのだろうか。

そこでこの機会に、臨床論文をどう読むかについても考えてみるとしよう。どのような理論をどのように抽出するにしても、その素材を構成している経験がある。暗示によって裏から支配するのでない限り、それは自然な情動の流れに沿っていないと、出来事の描写として空疎なものとなる。理解に実感が伴うことは、心的変化が生じるための必要十分条件ではないが、そこから外れることは、意識的・無意識的水準での交流に基づく精神分析の作業自体を成立困難にする。逆に、無意識の水準がある限り、当事者には明らかではないものが常に残るだろう。その意味で、**臨床論文もまた一つの体験報告であり**、精神分析的な探究法を理解するときの助けとして、読み手が自分の責任で研究すべきものであることを忘れるべきではないのだろう。

2 ハンスとフロイト

A. 治療経過の概要

ハンスと名づけられたこの少年の治療報告は、症状の発生から消失までの展開を収めており、その前のことも後のことも知られているのが特徴的である。その前とは、フロイトは少年の活発な性的関心を、彼が3歳の時にも報告している（「子供の性教育にむけて」(1907)）からであり、その後とは、青年になったハンスが1922年にフロイトに会いに来た時の様子も知られている（「ハンス少年分析後日談」(1922)）からである。但し、それが全体像を示していたかどうかは別の問題である。この症例について、まずはフロイトが書いている範囲のことを確認しよう。ただ、何処を取り上げて述べるにしても他の部分を除外することになるし、そもそも父親による報告でもフロイトによる地の文でも選択的な観察と考察がなされているので、偏った抜粋にならざるをえない。

発症前の様子を記録した「I 緒言」では、「おちんちん」を巡るさまざまな話題――ハンスがママや動物の「おちんちん」に強い関心を持つようになったこと・いじるとちょん切ってもらうと母親に言われたこと・父親がおしっこの助けをしていること・妹の「おちんちん」をおかしく思うこと――や、赤ん坊の由来についての想像を含めた妹の誕生への反応、そして誕生後に彼が愛情を空想上の自分の子供たちや年上の女の子たち・従兄に向けたことが述べられている「彼は空想の中でベルタ、オルガ、フリッツルといった子供たちと遊び、あたかも彼らが目の前にいるかのように話をし、そうして何時間も楽しむことができました」。

「Ⅱ　**病歴と分析**」は、父親からの手紙の引用で始まる。ハンスは、外に出ると不安になって泣き、通りで馬が自分に噛み付くのではないかと恐れるようになっていた。彼は前年の夏から、ママがいなくなったら、と不安がることがあったが、１９０８年1月初旬の朝、泣きながら、眠っている間にママがどこかに行ってしまったと思った、と訴えた。1月7日には、散歩に出ても泣いて戻り、翌日以降も、「馬が僕に噛み付かないかと恐い」「馬が部屋に入ってくる」と引き続き恐がった。

フロイトは父親と打ち合わせ、ハンスに対して、馬に関することはばかげたことであること、彼はママが好きだがおちんちんを構うのがいけないことだと自分で分かっていることを伝え、「性に関する啓蒙を進める」ことを提案した。ハンスの恐れは若干軽減するが、インフルエンザ罹患と扁桃腺の手術後に悪化して、「白い馬」が噛む、と言うようになった。それに対して父親は、ばかげたことは外出すれば減ると話したが、ハンスは、おちんちんに手をやるせいだ、と答えた（3月2日）。3月13日には、ハンスは「もうおちんちんに手をやっていないよ」と言い、恐怖の訴えは減っていた。3月15日の会話で父親は、女性におちんちんがないことを伝えた。しかしハンスは三日後、不安げに起きて来て、「ほんのちょっとだけ」おちんちんに手をやってしまった、そしてママはおちんちんを見せてくれたと話した。

父親はハンスに、「ばかげたことを取り除く」ためにフロイト教授のところに行くことを提案し、引き続き会話を記録した。3月28日ハンスは、前夜の「大きなキリンとくしゃくしゃのキリン」経験を語った（「夜、部屋の中に大きなキリンとくしゃくしゃのキリンがいて、ぼくがくしゃくしゃのを取り上げたので、大きい方が叫び声を上げたの。それから大きいキリンが叫ぶのをやめて、それからぼくはくしゃくしゃのキリンの上に跨ったの」）。父親は面食らって彼を問い質した。ハンスの方は、父親が会話を逐一記録していることに目を向けた。父親はその日のうちに、大きなキリンは父親ないしは大きなペニス、くしゃくしゃのキリンは母親ないしはその性器だろう、と解釈した。そしてフロイトにこう書いた。「したがってこれは［女性にペニスがないという先の］啓蒙の結果ということになります」。フロイトは「父親の才気あふれる解釈」を認めて、「これは反抗的空想ではあるが、父親の抵抗に対する勝利と満足に結びついている」と解説した。つまりフロイトは、ハンスの空想をここでエディプス・コンプレックスに結びつけている。彼は更に、ハンスがその後に禁止された侵入を空想したことをもって、「解釈の確証」と判断した。翌日に父親は、ハンスの前でわざと、彼の母親に「大きなキリンさん」と声を掛けた。ハンスは、「どうして？」と聞き、「でハンナは、くしゃくしゃのキリンなの？」と言った。

3月30日、父子はフロイトを訪問した。やって来た親子の前でフロイトは、父親の眼鏡と口髭に注目して馬と結びつけて、「君がまだ世の中に生まれてくるずっと前から私は、ハンスという坊やがお母さんのことを愛するあまりにお父さんを怖がらざるをえなくなり、私のところに来ることになるだろうと言うことを分かっていた」とハンスに語り掛けた。

4月2日には、父親はハンスが「本格的な改善」に向かったと報告した。ハンスはやはり馬に怯えた様子を見せたが、「パパのそばにいないと怖くなる」とも言うようになった。父親はそれを、「もしそうなれば自分が父親になるだろうという、私への敵対的な欲望」の表われだと解した。つまり、抑圧が一部は解除され、元々の結びつきに戻されたと理解した。「分析によって白い馬の幾らかはすでに『パパ』として認識されており、それはもう噛みつかないのです。ただ別のものはまだ噛みつくものとして残っています」。

父親との4月5日の会話でハンスは、馬が転倒するのを実際に見たことがあり、以来、馬が転倒するのと噛み付くのとを怖れているのだ、と伝えた。「僕が怯えたのは、馬が足で『騒動』を起こしたからなんだ」。父親の記録を読んだフロイトは、恐怖症の「諸特性は総じて、不安がもともと馬には全く関わっておらず、二次的に馬へ移されたこと」に由来していると論じ、父親の尋問には「恐怖症が勃発することになった現実のきっかけを知ることができた」という成果を認めた。彼は考察を進め、馬遊びをするようになったハンスは「父親に同一化している」と判断した。

ハンスは、目撃した乗合馬車に関連したことはまだ怖がっていた。4月9日の会話で彼は、足の『騒動』が「うんこ」や「おしっこ」に関連していること、パンツを見ると唾を吐きたくなること、ママがトイレをするときに一緒に入りたがったことなどを話した。彼は、教授に手紙を書く父親のために、喜びながら口述する。父親は、連想の方向性を見失って、「おちんちん」に結びつけようとするが、うまく行かないでいた。4月11日、ハンスはまた朝早く両親の部屋に行って追い返された。そのあと彼は、「ぼく浴槽の中に居てね、すると錠前屋さん〔岩波訳、原語はSchlosser金属工・機械工、SEではplumber（配管工）〕が来て浴槽のねじをはずしたの。それから大きな錐(Bohrer)を取ってぼくのおなかに突き立てたの」と伝えた。父親はこの空想を「僕はママとベッドの中にいる。そこへパパがやってきて僕を追い払う。パパは大きなペニスで僕をママから追放する」と翻訳して、パパとママ・ハンスの間の関係をエディプス・コンプレックスとして理解した。それについてフロイトは、「我々の判断はまだ先延ばししておきたい」と書いている。これはフロイトが父親に伏せていた、ハンスが「排泄物コンプレックス」を通過していくだろうという見通しに関わっている。

父親は「うんこ」の話題を位置づけられないでいたが、乗合馬車への恐れを「たくさん詰まった腹に対する怖れ」と繋げることを経て、妹や新しく生まれる子供へのハンスの敵対心を見てとった。同じ日の昼食の時ハンスは、前年夏の滞在地に浴槽がなかったことを思い出している。話は浴槽でのママの振る舞いに及び、ハンス「ママが手を離して、頭から水の中に落ちるのが怖いんだ」、父親「でもママはおまえを愛していて、手を離したりしないということは分かっているんじゃないのか」、ハンス「でもそう思ったんだ」、と会話した。父親はこれを、ハンスの妹ハンナに対する敵意として解釈した。ハンスは肯定し、フロイトも「父親はとても正しく言い当てたようである」と賛成した。

ハンナのテーマは、4月14日になって前景に出てきた。ハンスは馬への怖れを弱め、ハンナについて、「箱の中で一緒に旅行した」とか、挙句には馬に跨った、とありえないことを口にした。彼はハンナに対して、ママがお尻をぶったら泣き叫ぶのが我慢ならないという気持ちと、好きだから何でも話してあげる、という気持ちを表わした。ハンナは前からこの世にいた、と言うハンスについてフロイトは、父親をからかうことができるようになっている、と評した。4月17日には、あれこれ聞いてくる父親に対してハンスは、「僕が今話してること、全然ほんとじゃないんだよ」、父親「そのうち何がほんとなんだ？」、ハンス「どれもほんとじゃないよ、僕ただ冗談で話しただけだよ」と明かしている。この会話は、ハンスがママを「絨毯叩きで」叩きたい、と言ったところで中断された。

4月21日の記録では父親は、グムンデンで馬遊びをしていたときにフリッツルが転んだことを確認する。ハンスは父親に強い言葉をぶつけてはいる（フリッツルのように「パパが石でぶっ倒れればいいって」）が、父親は、「ここ数日間、彼は特別の情愛を持って私に接している」と述べた。翌日4月22日、父親はハンスがしている人形遊びについて尋ねた。ハンスは、グレーテと名づけたゴム人形に、開いている穴から小さなポケットナイフを差し込み、人形の両足を引き裂いてナイフを出して、「ほら、ここにおちんちんがあるよ！」と見せた。それは「ママが持っていたナイフ」だった。父親は、「これ〔ナイフ〕がもしかするとちっちゃい子供じゃないかって考えたのかい？」と尋ねたが、ハンスは否定した。話題は「小さい子供」に移り、ハンスは、パパも自分も卵を産んだことがある、と言い出した。彼は父親に、「子供ができるのは女性だけ、ママたちだけだよ」と言われ、4月24日には両親から、「子供はママの中で成長し、……『うんこ』のように世の中に出される」という「啓蒙」を受けた。

ハンスの恐怖症症状は相当改善して、怖いのは積み込んだ馬車だけになった。4月26日、ハンスは空想上の子供たちについて父親に聞かれて、「とても子供たちを持ちたい」けれども「そう願っていない、僕は子供たちを持ちたくないんだ」と二つの気持ちを述べた。4日後、父親が「どうしてお前の子供たちはまだ生きているのか、男の子に子供ができないのは知っているだろう」と質すと、ハンスは、「知っているよ、以前は僕ママだったけれど、今はパパなんだ」とパパの位置を占めた。パパは、おじいちゃんとなって、おばあちゃんすなわち自分の母親と結婚すればいい、という案を出した。5月1日には、ハンスは自分の空想上の子供たちの、お尻を拭いてやりたいと話した。その日の午後、彼は思い切って市立公園まで出かけた。彼は、「コウノトリの箱の馬車だよ！」と乗合馬車を指差した。

5月2日、ハンスは配管屋の空想を語った。「配管屋さんがやってきて、ペンチでまず僕のお尻を取り外して、それから僕に別のをくれて、次におちんちんだったの。配管屋さんがお尻をお見せって言ったので、僕は後ろを向かなくっちゃならなかったの」。父親は彼に、おまえはパパになりたいのだろう、と確認した。ハンスの「ばかげたこと」は消えて、正常な問いの欲動が残った。ハンスは父親に、「ぼく、パパのものでもあるんだよね」と尋ねた。父親は、母親だけのものではないという意味に解した。フロイトは、「ハンスの最後の空想によって去勢コンプレックスに由来する不安もまた克服され、苦痛な予感は幸せをもたらしてくれるものへと変化したのである」と総括した。

B.「小さなエディプス」と分析的接触

フロイトは論文の「Ⅲ　**総括**」で、この治療経過によって彼が『性理論三篇』で展開した小児性欲の理論を裏付けることができるかどうか、この観察が恐怖症の理解にどう貢献するか、そして子供に性的な啓蒙をすることにどのような意味があるかを検討したいと述べている。この報告の価値は、それが成人患者の回想に基づく再構成ではなくて、子供の性理論を直接確認しているところにある。彼は、「精神分析において医師はいつも、[……]意識的な予期表象を与えている」ことを認めるが、自分はこの治療を行なっておらず、「暗示」ではないことを強調する。父親が素材を理解できずに、経過中「見通しが効きにくくなった」ことは、むしろその証拠である。

ついでフロイトは、ハンスの性的活動と性的体質に触れて、ハンスの欲動の動きおよび「対象選択」が同性愛者に該当しないことを論じてから、「父親と母親への関係においてハンスは、『夢解釈』と『性理論』で私が子供の両親に対する性的関係について主張したことすべてを、明々白々たる仕方で裏付けている」と指摘する。その実質は、こうである——「彼は**真に小さなエディプス**であり、父親を『あっちへ』へと、取り除いてしまい、美しい母親と二人きりになりたい、そのそばで寝たいと思っている」(強調は引用者)。妹の誕生は彼の精神・性的発達を複雑化させたが、この定式の変奏の範囲にあると言える。

一方、恐怖症は、現実には稀ではないにしても病気であって、正常な発達とは別の説明原理を要する。フロイトはこの状態を、不安ヒステリーのカテゴリーに組み入れて理解しようとする。彼によれば、性的興奮すなわちリビドーは不安に転化したまま、抑圧のために再びリビドーとして利用できなくなっているのである。不安の対象は、ハンスが「偶然に観察した事故」すなわち「フリッツルが馬遊びの最中に転倒したこと」を契機に、「フリッツルから父親へという連想」を経て、父親との形態的な結びつき(口髭)および母親の妊娠-分娩という「コンプレックス」を通じて選ばれたものである。馬は、「父親に対する敵対的で嫉妬に満ちた感情と母親に対するサディズム的で性行為の予感に対応した衝動」を巧みに表わしている。但し不安の位置づけは、後にフロイトがリビドー最重視を改めた上に『制止、症状、不安』で「不安信号説」を導入したことで大きく変更された。

では、この時期にフロイトがエディプス・コンプレックスで何を意味していたかを見て、「小さなエディプス」とは何のことかを確認しよう。

「エディプス・コンプレックス」の初出は、「男性における対象選択のある特殊な類型について」(1910)とされている。それに先立ってフロイトは、既に1897年のフリース宛の手紙の中でソポクレスの『エディプス王』に言及しており、公刊された著作でも『夢解釈』(1900)で取り上げている。フロイトはその感動が、常識的に理解される「運命と人間の意志の間の対立」といった点ではなく、その抗い難い暴力は「材料の特異性にある」として、もっと内容的なつながりに注目する。「父ライオスを打ち殺し、母イオカステを娶ったエディプス王は、われわれの幼年期の欲望成就の姿である」。もはや幼年期にない大人には、そのような「動き」〔Regung. 岩波訳では蠢き〕も「欲望」もないかのようなのは、強力な抑圧が働いているからである。ハンスは、同じ「性的な動き」と「欲望」を持っている「小さなエディプス」だが、恐怖症を発症した点が特異的である。

このように辿ると、コンプレックスの実質内容が重要に思われるだろう。フロイトは、子供の性的欲望の指摘が「この子供時代の近親相姦性向の指摘ほど、批評家の側からの凄まじい反撃、荒々しい憤激、そして面白おかしい的外れを巻き起こした」と1914年に注を書き加えた。彼は、指摘が正鵠を射ていただけに激しい抵抗を招いたと考えているようである。だが果たして、それが全てだろうか。というのは、正しさがすべてならば、知ることと或いは知らせることで直ちに効果があるはずだが、「啓蒙」の進んだ現代でも、コンプレックスの生む問題が解消したわけではないからである。また、知らなかったことを知る衝撃は、精神分析的な面接でなくても経験することがありうる。精神分析の経験の特異性は、一見それが伝える理解の内容に基づくようだが、それが真実と関わっていることは前提条件として、別の因子があるだろう。今の引用部の前段を読むと――

「エディプスにおける抗い難い運命の暴力については、それを進んで承認しようとする一つの声が、われわれの内面に潜んでいるに違いない。事実そのような契機が、エディプス王の中には含まれている。彼の運命がわれわれの心に響くのは、それがわれわれ自身の運命であったかもしれないからである。なぜなら、われわれが生まれる前に下された神託が、彼の上にのみならず、われわれの上にも、その呪いをかけたからである。最初の性的な動き（Regung）を母に向け、最初の憎悪と暴力的な欲望を父に向けるということは、おそらくわれわれすべての定めであった。われわれの夢はそのことを認めるようにわれわれに迫る」。

この記述は、運命の暴力の抗い難さについての論理的な説明というよりも、その由来を伝えようとする修辞である。「エディプス王」は既に母との性的関係と父の殺害の両方を実行しているのだから、彼に運命の暴力を認める声がある可能性は十分に高い。それから「われわれの心」にも響く理由を、「われわれ自身の運命であったかもしれないから」だと考えるのは、ありうると言っているので大きな飛躍ではない。だが続く「神託が……われわれの上にもその呪いをかけたから」という理由づけは、神託と呪いの証拠がない限り同じことの言い換えなのに、根拠であるかのように振る舞っている。実際に彼が持ちだす間接的な証拠は、夢である。「われわれの夢はそのことを認めるようにわれわれに迫る」。しかし夢の解釈の基盤が『エディプス王』の解釈にあるのなら、そこで論拠は循環してしまう。これは結局、事実確認的な（constative）発話ではなく、行為遂行的（performative）である。「抑圧」概念による説明に続くフロイトの一文は、それを示唆している。「劇詩人ソポクレスは、エディプスの罪を光の下に引き出して来ることによって、**われわれにわれわれ自身の内面を認識するように促している**のである」（引用者強調）。これこそ、精神分析固有の意味で「中に入る」ことだろう。では、それはどのようにして起きたのだろうか。

『夢解釈』の記述の元になったくだりは、1897年10月15日付フリース宛の手紙でこう書かれている。「このギリシアの伝説は、誰もがその存在を自分の中に感じたことがあるので誰もが承認する一つの強制を取り上げます。聴衆の誰もがかつて萌芽的には、そして空想の中では、そのようなエディプスだったのです」。ここの部分からは、それが他人事ではなく自分のことだと気づかされたことが示唆されるのみだが、この時期フロイトはフリース宛に、父の死を契機として自分の幼少期を振り返っていたことが背景にある。その作業の意味は、約十年後に、改めて感じられることになる。

まさに1908年、『夢解釈』は第二版を迎えた。彼は改訂に当たって読み返し、自分の夢自体に「大きな改変には強く抵抗するような慣性力」があることを感じる。「私には、この本が私の自己分析の一片であること、父の死という最も意味深い出来事、すなわち一人の男の人生における**最も痛切な喪失**（den einschneidendsten Verlust; the most poignant loss）に対する反応であることが分かってきた。このことを認識した以上、その影響の痕跡を消してしまうことは私にはできなかった」（第二版序文、引用者強調）。それが改変してはならないと感じられるほどに重要なのは、単に夢だからではなく、そこにこころに迫るもの、言葉にし難い**刺すもの**があり、**分析的接触**（analytic contact）の痕を書き留めているからである。それはより広く、心を刺すもの／プンクトゥム（punctum）として、ロラン・バルトの考察(3)と結びつけられるだろう。

このようにフロイトは「内面」の世界に注目したことで、欲望の存在に気づくようになったが、彼はまだ対象の性質には、ほとんど注意を払っていない。一つには、そうした理解が**対象との接触の経験**ではなく、〝自己分析〟に由来していたためかもしれない。フリースからの書簡がもはや存在しないばかりでなく、引用された言葉もほとんどない。フロイトにとっては、他者性を感じさせるほどのフリースの言葉がなかったかのようである。

対象へのフロイトの態度は、神経解剖やリビドーを研究している時に、代謝や循環を問題にしないのに似た医学的なものである。結果として、ライオスもイオカステも、ただ父親・母親と呼んでおけばよいかのように扱われている。しかし、〝普通の〟親の働きを適確に捉えて叙述することは容易ではないし、共通する特徴も個性の幅もある。実際に伝説においてライオスは1歳の時に父親を亡くした。王位に就いた祖父の叔父はライオスが20歳の時に殺され、テーバイを去った彼は、他国で美少年クリューシッポスを誘拐して戦争の原因を作った。イオカステはエディプスとの近親婚以前に、幼児遺棄を犯している。歴史的・文化的背景があるにしても、二人はどちらも親の機能を受け継いで果たしたとは言い難い。ハンスの親たちにもさまざまな特徴があるのだが、それらはまだエディプス・コンプレックスの定式に入って来ないのである。

フロイトの「対象」と、最初から具象的であるクラインの「対象」を比較しておこう。「フロイトの対象という用語の使い方は、この用語の私の使い方とは多少異なっている。と言うのは、彼は本能目標の対象を指しているのに対して、私はこれに加えて、幼児の情動・空想・不安・防衛を含む対象関係のことを意味しているからである。にもかかわらず、この文章でフロイトははっきりと、一つの対象すなわち母親の乳房へのリビドー的愛着について語っており、それは自体性愛と自己愛に先行している」[23]。

フロイトが近代の作家による劇ではなく、伝説に基づく『エディプス王』を選んだのは、彼が個人的に、その「運命」を表現する力に感銘を受けたからである。しかしその或る種の偶然は、歴史性と関係性が広がる地平と文脈を提供した。同じ物語は、親子関係の範例を抽出するものでもあれば、虐待のモデルにもなりうる。対象＝登場人物について言えば、それは、対象が特殊な個体でもあれば普遍的な存在でもあり、誰かでもあれば誰でもない配座である点で、神話的-寓話的次元に関わると言えるだろう。神話だけでなく寓話も入れるのは、フロイトの論述方法に即してのことである。

C. 対象選択と母親

メルツァーは、フロイトがレオナルド・ダ・ヴィンチを論じる（1910）ようになって初めて、人物全体を考察範囲とするようになったと指摘している[30]。概してフロイトが、人物の中でも患者の母親の特性をその理論に組み込まなかったことは、同じ頃の「強迫神経症の一例のための原覚え書き」でも確認される。この治療は、母親の了解のもとに1907年10月から始められた。その中で鼠男＝ランツァーは、当初見せていなかった言動をフロイトにも母親にも、周囲の女性にも表わすようになる。或る日の面接記録を見てみよう。

「12月14日〔土曜日〕　娘〔お針子〕とは順調に行っており、その天真爛漫さを彼は気に入っていて、彼女とはとても性的能力が発揮できるという。一方、彼があまり抵抗なく挙げた強迫的着想から、母親に対する敵対的な流れが存在していることが明らかだが、彼はいたわりを誇張することでこれに反応している。この敵対的な流れは、母親が養育上叱責したこと、特に彼が不潔であるために叱責したことに由来している。ついで母親のげっぷの話、吐き気がしてものが食べられないと十二歳の頃に言い張った話」

フロイトが、鼠男の母親への両価的感情を認めていることは明らかである。また、患者自身、さまざまな機会に母親についての否定的評価を下している（「自分の性質のよくないものはすべて母親の側から来ている」）。このようにフロイトは自分で、人物としての母親についてさまざまに書き残していても、論文としてまとめて理論化する際には、「g 父親コンプレクスと鼠の観念の解消」という具合に、それを視野の外に置いた。それから、この「娘〔お針子〕」への言及も論文中には見当たらない。現在の人間関係は、患者理解に関わると考えられていなかった。そうした部分対象関係や全体状況という視点が登場するのは、アブラハム、クラインというフロイト以後のことである。

このように人物としての対象への注目はまだ途上だったが、フロイトの考察にも幾つかの萌芽が認められる。彼は同時期に、空想およびフィクションについて、そして性格について論じた。特に「性格と肛門性愛」(1908)では、明らかに「鼠男」症例の経験が反映して、部分欲動と防衛機制・性格形成の関連を取り上げている。それは欲動派生物への関心に由来するが、同時に、「対象選択」を論じる一歩である。「強迫神経症の素因」(1913) では「前性器的編成」という、すべての部分欲動が対象選択に向けて統合された性器的編成段階の手前の、「部分欲動はもう**対象選択**に向けて統合されており、対象は既に一人の馴染みのない fremd〔SEでは extraneous 外側にある〕人物として当人に対峙されているにもかかわらず、性器域の優位がいまだ確立されていない」(引用者強調) 段階を導入した。ここでの対象は、既に人物である。フロイトは、ハンス症例の臨床を経て、『性理論三篇』(1905) の記述の一部を修正した。「**自体性愛と対象愛**という二つの時期の概念的区別を、時間的にも分かたれるものとして記述してしまったが、［……］三歳から五歳にかけての子供は、強い情動を伴う非常にはっきりとした**対象選択**を行なう能力を持っていることが分かる」(強調原文)。このように、自体性愛と欲動からは限られた「対象」概念しか演繹できないので、子供の現実に合わせると対象選択の能力を想定せざるをえない。

更にもう一つ、フロイトは「ナルシシズムの導入に向けて」(1914) において「依託的対象選択」という概念によって、自体性愛から対象愛へとつなげようとする。その片鱗は、既にハンス論文に見られる。「性源域のこうした［排泄に関する］快が彼に獲得されたのは、世話をしてくれる人物、つまり**母親の助けによって**であり、したがって既に**対象選択**に通じるものである」(引用者強調)。しかしこのような中間形態を設けても、語りうるのは欲動の対象発見あるいは再発見であり、主体がどのように意思ある対象を見出すのかは謎のままである。「欲動」を中心とする説明によって隠れているが、そもそも欲動の対象は、欲動を発動させる魅惑を発していることだろう。

ハンスが身近に見出しうる対象は、赤ん坊のハンナである。ハンスはそれを何と見ているか――一つには、うんこである。彼の性理論によれば、「小さなハンナ自身がうんこであること、あらゆる子供はうんこであり、うんこのように生まれるということである」。これは、部分対象としてのハンナが、うんこ同然だということだが、本当の赤ん坊はどのようなものなのか、読んで確認する必要がある。すると、ハンナについて特記されているのは、「ママがお尻をぶったら、ハンナは泣き叫ぶよ」という観察である。赤ん坊はうんこもするが、聞き分けようもなく、母親によっては叩いてしまう。その一方で時には、興奮・快という言葉がそぐわない穏やかな楽しい関わりもあることだろう。

また、ハンスではまだ、こうした経験の記述が何歳頃のとして描かれているのか明確ではない。フロイトは、「前性器的対象選択の段階」では「男性と女性の対立」が存在しないとしている。それは男性器しか知られていないという意味である。彼はハンスに関して、「ハンスは、おそらくあらゆる子供がそうであるように、同性愛的である。このことは、彼が一**種類の性器しか知らない**、自分のと同じ性器しか知らないという見逃せない事実とよく符合している」(原著強調)。この時ハンスは、4歳半だった。だが男女の解剖学的差異を去勢の脅威に結びつけるのは、落ち着いて考えられれば不思議なことである。男児は通常、去勢されてしまった成人男性を見たことはないし、見ることもないだろう。だからそれは実行されたことのない脅威であり、母親ではなくて父親を見れば、本当に去勢されることはない、という保証を得られるところである。脅威として成立するためには、男の子であろうと自分が成人女性になってしまう可能性を信じていなければならない。「男根的母親」の空想がある以上、それもまたありうることになるのだろうか。フロイトは、随所で同じ議論を行なっている。「男の子は、自分のとは異なるが同じ価値を持った別の型の性器があるということに思い至ることができず、そのため、女性も含めて人間は誰もが自分のと同じような陰茎を持っている、と想定せざるをえない」。しかしそれは、外的環境を重視するとしても、レオナルド・ダ・ヴィンチの場合のように父親が不在のときに成り立つ推論だろう。空想の中では、両性具有の女性こそ男性を去勢して我が物にしている可能性があるだろう。

D．男性の対象選択の寓話

より直接に、「男性の対象選択」を論じたのが、「男性における対象選択のある特殊な型について」(1910) である。幼年期の欲望の場面と異なり「対象選択」の場面では、対象の性質を明確にしないわけにはいかない。なぜなら、前者の場面では両親は最初から存在したので「親」とだけ言っても同定できたが、今問題なのは親に類似した対象の「選択」であり、どこがどう似ているのかについて、結果的に親側の特質を述べざるをえなくなるからである。彼は自分の作業手順を、「肛門性愛を提起した際と同様、ここでも観察素材から差し当たって極端で輪郭が鮮明な型を選び出そうとするもの」だと説明している。

「正常な性愛生活の中では、対象選択の原型が紛れもなく母親であることを窺わせる特質はごくわずかにしか名残をとどめていない。たとえば、若い男性たちが自分より成熟した女性に惹かれるのはこれに属する。リビドーが母親から離脱するのは比較的速やかに行なわれる。ところが、われわれが取り上げている型の場合、リビドーは、思春期が到来した後にも長く母親のところにとどまり、そのため、それより後に選択された愛の対象にもやはり母親の諸性格が刻み込まれていて、それら対象がいずれも、容易に分かる母親の代替物となるのだ。ここで、どうしても新生児における頭蓋形成との比較を考えざるをえない。遷延性の出産で誕生した後、小児の頭蓋は、鋳型となった母親の骨盤狭部の形を映さざるをえない」

動物行動学や発達心理学を参照できなかったフロイトは、「刷り込み」も「愛着」も知らない中で、対象選択の原型が母親であることは直観している。だがその説明は、早期に由来させているにせよ、「母親の骨盤狭部の形」と随分外的であり、男性側の特徴について述べたものである。しかし論は全体として、対象選択の一つの「型」を示すことにある。それは「娼婦愛」であり、娼婦という対象の選択である。フロイトの狙いは、「鋭く対立する関係にある」ように見える「母」と「娼婦」を対象とする選択が、同じ「親コンプレックス」に根差した派生物であるのを指摘することである。

「これまでもっぱら『大人』の専有物であったはずの性生活の中へ、その女たち〔娼婦〕に手引きされて参入できるのだと知って、男の子は、この不幸な女たちに憧憬と畏怖をないまぜにした感情だけを募らせる。やがて、自分の親は、性行為に係わる醜い常人とは違う例外だと思い続けようにも、湧きあがる疑いの念を抑えられなくなると、母さんも娼婦も結局、同じことをやっているのだから、両者の違いなどそんなに大きくはない、と皮肉な正確さで自分に言い聞かせる〔sich sagen; SE は tell himself〕。〔……〕男の子は、新たに得られた意味においても母親を欲し始め、父親をこの欲望に立ちふさがる恋敵として改めて憎悪し始める。われわれの言い方をすれば、男の子は**エディ**

プス・コンプレックスの支配下に入る」（引用者強調）。

初めて論文の中で「エディプス・コンプレックス」という用語が登場する箇所なので、引用では強調している。しかしこの叙述の中で読み方によっては際立ってくるのは、「男の子」という登場人物である。それは症例つまり実際の一例ではないし、男の子一般の平均像として得られたものでもない。実際には、フロイトが直接経験した自分と息子を含む数名と、大人の患者からの再構築、そして論文・さまざまな書物からの理解を合成したものだろう。かつ、それは主体としての経験の再現であり、内側からの再構築である。その中で、「自分に言い聞かせる」とは、何のことだろうか。フロイト自身にそうした記憶があったとは、誰も確認していないし、おそらくそうではないだろう。また、他の誰かが現にそう思ったことを実証のよすがにしてもいないだろう。では単にフロイトの空想かと言うと、全く恣意的なものではなくて、動機の次元での整合性を求めた際にありうる心的過程の一つとして顛末を解き明かしている点で、**寓話的**と呼んでよいようなものだろう。神話と言うほど神々しくない、どの男の子にもあるお話、という意味でも、小さなエディプスである。「母さんも娼婦も結局、同じことをやっているのだから、両者の違いなどそんなに大きくはない、と皮肉な正確さで自分に言い聞かせる」。しかしよく考えてみると、本当にこんなことを思うかどうかやはり疑わしいという点は措いておいても、これは実際には付け足しである。と言うのも、自分に言い聞かせても聞かせなくても、そのことを理由や動機にして思うようになるわけではなく、対象選択の強制力のために思うものは思うからである。逆に、否定したいという動機が働くと、この寓話には若干の綾が入る。しかしいずれにせよどこかの時点で、自己認識が欲動に追い付いて、そういうものだと言い聞かせる場面が現れることになる。ここにはそのような、**自分に言い聞かせるという寓話の隠れた構造**が露呈しているのではないのだろうか。

このような形式についての指摘は、見掛けほど新奇なものではない。エス（欲動）を自我（自己認識）が理解するという基本構図は、一貫して維持されている。問題は、その理解が何処からもたらされるのかである。メラニー・クラインの語りは、観察記録でさえ、それについての考えを述べ始めると、巫女に神託が下りてきたかのように、或る種の普遍の相を立ち現われさせる。他方、独自のシェーマを存続させるには新たな図示を提起し続けなければならないかもしれない。それが恣意的なものに過ぎないのか、効力があってもほとんどその場限りのことなのか、それとも「運命」に近い強制力を持つのかは、この形式からのみで決まることではないだろう。そうした由来への問いは、答えとして出されるものが実際には別の寓話であるならば、振り出しに戻らざるをえない。

エディプス・コンプレックスは、更にその後、一方では『トーテムとタブー』(1913)において、フロイトが当時の諸科学の膨大な文献を渉猟しつつ思惟を重ねた果てに、宗教・倫理・社会・藝術とあらゆるものの根幹に存在するものとして見出される。もう一方では精神-性発達理論の精緻化を通じて、心的体制/組織(organization)が編制されて欲動と心的装置が結び付けられていく中で、超自我を形成する契機として中心的な役割を果たすようになっていく。だが、そろそろハンス症例に戻るとしよう。

3 ハンスの〈現場〉

A. フロイトとともに、フロイトに反して

多くの評者は、ハンス少年の症例報告について肯定的に受けとめて来た。メルツァーは、「この論文は、あらゆる精神分析の文献の中でも最も楽しいものであろう」[31]と書いている。これは1964、5年の頃の彼の論評だが、確かに、ハンスの素朴な、「大きくなって、大きな素晴らしいペニスを手に入れ、美しい母親と結婚したいという、

父親を称賛する」様子は、読者に「賛成の微笑みや勇気づけたくなる共感」を生み出す。それは、クラインの描く病理が重くて毒々しい女児たちとは大きく異なっている。実際に、ハンスはその後、世界的なオペラ監督として半世紀以上にわたって活躍した。ハンスは「結局、根深く病気の子供ではなかった」[30]。一方エルナは、成人になってからも対人関係で行き詰まり、自殺を遂げている。ハンスの治療の一定の成功は、長らく問題にはならなかった。しかし同じクライン派ながらヒンシェルウッド[22]は、1989年に異なる読み方を提示している。

今この治療報告を振り返って読むと、すぐに目につく不可解な点はある。それは父親が治療者を兼ねていたり、親子の会話を詳しく記録してあったりしたところではなくて、ハンスの発症そのものである。ハンスの両親はフロイトの「最も身近な支持者」であり、子供に強制を用いないようにしていたと書かれている。その結果、「その子供は快活で気立てがよく、利発な男の子に育ったので、怯えさせずに成長させ、自分を表現するよう仕向けるという試みは、うまく進んでいた」。では、どうして恐怖症を発症するのだろうか。

もちろん親の養育態度は、神経症と関係があるとは限らない。フロイトはハンスについて、彼が3歳になる前に「子供の性教育にむけて」(1907)という公開書簡で、当初「ヘルベルト(Herbert)少年」と実名で報告していた。フロイトの注目は、当初からハンスの性的関心と活動にあった。ハンスの発症は予想していなかったことだろう。また、1909年5月12日の水曜会記録では、フロイトはハンス両親の養育に関して「それほど多くの失敗はなされていないし、起きた失敗は神経症と深い関係はない。少年はただ、トイレまで母親に付いて行くことだけは許されるべきでなかった。その他については、神経症は本質的に体質の問題である」とした。

ところでフロイトは、その後もハンス症例に何度か言及している。『素人分析の問題』(1926)では、こう書いた。「二十年ほど昔に初めて実験的に子供の精神分析を行ないましたが、その最初の子供はその後、健康かつ有能な若者となり、重度の心的外傷にもかかわらず思春期を申し分なくやり過ごすことができました」。

ハンスは、健康かつ有能な若者になった——そのことは、「ハンス少年分析後日談」(1922)で晴れやかに述べられている。では、「重度の心的外傷にもかかわらず」とは、何のことなのだろうか。1926年論文の少し後でフロイトは、「自我がまだ弱かったために外傷的な作用を受けやすい時期に起きた出来事」として、「成人同士の性的な営みの目撃」や「成人や他の幼児との性経験」を挙げた。「誘惑説」以後のフロイトが「外傷」で指しているものの分かり難さは、これらの例を併記しているところにも表れている。というのは、前者は誰でも経験しうる、エディプス・コンプレックスを構成するとフロイトが考える普遍的な出来事であるのに対して、後者は、彼が元々指摘した狭い意味での外傷的性経験を指すように思われるからである。しかし後者にしても、当初は「誘惑」と形容していたのであり、彼が「重度の心的外傷」によって、ハンスの場合に何を思っていたのかは明言されていない。養育はともかく、ハンスにとって人物としての二人の対象がどのような存在なのかを調べた上で考えよう。

恐怖症が発展する数日前にハンスは、「ママがどこかに行ってしまう」という不安夢を見ている。父親は当初、「ハンスはどこかで露出症者を目撃したのでしょうか。それともすべては母親にだけ結びついているのでしょうか」と自問した。「露出症者」のことが持ち出されるのは、ハンスの恐れが、馬の「大きなペニスに驚愕したこと」に関係があるかもしれないと父親が思ったからである。また、母親に結びつける理由は、ハンスが「ママはこんなに大きいのだから馬のようなおちんちんを持っているはずだと推論を下していた」ことである。だがこの「推論」は間接的で、恐怖の直接性にそぐわない。続く母親に纏わるエピソードは、今日ならば分離不安と言ってよい内容である。フロイトも、「不安夢の内容は、母親を失って、もう甘えることができなくなるのではないかというものである。母親への情愛はしたがって途方もなく高まっていたに違いない」と認める。しかし「憧憬」ならば、夏のときのように母親の傍に行くことで満足が得られるはずで、恐怖が続くことはない。もっと直接に、「馬は単にママの代替物であると考えること」では「ハンスが夕方、馬が部屋に入ってくるという恐れを口にした」ことが意味をなさないし、マスターベーションは不安の説明にならない。同じく、フロイトは母親に過度の情愛と拒絶があったことを否定しないが、母親は「善良で確かによく気遣っている」と援護する。

不安の内容が不明確なのは、子供の表現力の限界ばかりでなく、不安の強さに関係しているだろう。フロイトは後で、「これは真の処罰夢、抑圧夢であり、この子供が不安で眠りから覚めていることから分かるように、夢の機能も破綻をきたしている」と論評した。フロイトが外傷神経症についての臨床的な議論を行なう以前に、「夢の機能の破綻」について触れていたことは、注目に値する。注意して読むと、「快原理の彼岸」は、初めてではなく再度そのことを述べている。「……ところが、災害神経症患者の上述の夢となると、もはや欲望成就の観点には収まらないし、また、精神分析の途上で登場し、幼年期の心的外傷の想い出を再び持ち出す夢も同様である。それらの夢はむしろ反復強迫に従っている」。

だが、その後ハンスから消え失せた恐怖症状と彼の活動力を見れば明らかに、「破綻」は一時的で限局的である。かつ、名付けられない恐怖は馬へと集約され、最終的に克服されている。その後の用語で言うならば、恐怖の包容は一時期失われても、回復されている。こうした過程が主に関わるのはエディプス・コンプレックスなのだろうか。だとしても、それはどのようにだろうか。

B. ヒンシェルウッドの here & now 解釈とその問い

ハンス症例についての多くの議論は馬を主とする象徴内容の解釈を巡ったものだが、先に触れたようにヒンシェルウッドは、関係の背後に推移する無意識的空想を読み取る論考を発表している。彼は四つの場面を選んだが、主に二箇所を読み直そう。

最初の場面は、フロイト教授のところに行く直前の日に見たキリンの夢について、ハンスと父親の会話である。ハンスは夜中に両親の寝室に行きベッドで寝入り、自分の部屋に移されていた。

ハンス「夜、部屋の中に大きなキリンとくしゃくしゃのキリンがいて、ぼくがくしゃくしゃのを取り上げたので、大きい方が叫び声を上げたの。それから大きいキリンが叫ぶのをやめて、それからぼくはくしゃくしゃのキリンの上に跨ったの」

私（面食らって）「何？　くしゃくしゃのキリンだって？　どんなふうだった？」

ハンス「うん」（紙切れをすばやく取ってきてくしゃくしゃに丸め、私に言いました）。「こんなふうにくしゃくしゃだった」

私「でおまえ、くしゃくしゃのキリンに跨ったんだね。どんなふうに？」

〔父親はハンスを問い質していく〕

私「くしゃくしゃのキリンとはどういう意味だい？　キリンを紙切れみたいに丸めることができないということは、おまえもわかっているだろう」。

ハンス「うん、分かっているよ。そう思っただけなんだ。実際、えーとこの世にはないよ。くしゃくしゃのキリンは床に横たわっていて、ぼくは取りあげて、手で掴んだんだ」

私「何だって、キリンのような大きなものを手で掴むことができるか？」

ハンス「くしゃくしゃのキリンをぼく、手で掴んだんだよ」

私「その間、大きいキリンはどこにいたんだい？」

ハンス「大きいのはね、ずっと離れて立っていたよ」

私「おまえ、くしゃくしゃのキリンに何をしたんだい？」

ハンス「ちょっとの間、大きいキリンが叫ぶのをやめるまで手の中に持っていて、叫ぶのをやめたので、くしゃくしゃのキリンの上に跨がったんだよ」

私「どうして大きいキリンは叫んだんだ？」

ハンス「ぼくが小さいキリンを取り上げたからだよ」（私がすべて記録しているのに気づいて（bemerken；re-

mark)、「どうしてパパは書き留めているの？」と尋ねました)。
私「『ばかげたこと』をおまえから取り去ってくれる教授に送るためだよ」
ハンス「ああ、だったらママがシュミーズを脱いだということもパパは書き留めていて、それも教授に送るんだね」
私「そう、だけど教授は、キリンをくしゃくしゃにできるとどうして思っているのか、理解できないよ」

ヒンシェルウッドはこのやり取りについて、ハンスが生き生きとした空想を生み出しているのに対して父親は理解できないでいること、それにハンスが困っていることを指摘した。もう一つ彼が注目するのは、父親の記録に対するハンスの反応である。父親は、フロイトの指導の元にハンスを啓蒙しようとしており、その良き意図が伝わると思っている。しかしヒンシェルウッドはそれに対して、ハンスは父親の記録作業に報復感情を持っていると解釈する。その根拠は、ハンスが紙をくしゃくしゃにして跨ってみせたことである。紙はまさに父親の記録用紙だろうか。追加の証拠は、ハンスが母親の裸に言及していることである。「ハンスは**悲しげに**、彼の曝されている感じをまた口にした」(Hinshelwood, 1989, 強調は引用者、以下同様)。父親による教授への報告も、この感覚に寄与しているのだろう。ヒンシェルウッドは、この日の会話記録の末尾を引用して、補強証拠としている（「実際妻は、ハンスがキリンの話を話すまで、午前中ずっと尋問していました」。

ヒンシェルウッドによるhere & nowの読解は、父親と息子の隠れた関係を浮き彫りにしようとしている。彼は続いて、「錐と浴槽」の空想（4月11日）を取り上げる。父親がそれを両親の寝室での出来事として翻訳したのに対して、ヒンシェルウッドは、父親の「しつこく侵入的な質問」こそ錐であると解釈する。彼は更に駅の場面の素材の中に、継時的な彼らの交流すなわち反応に対する反応の継起を読んで、電車（train）に乗り遅れる父親の理解がハンスの思路（train of thoughts）に付いて行っていないことを指摘する。また、ママの中からナイフが出てくるという人形遊び（4月22日）も、両親の暴力的な性交とともに、「父親のメスを入れるような質問をめぐるハンスの経験」を表わしているだろう。
これらの詳細は略して、ヒンシェルウッドが**「最終的な敗北」**と命名する場面に向かおう。彼から見ると、父親もフロイトもハンスの内的世界を認めずに、その表現を単に外的世界と折り合う努力として受け取るので、ハンスは**絶望し始めている**。彼が「自分の子供たちの話」をしても、父親の無理解はますます露呈してしまう。

4月26日、こうしてわたしは彼に、いつも自分の子供たちの話をするのはどうしてか尋ねました。
ハンス「どうしてって？　**だってぼくとても子供たちをもちたいからだよ、でもぼくそう願ってるんじゃないんだ、ぼく子供たちをもちたくないんだ**」〔原文強調〕
私「ベルタ、オルガなど、いつも自分の子供だって思い浮かべていたのかい？」
ハンス「うん、フランツル、フリッツル、それにパウル（ラインツの遊び仲間です）も。それにローディ」ローディーは仮想上の名前です。彼が一番良く話に出すお気に入りの子供です。〔父親は、詳しく聞いたうえで、作り話だと判断する〕
私が詳しく知ろうとすると、これが作り話であることが明らかになりました。
私「するとおまえ、自分がママだと考えたのだな？」
ハンス「ぼく実際にママでもあったよ」

ハンスは、「とても子供たちを持ちたい」とも「子供たちを持ちたくないんだ」とも言う。ヒンシェルウッドは、ここでのハンスの悩みも、父親が彼にとってはリアリティのある存在、つまり彼の内的対象である「子供たち」を認めないからだ、と指摘する。父親はハンスの世界を圧倒し、最終的には自分の世界を押しつけてしまう。数日後のハンスの空想はその確認であり、父親への彼の賛成は、迎合と服従の印である。

5月2日、朝ハンスがやってきました。「パパ、ぼく考えたことがあるの」。最初彼は忘れていましたが、あとでかなりの抵抗を示しながら話しました。「**配管屋さんがやってきて、ペンチでまずぼくのおしりを取り外して、それからぼくに別のをくれて、次におちんちんだったの**〔原文傍点〕。配管屋さんがおしりをお見せって言ったので、ぼくは後ろを向かなくっちゃならなかったの、そしておしりを取り外して、それからおちんちんをお見せって言ったの」

私「配管屋さんはおまえにより大きいおちんちんとより大きいおしりをくれたんだろう」

ハンス「うん」

私「パパが持っているようなのだろう、おまえパパになりたいものだから？」

ハンス「うん、パパみたいにそんな口髭も持ちたいし、そんな毛も」

ただ、この前日5月1日には、ハンスは「思い切って市立公園まで」出掛けている。父親が「明日、予定通りに私とまた市立公園まで行けば、病気は治ったものと見なしてよいかと思われます」と書いた日であり、5月2日のこのやり取りは、その明日の朝のことである。つまり彼はこの後、本格的な回復を示したのであり、これは喜びのうちの会話ではなかったのだろうか。ヒンシェルウッドはそれをこう解釈する。「不幸にして症状の除去は、侵入と曝すことの転移問題が解消したことを示してはいなかった。実際には反対である。それは彼〔ハンス〕の、運命への悲しい諦めのようだ」。

このように、ヒンシェルウッドは here & now での理解を徹底するに際して、つねに父親の言動を参照し、悲劇的に解釈した。それは詳細で網羅的ではあるが、どこか雰囲気と合わず、不自然なところも感じられる。すべてを侵入と占領と見做して、それも父親に結びつけるべきなのだろうか。

ハンスの身近には、もう一人大人がいた。その人物とは関係ないのだろうか。ハンスはこうも言った。「**ぼく実際にママでもあったよ**」。

C．もう一つの読解

ハンスは1906年夏、つまり妹ハンナが生まれた1906年10月の2、3ヶ月前に、グムンデンで家主の子供たちと遊んだことが記録されている。彼はこの時には、おそらくママの妊娠に気づいていたことだろう。ハンナの誕生後2ヶ月ほどして、ハンスは空想の中で「ベルタ、オルガ、フリッツルといった子供たちと遊び、あたかも彼らが目の前にいるかのように」話をして楽しんだ。彼は、ベルタとオルガのことを「自分の子供」と呼んだ。彼は、妹を生んだ母親と同じようなことをしようとしている。オルガは母親の実名でもあるから、これは単に同一化と言うより、母子の関係性の逆転でもありうる。

ハンスがママでもあるとすると、これはどういう意味だろう――**「ぼくとても子供たちをもちたいからだよ、でもぼくそう願ってるんじゃないんだ、ぼく子供たちをもちたくないんだ」**。前は無邪気に「自分の子供たち」と遊んでいたハンスは、躊躇を表明している。詳しく言えば、ハンスがこう述べたのは妹が生まれて2、3ヶ月のことではなく、一年数ヶ月が経ったときのことである。この1年半に、ハンスの無邪気な気持ちは変わってしまった。それは、子供、特にハンナに対するママの様子を見て来たからだろう。この両価感情は、ママのものだったのだろうか。つまり――**ママはとても子供たちをもちたいからだよ、でもママはそう願ってるんじゃないんだ、ママは子供たちをもちたくないんだ。**

これまでにもママは、「そんなことしていると、A先生に来てもらっておちんちんをちょん切ってもらいますよ」とハンスを脅したり、彼におちんちんを持っているか聞かれて、「もちろんよ。知らなかったの？」と応答したり（少なくとも二度目の返事だから、これは妥当な答えだ）、あるいは、彼が「悲しい気分にあるとき」には「ママのベッドに入れてもらったり」といった言動から、欲望の対象や誘惑者として論じられてきた。記録も解釈も、それを軸としてきたからである。しかし、「ぼく実際にママでもあったよ」――ハンスはハンスであるとともに、ママとしても振る舞ったことがあると言う。この観点から、ヒンシェルウッドが取り上げた最初の場面を見直してみよう。

ハンス「夜、部屋の中に大きなキリンとくしゃくしゃのキリンがいて、ぼくがくしゃくしゃのを取り上げたので、大きい方が叫び声を上げたの。それから大きいキリンが叫ぶのをやめて、それからぼくはくしゃくしゃのキリンの上に跨ったの」

私（面食らって）「何？　くしゃくしゃのキリンだって？　どんなふうだった？」

ハンス「うん」（紙切れをすばやく取ってきてくしゃくしゃに丸め、私に言いました）。「こんなふうにくしゃくしゃだった」

私「でおまえ、くしゃくしゃのキリンに跨ったんだね。どんなふうに？」

［父親はハンスを問い質していく］

私「くしゃくしゃのキリンとはどういう意味だい？　キリンを紙切れみたいに丸めることができないということは、おまえもわかっているだろう」

ハンス「うん、分かっているよ。そう思っただけなんだ。実際、えーとこの世にはないよ。くしゃくしゃのキリンは床に横たわっていて、ぼくは取りあげて、手で掴んだんだ」

私「何だって、キリンのような大きなものを手で掴むことができるか？」

父親は「くしゃくしゃのキリン」の意味が分からないで、キリンは紙切れのように丸められるものではないし、手で掴むこともできない、と当惑している。そして出した答えは、「大きなキリンはわたしであり、ないしは大きなペニス（長い首）、くしゃくしゃのキリンは妻であり、ないしは彼女の性器です。したがってこれは［女性にペニスがないという」啓蒙の結果ということになります」。しかしこの答えにしても、キリンが父親でも妻でも彼らの性器でもあるはずはなく、丸められる以上に変で、彼が理解するところのエディプス・コンプレックスに即している、ということ以外に有力な点は見当たらない。この線で行くのなら、もっとサイズを合わせれば、より自然になるだろう。ぼくハンスに「取り上げる」ことができるくらいの「くしゃくしゃ」とは、赤ん坊のハンナだろう。その側にいた「大きなキリン」は、ならば母親である。ハンスが赤ん坊をいじめたから、母親キリンが叫び声を上げたのだろうか。そうかもしれない。赤ん坊が「くしゃくしゃ」なのは、彼の攻撃性による変形だとも解釈されるだろう。では、「ママでもあった」としたら。ママは、叫び声を上げて赤ん坊に跨る母親で、赤ん坊はくしゃくしゃのキリンのように床に横たわっているのだろうか。（ちなみに、ハンスの母親は朝早く来たハンスをすぐにベッドに入れるので、夫に「ハンスを引き寄せてはいけない」と注意を受けるが、「そんなことはばかげているわ」とか「一分くらいどうっていうことないじゃない」と言い返している。「ばかげている」とは、ハンスが自分の恐怖症を呼ぶ仕方と同じに見える。しかしそれは翻訳上のことで、SEの訳ではどちらも〝nonsense〟となるが、原語は〝Dummheit〟（ハンス）、〝Unsinn〟（母親）である）。

ここで「赤ん坊は**ぐったりと**床に横たわっている」とでも付け加えたなら、解釈は特定の方向に大きな一歩を踏み出すだろう。しかしそれでは、データの捏造になりかねない。支持するかもしれない素材は限られていて、明瞭ではない。「ママがハンナをお風呂に入れていて、おまえがその傍にいたとき、ママが手を放してハンナが中に落っこちればいいのにと思ったんじゃないの？」は、そもそも父親の推測だし——何を元にしてなぜそんな推測をするのか、という疑問はあるが——、「ママがお尻をぶったら、ハンナは泣き叫ぶよ」というハンスの言葉も、頻度や程度を明らかにはしない。乳児観察でも、観察者に不安を感じさせる母親の振る舞いがあっても、それは直ちに予後を告げるものではない。

ただ、母親との関係をこのような形で導入すると、父親との関係の理解も必然的に変わるだろう。ハンスが「ぼくパパのものでしょ」と言うとき、すべてが迎合で服従というより、ママだけのものではない、という彼の切実な願望を含んでいないのだろうか。しかしその一方で、配管屋さんがおしりやおちんちんを外したり、別のものを取り付けたり、と何か機械的なことが起きている。この点に関連して、ラカン(25)に興味深い議論がある。彼の独特の概念枠は、単純に比較しても意味をなさないが、彼はハンスがペニスを受け取った跡がないことを指摘している。

D．ラカンの『対象関係』について

ラカンは1956年／1957年のセミナー『対象関係』で、ハンス少年の経過を詳細に分析した。セミナーの論旨を辿ることは、ラカンシステムとも言える理論的な構築を提示する論文と較べれば難しくはない。しかしそのためでも、「想像界」「象徴界」「現実界」という彼のパラダイムや、意味素を抽出する神話の構造分析のようにシニフィアンの機能を分析する方法に従っていく必要がある。それらは独特の連鎖を形成しており、長年の探究にはその都度新たな表記法を含む問題提起と鋭い指摘が含まれている。逆に、その展開を踏まえずに、同じ問題について別の考え方で行なおうとしても、それは困難である。

『対象関係』のセミナーでも、提示される大枠には他の学派では取り上げ方が不十分な主題への、興味深い論考を含んでいる。全体を「象徴化」論として見れば、恐怖症の背景に「黒いもの」が示唆するような母親に呑み込まれる恐れがあること、恐怖症症状は母子を分離させる介在物として世界を構造化させるが、母親の欲望に従う想像的なものに留まっていることなどの指摘は、クライン派にとっても馴染みやすく、当時の自我心理学には乏しかった議論である。

ただ、ラカンの理論に沿って考え続けようとすると、理解し難い点が現れてくる。大きな問題は、彼がマテームと呼ぶことになる図式・記号・式の類である。それが「ゴム製論理」だとしても、アルファベットを使って描いた内容を説明するのに、通常の言語記述と同じものをつねに要するのなら、どこまで意味があるのだろうか。「これらの定式はみなさんにはこじつけに見えるかもしれませんが、そう考えないで、まずは使うことから始めてください。そうすれば、どれほど役に立つかお分かりになるでしょう」。実際にはそれは、ラカンが言って聞かせることを行なっている、寓話のように思われる。ここでは、ラカンのハンス論に秀逸な指摘が含まれていることに留意するにとどめて、現代の批判へと移ろう。

4 現場検証

A. 実証的な資料の開示

2004年、フロイトによるハンス理解に関わる新たな情報が開示された。フロイト・アーカイヴが、K・アイスラーによる症例関係者へのインタビューの公開制限を解除したのだった(ハンスの父親マックスへのインタビューは1952年に、ハンス＝ハーバートへは1959年、その最初の妻リゼ(Lise)へは1960年に行なわれていた)。この50年の間に、精神分析の在りようは内的にも外的にも大きく変わった。つまり、理論と実践の形態は多様化しており、治療法としての地位も相対化して、精神疾患への適用は極めて限定的となった。個別症例の一つとしてのハンス理解ばかりでなく、エディプス・コンプレックスという概念の位置づけ自体も多様化している。制限解除されたインタビュー内容は、フロイトの記述から推測・想定しうることを覆すものではなく、むしろそれらの確認を超えて、現在の学説を補強する材料にされつつある。それでも、フロイトの記録からはハンスの言動にある一種のユーモアを通して窺われるのに比して、事実は数奇にさえ感じられるだろう。

B．開示前

ハンスすなわちハーバート〔ヘルベルトの英語読み〕・グラーフは、若い頃から音楽の世界に身を投じ、オペラ制作に関わり続けた。世界的に活躍した半世紀を振り返って、オペラ雑誌でインタビューを受けている[18]。そこにもフロイトへの言及はあるが、「デスクの向こうのフロイトは、学校で見たことがある、髭を蓄えた偉大なギリシア哲学者たちの胸像のように見えた」という一節があるのみである。つまるところ彼は、子供時代以外には精神分析との積極的な関わりを持っていなかったかのように見える。

それに対して父親のマックス・グラーフ[20]は、フロイトの会合に定期的に参加し、ハンス観察資料の提供に積極的に関わっていたことが従来から知られていた。1942年には、フロイトが1905、6年に書いてマックスに渡したままになっていた「舞台上の精神病質的人物」が初めて公刊される際に、彼は若干の打ち明け話と賛辞を書いている。

それによればマックスは20代後半に、後の妻オルガつまりハンスの母親を通じてフロイトを知り、『夢解釈』出版の頃に初めて彼に会った。彼女はフロイトの治療を受けていた。「この女性は、フロイトとの面接の後、質問と答えによる注目すべき治療について私に知らせるのだった」。マックスは、オルガという女性の名前にも彼女が治療を必要とした理由にも触れずに、自分がいかにフロイトの着想に魅かれて彼のサークルに入ったかを書き、毎週水曜夜の集まりの様子を活写している。また、フロイトは彼に、週に一人は無料で見ている、と言ったらしい。「ある娘が分析で語ることを、その母親は嫌がり『もうお金は払わない』と言われたので来られないとフロイトに伝えたら、無料でいいと言われた」。無料で行なった面接の頻度までは明らかではない。

その頃の主要メンバーはアドラーとシュテーケルで、他の医師あるいは彼自身のような周辺の文化的な関心からのメンバーは、ユング・フェレンツィがサークルに加わると、見劣りし始める。マックスはアドラーとともに去ることになったので、フロイト理論の要約はその辺の頃までについてしか述べていない。フロイトとの決裂事情に関しては、彼はフロイトに従うか従わないのかを迫られて、サークルから身を引くしかなかった、という程度にぼかしている。ローズ（Rose, L.）[37][38]によれば、彼1910年頃より協会の活動から徐々に退き、1913年には出席しなくなった。1913年から1914年の会員名簿では、名前に斜線が引かれている。

この回想には、フロイトはハンスが生まれる前から知っていて、彼が3歳の時には揺り木馬を担いで上がってプレゼントしたという記述がある。これは論文に記録された通り、フロイトがハンスに会ったときに語ったことを裏付けている。だがプレゼントの意図が不明だったために、後の混乱した憶測の元ともなった。なかには、この木馬がハンスの恐怖症の病因だとする議論さえ現れた。但し、この1942年の時点ではマックスがハンス少年の父親であることは公になっていなかった。

マックスとハンスに関わる次の大きな情報源は、オットー・ランクが記録したこの水曜会の会議録[33]〜[36]（Minutes of the Vienna Psychoanalytic Society）だろう。フロイトは1906年から1918年に掛けての記録を、1938年にロンドンに亡命した際、パウル・フェダーンに託した。彼はアメリカで公刊しようとしたが、財政難で一部しか実行できなかった。その遺志は引き継がれ、1951年から編集作業が行なわれ、第1巻[33]（1906年から1908年分）の英訳は1962年に、最終第4巻[36]（1912年から1918年分）は1975年に出版された。マックス・グラーフは、そこかしこで登場しており、1907年12月11日には、「詩人の創造性」について定例会で発表している。彼は、精神分析的な技法があってもフロイトの感性を抜きにしては、創造性の謎を解くことにはつながらないと指摘している。また、彼は1909年にフロイトから「モーツアルトとドンファンの関係」という主題で試論を書くように求められた（実行していない）。1910年には創造性の心理学についての本を、そして

1911年にはワーグナーについての精神分析的小冊子を出版した。

ハンスを巡る子供の性理論および啓蒙については、重複になるので割愛する。また、1909年5月12日にフロイトがハンスについて、「少年はただ、トイレまで母親に付いて行くことだけは許されるべきでなかった。その他については、神経症は本質的に体質の問題である」と述べたことは、既に紹介したとおりである。1908年4月8日には、奇妙なことが書かれている。そのときグラーフは、名づけの決定法の例を報告した。「彼の息子の名前はヘルベルト（Herbert）で娘はハンナである。学生の頃彼は、ヘドウィヒ（Hedwig）という名の従妹に夢中になった。そして彼の子供の名前のイニシャルはどちらもHであり、それは彼が学生の時に、とりわけ美しい書体に誇りを持ちつつ、至るところに書いた文字だった（彼は息子に、ハリーやハンスという名前を付けることも考えた）」。それから彼は、彼自身に関わるテレパシー的な二つの出来事について詳しく述べている。「結婚してからある日のこと、彼が昔の恋人つまり従妹のことを非常に強く思って、彼女を通りで見かけたと何度か信じた。後に彼の母親は彼に、その日トリエステからの彼の従妹は、実際にウィーンに来ていたと話した。第二の出来事は、彼の現在の妻との関係で起こった。ある日、彼らがまだ婚約中の時、彼は突然彼女との婚約を破棄した。そして4週間の間、互いにやりとりをしなかった。その4週の終わりに、彼は賑やかなパーティーにいるとき、突然妻への思慕に襲われて彼女に書いた。翌日、彼は彼女からの手紙を受け取った。彼らは、入れ違いで手紙を書いたのだった」。ここには暗合が記されており、結局二人は結ばれた、ということに強調があるようだが、読んで目立つのは、ハンスの父親となるマックスの、前の恋人への執着と、妻との結婚への躊躇である。フロイトの「ハンス少年後日談」（1922）から、彼らは二人の子を得たが離婚したことが知られている。その芽は、結婚前からあったのだろうか。そのような点は、開示前には不明だった。

C．2004年の公開制限解除

関係者たちへのインタビューは、会議録の出版の用意が進む間に行なわれていた。ハンス症例の明るいイメージは、フロイトの発表から数えれば百年間、アイスラーのインタビューからでも50年間、ほぼ保たれてきた。逆に言えばそのイメージは、伏せられていなければもっと早く変わっていたかもしれない。しかしながら、2004年にフロイト・アーカイブがグラーフ家の人たちとのインタビュー録音の翻訳・公的使用を許可するようになったとはいえ、原文全文を直ちに手にできるわけではない。現状では、各種の紹介論文の引用と解説からその全貌を窺うしかない。2006年には、ハンス症例を特集したカンファランスがアメリカで行なわれ、それは2007年にアメリカ精神分析学会（APA）の雑誌に掲載された。もう一つの自我心理学系雑誌『子供の精神分析的研究』（*The Psychoanalytic Study of the Child*）でも2007年に特集を組んでいる。この2冊だけで、アーカイヴ管理人のハロルド・ブラムによるものを筆頭に20本以上の論文がある。ブラムの論文に加えて情報量という意味で、ウェイクフィールド（Wakefield, J. C.）の論文を紹介する。[43]

マックスの回想を修正した比較的些細に見える点から言えば、なぜフロイトは3歳のハンスに馬の揺り椅子をプレゼントしたのかについて、新たな仮説が提起されている。それは、この3歳という年齢がハンスの身元を隠すための偽装で、実際には5歳の遅めの誕生日プレゼントかつ恐怖症克服強化因子として、治療終了後に贈られたとするものである。単純に父親の記憶違いであったとしてもおかしくはないが、プレゼントが治療の前はでなくて後と考えるのは自然である。

また、ウェイクフィールドは無料治療に関して、それが後の妻オルガ自身のことではないか、と推測している。その延長として、息子ハンスの詳細な観察記録を提供したのは感謝の意味もあったのではないか、と言う。そうした背景の可能性はあるかもしれない。だが、それはフロイトの死後も伏せておかなければならないことなのかは疑問であり、別の説明を要するだろう。フロイト側の動機として著者はオルガの美しさを挙げるが、想像の域を出ていない。

同論文はマックスの人柄についても紹介している。彼はインタビューで自分のことを、「何事にも良いものを見つけるのが私の性質です」と述べたらしい。これは、彼がポジティヴな物の見方をすると言っているように聞こえるが、実際には否認の可能性もある。息子つまりハンス＝ハーバートの方はインタビューで、「父親との本当の接触は、今日までなかった」とか「症例として公表されることを自分は賛成しなかっただろう」と言っている。父親にしてみれば、子供が出来る前に離婚を考え、結婚した以上は18年半留まり、離婚が子どもの発達を妨げないようにしたと言う。息子が「両親の離婚は、僕たち家族の破壊だった」と受け取っていたことには、注意を向けていないようである。否認美化が疑われるのはこの一例に限らない。マックスの再婚相手が比較的若くして亡くなったとき、一人残された父親のことが不安だったハンスは、様子を見に行って、後妻の死を「彼女の死に方は、美しかった、素晴らしかった……」という調子で述べたので唖然としたという。その後、マックスは再々婚している。

マックスがフロイトの分析サークルを去ったのも、本人が手短に、アドラーとフロイトの間の論争に挟まれて動けなかったと書いた以上の事情が認められている。彼はフロイトを自宅に招いては討議し、積極的に両者の意見を仲立ちしようとしていた。その動機は、マックスの妻オルガが、フロイトのせいで自分の人生は駄目になったとすっかり反フロイトになってアドラーと親しくしていたので、マックスは夫婦関係を保つためにも、更にもっと折り合うためにも、彼らの関係に働きかけたかったのだろう、と推測されている。

D．グラーフ家とフロイト

こうして、さまざまな出来事の中核にはグラーフ夫婦の問題があるようであり、それはどのような関係だったのか、オルガはどういう人だったのかに、改めて関心が向くだろう。

ハンス＝ハーバート・グラーフ：1904年4月10日生-1973年4月5日没

父マックス・グラーフ：1873年10月1日生-1958年6月24日没

母オルガ・ヘーニッヒ：正確な生没年は不明だが、マックスの4歳下である。

ハンスの母親オルガ（Olga）については、詳細な記載が見当たらない。それでもこの制限解除をきっかけとして、**ハンスの母親は、実は『フリースへの手紙』**(28)**にも登場していた**ことが明らかになった。それは、1897年6月22日付フリース宛書簡131の中である。「僕は夏でもなお新しい症例を二つ引き受けなければなりませんでしたが、二つともかなりうまく行っています。最後の症例はほとんど純粋な強迫観念を持った19歳の少女です。ところで、強迫観念は僕の思弁によれば比較的高い心的年齢に遡り、したがって、最初から、子供が年長になればなるほど子供を一層大事にする父親ではなく、少し年長の同胞を指し示します。その同胞に対して子どもは最初に小さな女にならなければならないのです。さて、神はこの症例においては子どもが11ヶ月になる前に親を死なせるほど親切でしたが、2人の兄弟――そのうちの一人は患者より3歳上です――が銃で自殺しています。[……]」。

この女性がオルガつまりハンスの母親であると考えられるのは、マックスへのインタビューの中で妻の家族歴として、父親が彼女の小さいうちに亡くなり、兄2人は銃で自殺したと述べられているからである（彼女はアイスラーのインタビューを断ったが、その返信は残っていて公開されている）。この女性がオルガであるという絶対的な証拠はないが、それを元にフリース宛書簡から該当する患者が探されて、最もそれらしい人物が同定された。

この手紙には一般理論として、「強迫観念は……少し年長の同胞を指し示します」とある。同胞に対して「小さな女にならなければならない」とは、どういうことだろうか。この年1897年9月21日付手紙に、フロイトは有名な「自分の神経症論をもう信用しない」を書く。逆に言えば、この時期はフロイトがヒステリーの病因として「性的誘惑」を考えていた。ここではフロイトは、性的誘惑の経験が父親よりも兄との間で起こると言いたいのだろうか。だから、神様は邪なことをしうる父親を「死なせるほど親切」と書いているのだろう（この他に該当する人物がいないか、誰しも更に先のフリース宛書簡を検索するところである。しかしそれ以上にぴったりの人物は見当たらない。また、この後フロイトは自己分析に夢中になり、多くの記述はそれで占められている。そして10月15日には、「僕は母親への惚れ込みと父親への嫉妬を僕の場合にも見つけました」「聴衆の誰もがかつて萌芽的には、そして空想の中では、そのようなエディプスだったのです」と書く)。

ブラム（Blum, H.）は、オルガの兄が二人自殺していることに加えて、「一人の才能ある姉が、結婚の前に自殺企図した」と書いている。[8][9] 彼はオルガを5人兄弟の末子としているが、同胞6人の5番目とする論文もある。[39] オルガはヴァイオリニストとあり、マックスとは音楽を通じたつながりがあったかもしれない。しかし、彼女には音楽が職業として成り立つものではなかったのだろう。それより、マックスが婚約破棄をしたり、離婚を考えたりした事情を確認しよう。

二人の結婚時期は、論文によって異なる（ウェイクフィールド論文では「おそらく1901年」、ブラムは1898年に結婚、と断定している）。どの論文でも一致しているのは、マックスが結婚前にフロイトに会いに行って、この女性とは結婚できるか、彼女は結婚できるような状態にあるのか、と尋ねたことである。そればかりかインタビューには、マックスは結婚の一年後、フロイトにまた会って、相談した結果「離婚を見合わせて子どもを持つことにした」とある。マックス自身の言明を引用する。

「私の妻は、非常に面白くて、非常に知性があり、非常に美しい女性です。彼女は疑いなくヒステリー女性ですが、若かった私には判断できなかったことです。彼女は、ヒステリックな瞬間でさえ、魅力的で興味を引きました。私はこの女性と結婚する決断をする前に、フロイト教授のところに行きました……彼は私に、『彼女と結婚しなさい、楽しめるよ〔you'll have your fun 但し、元はドイツ語だろう〕』と言いました。でまあ、実際には私は楽しみませんでした。が、私が若すぎたからかもしれません。もしも私がもっと年長だったら、遊ぶことができたことでしょう。私はキャリアの始まったところで、もっと進みたかったし、才能ある人間としての野心がありました。私は既に二冊出版していました。他方彼女は、人と関わりたくなく、そういう場面でどう振る舞えばいいか分からず、落ち着かず、気分がよくないので社交場面に出ていくのを避けることになっていました。だから、美しい若い女性がいるけれども、一緒にアパートに閉じ込められるのです。それが理由の一つでした。もう一つには、彼女は突然私の書き物に嫉妬を駆り立てられ、原稿を引き裂いてしまったのです。手短に言うと、一年して、私は教授のところに行きました。そして彼に言いました、『教授、この結婚はうまく行っていません』。彼は非常に驚き、私は新たな努力をしました。私は、子供が状況を変えるかもしれない、と考えました。しかし、そういうことは起きず、それでも私はこの結婚に、子供が大きくなって、彼らの発達を妨害することなく容易に去ることができるようになるまで、18年半留まりました。もっと早く去れば良かったのではないか、という疑いを持ったのは、後になってからのことです。どうするのが良かったのか、私には分かりません。……」

つまりマックスにしてみれば、フロイトの助言がなければ彼らは結婚していなかったかもしれないし、していても子供が生まれないうちに離婚していて、その後の苦労はなかったはずだった。そうするとハンスも生まれなかったわけだが……。しかし、そこまで判断をフロイトに委ねたのは、マックス自身である。彼が恐れを抱いていた実父に対してフロイトを神のごとく信頼したことは、高くついた。更にブラムの別の論文によれば、ハンスの前に流産があり、彼が生まれてからも夫婦はフロイトに会い、もう一人子供持つことについて相談した。(8)(9) 二人は躊躇したともあるから、では誰が勧め、最終的に誰が決めたのだ、となると、フロイトが責めを負うことになる。特にオルガはフロイトに恨みを抱き、痛烈に批判した。

間接証言だが、息子ハーバートは1959年インタビュー[17]で、母親は「子供を持てば良いというフロイトの助言のせいで、結局結婚はダメになった」と文句を言い続けていた、と述べている。ハーバートの妻（おそらく最初の）も、「ハーバートの母親は神経病みで、大げさで、関わりたくない相手だった」と証言した。但し妻が知っているのは、二人が結婚してからの母親である。ハーバートが母親の病歴とフロイトによる治療を知ったのがいつなのかは、明らかではない。自分がハンスだと知った時期と、大きくずれてはいないかもしれない。インタビューでフロイトの分析は母親を助けたと思うか、と聞かれ、彼は「いや、まったく！」と答えている。ブラムの論文によれば、ハンス＝ハーバートは大人になってから分析を受けに行ったが、続けなかったとのことである。

ハーバートが自分はハンスであると発見してフロイトに会いに行った経緯は、次のように紹介されている。彼の両親は、離婚後まもなくどちらも再婚した。ハーバートは引っ越しや片付けの最中に、父親所蔵の本の中にあった症例ハンスを読んだ。すると叔母さんの珍しい名前が実名のまま出ていた（Maritschi と呼ばれていた。現在の流布版ではM叔母さんとしてしか出て来ない）ので、思い当り始めた。父親に確認して自分のことだと知ると彼は、フロイトに会いに行きたいと言った。父親は、当然だ、行くべきだよ、と送り出し、1922年、再会が果たされた。ハーバート＝ハンスはこう報告している。

「そして私はフロイト教授に連絡して、面会を申し入れました。私は彼のところに行き、彼の仕事場に入りました。彼は私を見て、もちろん、誰か分かりませんでした。私は言いました、私はハンス少年です、と。非常に感動的でした。彼は私のところに来て、抱き締め、そして、座りなさい、と言いました。それから私たちは、長い時間話し合いました。彼は私が何をしているか、何をするつもりなのか、などを尋ねて、最後に彼は、治療は良く働いたに違いないと思う、少なくとも彼の前で、私が極めて正常に話したり振る舞ったりしたから、と言いました。そして私は家に帰りました。……」

このようにして、ハンスのことは大変友好的に迎え入れたフロイトだった。一方、父親マックスも、この機会にフロイトとの再会を果たそうとした。そこで本当に起きたことは、「回想」では書かれていなかった。以下が、この物語で最も悲しいところだろう。マックスは息子に続いてフロイトに会いに行った。しかしながら……

「当時、私はフロイトに数年間会っていませんでした。それは精神分析が本当に国際的な学派となったときです。フロイトが息子をあれほど友好的に迎え入れてから、私はフロイトに接触しました、というのは、私自身息子について、彼と話したかったからです。私が彼のところに行ったとき、彼は非常に非寛容的で偏狭な態度で私に会いました。私は彼と友好的な会話を持つことができず、彼に尋ねました、『本当のことを言ってください、あなたがこんな調子なのは、何が問題ですか、あなたの私への振る舞いは変わってしまいました』。彼は言いました。『そうだ、君は分析の集まりから去ってしまった、会費を払わなかった、以来参加しなかった』。それは本当でした。会費が未納かどうかは分かりませんでしたが、そうだったかもしれません。しかし私はもう会話が昔の友好的なトーンで行なわれることはないのが分かりました。私は別れを告げ、その後は通りで時折フロイトを見掛けるのみでした。私はいつも彼に丁寧に挨拶しました、私の彼への評価は変わっていなかったからです。しかし彼は、いつも横目で、疑い深い目つきで私を見ました。もちろん彼は挨拶を返しましたが、それは他人にするときのものでした」

フロイトの態度には、ドーラの時と同じ頑なさが感じられる。このような強さがないと、理論を厳しく練り上げていくことはできないのだろうか。マックスは「回想」で、フロイトをこう形容している、「憤りに満ちて、嘆願にも断固としたモーセ」と。

家族のその後も、波乱の多いものだったようである。

赤ん坊だった妹ハンナは、父親によれば「美しく、優しくて賢い女性」で、ハンスよりも頭が良かったとされているが、当時のウィーンの女性たちと同じく高等教育が受けられなかった。[39] アメリカに移住した彼女は、二度目の結婚が破綻して、父親が彼女の夫から和解を取り持ってほしいという手紙を受け取る三日前に自殺した。おそらく30代後半のことである。これを乳幼児期の虐待と結び付けている論文もあるが、ライフイベントによって鬱病の家族因子が賦活されたと見るのが常識的だろう。マックスは、自殺した娘の葬儀に行こうとしなかった。

ハーバートの最初の妻リゼ（Lise）は、アルコール依存で薬物を乱用し、不倫関係を長期間続けていたと書かれている。「情緒的に乱れていて、物質濫用をし、長らく不倫関係を持ち、ゆっくりと、意図的な自己破壊の絶頂に達した」。彼女との関係は彼にとって母子関係の繰り返しだったことが示唆されている。彼女は、1960年にアイスラーのインタビューを受けてから多量服薬で自殺している。ハーバートは、再婚相手とは穏やかな生活を送ったようである。父親のマックスは、息子の成功を妬んで腐すようなことを書いたとされ、妻とも子供ともうまくいっていなかったが、三度目の結婚は良かったとされている。

アーカイヴ管理人のブラムは、開示が露わにしたハンス症例に関わる問題として、外傷・児童虐待・両親の不和・母子関係などの問題を挙げている。[9] ハンスは、妹の出現によって不安になっただけでなく、母親によってお守役をやらされたり、サドマゾ空想・実演を助長されたりと曝されて、恐怖症発症に至ったと理解されている。この事情は、ラカンがセミネールの『対象関係』で述べたこととも臨床的に合致する。また、彼はハンスの母親オルガについては、今で言うボーダーラインであり、母親の幼児虐待は何世代もの分析者たちによって見過ごされてきた、としている（ブラム自身は読んでいなかったのだろうか、それとも、口を噤んでいたのだろうか）。母親オルガは、ハンスを過剰に誘惑しては拒絶の脅しをしたりと、フロイトの論文中にも片鱗が窺われたことを、もっと激烈に書かれている。但し、その根拠はこれまで見て来た以上にあるのかどうかは、不明である。母親のパーソナリティ病理が何（と何）であれ、育児期の未治療の鬱病／鬱状態は、エネルギーが出たときも破壊的・陰性に向くので、本人も周辺も苛烈な状況に置かれる。ブラムは、キリン（Giraffe）がグラーフ（Graf）に近いことを取り上げて、そこに夫婦の口論や妹の苦境が映し出されていると解釈している。それに付け加えるとすれば、「くしゃくしゃのキリン」（Giraffe）とはクシャクシャにされたグラーフ氏でもあれば、馬とは時に叫び声を上げ怒り狂った母親の状態でもあり、ハンスの恐怖症はそれに何らかの対応があっても不思議ではないだろう。

フロイトが「素晴らしくて献身的」と述べたのは、こうした母親だった。

5 おわりに

A．臨床論文をどう読むか

このような諸事情を読むと、フロイトが論じたことは何だったのか、特に「エディプス・コンプレックス」の臨床概念としての意味がどうなるのか、疑問も生まれることだろう。自己心理学のラックマン（Lachmann, F.）は、制限解除後の諸論文を受けて、こう結論する。「われわれは、エディプス・コンプレックスが子供時代の虐待と外傷の結果でありうることの、相当な証拠を有している。それは、環境からの虐待や外傷抜きで、内因的に出現できるだろうか。私はそうではないと思う。〔……〕フロイトは、「ハンス少年」の症例の中で、理論的な主張をしようと熱心だった。そしてそうするために彼は、彼の理論と違う方向に行ったであろう情報を隠した。私には、その情報は今や利用可能になったので、われわれは彼と一緒になって証拠を隠すのではなく、むしろ、フロイトが何度も宣言したように、真実を探してそれを採用するべきであると思われる。私にとってそれは、提示された臨床的・歴史的な証拠を考慮した結果、エディプス・コンプレックスという普遍的無意識的空想の概念が、実証されないことを意味する」[27]。

自己心理学に端を発した精神分析の流れは、ハンス症例に関するインタビューの公開制限が解除される前から、エディプス・コンプレックスを中心的なものとして認めていない。だからこれを契機として新たな主張をしているわけではないと思われる。この指摘に限れば、古典的フロイト派のパラダイムに対して、自己心理学からの仮説を提起しているというより、フロイトのように情報を隠さずに、養育上の事実を確認して実証的に論じることを勧めているように見える。確かにフロイトが削ぎ落とした情報があり、具体的に確認して初めて明らかとなる事実の重みはあるだろう。そしてそれらを強調して抽象・一般化すれば、別の理論体系ができるだろう。しかし、外的な事実の確認に依存しなければならないのならば、精神分析として行なってきたそれまでのやり取りと判断の根拠は、何だったことになるのだろうか。

また、そうした批判が、実証研究を土台としてエディプス・コンプレックスに代わる別の説明原理を立てようとしても、過度の一般化という点で批判の対象と大差がない可能性がある。さまざまな事象が継起的に生じていることは、何かから派生しているという因果的説明が必ずしも得られる保証ではない。一元的・包括的な整理を目指しても、置き去りにしていることにさえ気づかなかった諸要素が見出されて、結局は或る例のある精神病理や発達過程の一面を捉えたもの以上には、なり難いだろう。新たな理論は往々にして、別種の対象患者群の異なる精神病理を扱っている。それだけでなく、新たな次元或いは計量的データさえを含む説明であっても言葉で述べる限り、それは必然的に喩えを超えないものを含み、因果的ではなく随伴的（contingent）以上のつながりを認められないだろう。

しかし、同じく喩えであっても真実らしさと発展性があるものもあれば、乏しいものもある。発展性に関しては、実際の吟味抜きに決められることではないだろう。前者にしても真実性を保証するものではなく、総合的な検証が不可欠である。ここでは、ハンス症例の幾つかの断面に関して、これまでに言及した著者たちの論拠から示唆されることを見ておきたい。

メルツァーは、当時のフロイトによる理解の限界を指摘してはいるが、症例の経過を肯定的に論評している。彼は『クライン派の発展』[30]ではもう少し詳しく解説し、問題点をいくつか挙げた。症例へのフロイトのアプローチは、『性理論三篇』を補完する精神病理学的関心が強く、それも発展途上のものだった。例えば彼は、ハンスの女性性を同性愛と十分に区別せず、母親への同一化を見逃した。しかし全体としては、メルツァーはハンス症例を、「臨床の仕事の完璧な注解と呼べるかもしれない仕方で提示されている」と高く評価している。それは、成長の方向に進んだ全体的な印象に由来するように見えるが、漠然とした全般的な印象にのみ依拠していたら、相反する部分を見落としたり過小評価したりすることになりかねない。更には、慣習化した読解に流され、心を用いてテクストの**中に入る**関わりにならない場合もあるだろう。

それに対してメルツァーは、臨床上の転換点で生じていることを鮮やかに抉出している。彼は、ハンスの去勢不安が（前の夏に）グムンデンで女の子（リッツィ）が指を噛まれる恐れがあるから馬に近づかないようにと父親に注意されたり、男の子（フリッツル）が岩を蹴って倒れて血を流したりしたことを契機としていること、ハンスの症状は馬恐怖というより広場恐怖であること、広場で荷を積んだ馬は妊娠した母親を表わしていること（フロイトも記載しているが、メルツァーはこの点に遥かに高い重要性を与えている）、次の同胞の誕生が子供の発達において重要な役割を果たすことなどを挙げた。特にハンス固有の空想として、子供の誕生が苦痛に満ちて危険なものであると彼が推測していることを、二つの場面から解釈する。一つは、「ぼく浴槽の中に居てね、すると錠前屋さんが来て浴槽のねじをはずしたの。それから大きな錐（Bohrer）を取ってぼくのおなかに突き立てたの」という夢であり、これは受精の空想である。もう一つは、ハンスがゴム人形の開いている穴からポケットナイフを差し込み、人形の両足を引き裂いてそれを出して見せる場面である。これは、「何かが痛みとともに彼の母親の中へと貫入し、かつ、痛みとともに彼女から出て、出血を引き起こしたという空想」である。

こうした読解は、転移‐逆転移の文脈に反映した対象関係と言うより、乳幼児の無意識的空想を身体・器官の水準での直接的に読み取ることに依拠している。その正しさは、無意識的空想の論理に従うことに依るが、実際には、直観的な把握と介入＝解釈――それへの反応――というサイクルの過程で検証される。だが中核的な直観は、クラインの場合に顕著なように、正しければ正しいほど、それがどこから由来するのか謎めいて見えるだろう。それは外的対象の観察ではなく、内的対象のことをどれだけ知っているのかが反映している。

このような乳児的水準での直観的方法に対して、先に挙げたヒンシェルウッドの読解は、ミクロの交流場面に集中し、そこでの分析を全体へと敷衍させるものである（彼の方法がつねにそうだということではない）。読解を大きく左右するのは、ハンスの情動状態とその方向性についての判断である。

第一の「くしゃくしゃのキリン」の場面では、父親はハンスが表現していることを十分に理解していない。そのことは元の記述で、父親が「面食らって」何度も同じような質問を重ねていることから明らかであり、誰にも異論はないだろう。そこにヒンシェルウッドは、ハンスが父親の質問を侵入として経験していること、それに対して報復していること、しかし更に曝されていると感じていることを読み取る。こうした理解は一般に、敢えて分類すれば、行動面と情緒面の証拠に基づくことになる。まず行動面では、彼はハンスが「紙きれをすばやく取ってきてくしゃくしゃに丸め」ており、父親が「すべて記録している」ことにも「ママがシュミーズを脱いだということ」にも言及している。ハンスは「言いたくはなかった」し、「特にママに恥ずかしかった」。これらは侵入と暴露についての無意識的空想に対応している可能性があるが、そこに絞るのは情緒面の証拠である。ヒンシェルウッドはそれを、「ハンスは**悲しげに**、彼の曝されている感じをまた口にした」と総括する。

だが、ハンスはこの場面でどのように「悲しげ」だろうか。これは文章全体からの印象でもあるから、読み手によって個人差はあるだろう。ここでハンスが自分の思っていることは伝わらず、ただ問い詰められ、隠したいもののこと開け広げにさせられているのだとしたら、彼は心中悲しいだろう、と聞き手＝読み手が想像することはできる。一方、ハンスはあれこれ聞かれても「ぼくもわからないよ」とのらりくらりとしている、と文章から受け取ることもできる。実際、父親もハンスの発言の様子を、少なくとも一つについて、「（おどけて）」と形容している。ハンスはこの場面で基本的には「おどけて」いるのだととることも可能であり、そうすると、くしゃくしゃにしたことにもおふざけの要素があり、ママの脱衣場面のことも、そこまで教授に言うの、という父親への軽いからかいと取ることもできるだろう。もっと後（4月17日）になると、彼ははっきりと「馬をからかいたい」と認めるし、あれこれ聞く父親に対して、「ぼくが今話してること、全然ほんとじゃないんだよ」と言っている。

このような援用は、日時と場を異にするので、傍証にもすべきではないかもしれない。この場面に限定してシークエンスを見よう。すると、父親はハンスをつかまえて、彼が話し始めると「すぐに速記で書き留め」始めてはいるが、ハンスがそれに注意を向けたのは、紙切れをくしゃくしゃに丸め、あれこれ説明に応じてからのことである。日頃からの父親の行動への反応、と文脈を広げない限り、ハンスの丸め行動を父親の侵入への反応とも曝すことへの反応とも取ることはできない。また、「ママがシュミーズを脱ぐ」のはどういう場面で何のためなのか不明だが、それはママが自発的に行なうことであって「『ばかげたこと』をおまえから取り去る」よりも強制度は薄いだろうから、やはり曝すことの証拠としては、しっくり来ないところが残る。

B．情動的な方向づけ

ハンスの言葉のどこまでが「からかい」で、どこには深刻なものが含まれていると取るかは、全体の判断に大きく影響する。ラカンはそこから、機知との関連で「象徴界という次元」を引き出す。「じゃあ、小さなキリンはハンナなの？」という言葉もまた、からかいである。必然的に、彼が再構成する「対象関係」には、主体としてのハンナの位置は見当たらない。ラカンは基本的に、「ハンス少年の生活には危機的なことなど何も起きていません」という立場を採る一方で、シニフィアン的構造の推移は経験事象に反映することを前提に論じている。つまり、（素朴に表現すれば）外側から内側への影響は認めていないが、内側の変化は外側から察知することができる。臨床素材を具体的に発表しないこととは別に、他の学派とのすり合わせが困難な所以である。

ヒンシェルウッドの取り上げた、ハンスが「とても子供たちを持ちたい」とも「子供たちを持ちたくないんだ」とも言うもう一つの場面でも、父親がハンスの内的世界を認めていないことに関しては、読み手による意見の不一致はないことだろう。また、「配管屋さん」が彼の「おしり」や「おちんちん」を取り外した顛末に見られる通り、ハンスには受動的なところがある。ではそのことによって、ハンスは父親の世界を押しつけられて圧倒され、迎合と服従の証としてのみ父親に賛成していると見なすべきなのだろうか。他の場面では、例えば「でもぼくパパのものでしょ」（4月22日）という発言がある。それが服従によるのか願望に基づくのかは、この言葉だけからでは決定できない。「ぼく実際にママでもあったよ」と言っていたハンスが「以前はぼくママだったけど、今はパパなんだ」（4月30日）と話すのと合わせると、ママにばかり取り込まれている状態から変わったことを伝えている可能性も見える。彼が「運命への悲しい諦め」の状態にあるのかどうかは、ヒンシェルウッドの言うように**絶望し始めて**いると判断するかどうか次第である。

これまで見てきた限りでは、「絶望」は言い過ぎの可能性が高いと思われるが、「諦め」が何処にもないとするのは即断である。それはハンスと母親との関係で見易いが、結局のところ父親との関係でもあると言えるかもしれない。現に、**そう読解したヒンシェルウッドには投影されている**ことだろう。解釈について論じるとき、その普遍性ばかりでなく各読み手によって共鳴する点が異なることを組み入れていない議論は、実際的でないし不十分である。この相異は、投影と取り入れの過程における違いとして考えることができる。

別の一例として、「くしゃくしゃのキリン」は赤ん坊ハンナのことであり、虐待を示唆している、とする解釈を挙げよう。前段は一場面についての解釈であり、後段はそれを拡張したものである。後段は、前段のみからでは導き出されない。それは、一場面だけでは証拠にならないということではなくて、そもそものつながりが薄いからである。また、母親が実際にしていることの表象という素朴な反映ではなくて、ハンスの側の勝利感・蔑視・羨望による攻撃など、他の関連の可能性を幾つも挙げることができる。逆に言えば、さまざまな文脈において「くしゃくしゃのキリン」は赤ん坊のことでもありうるので、それを一つの可能性として挙げることには、あまり無理がない。その見方が母親やその性器とするものよりも説得力があるかどうかは、先に述べたように、どれだけ生産的に展開できるかどうかに掛かっている。

ここで「赤ん坊は**ぐったりと**床に横たわっている」といった具合に副詞を付け加えたならば、解釈は場面を虐待状況に特定する方向で進む。ハンスの父親による報告には、そこまで明確に限定する記述はないと思われる。しかし、多数派ではなかったが以前から指摘されてきたことではあり、その読解も、読み手の幅の内である。読解の多様性は、一つにはどの要素を強調して取り上げるかによるが、もう一つには、そこに何を補足・付加して読んでいるか、によって生じる。傍証がなくてもこの場面に虐待を読み取る人は、無意識的に下線部を補足するか、付加して読んでいるのである。補足が素材からの投影の取り入れを洗練させたものだとすれば、付加は対象場面を契機とした反応を投影したものである。それが単に主観的であれば誤読となり、腑に落ちるものであれば隠れていた普遍性を明らかにすることになりうる。

以上を更に一般化すると、これは、その場にいなかった第三者がどのように〈現場〉のこととしてセッション内の二人の無意識的交流を感知できるのか、という問いである。次に見る通り、フロイトの答えは、人には無意識を受容する心的装置が備わっているというものである。フロイトの精神-性的発達論には、日照時間や降雨量による多少の差があっても結局は同じ花が咲くといった、プログラムされた決定論の観がある。その受容装置は、特定の器官のようにコード表に基づいて解読するのだろうか。しかしパターン認識の類は、無意識的直観ではない。それは、自分ならこう感じる・こうする、といったレベルでの単純な共感／感情移入ではなくて、他者としての内的対象と関わって理解することである。

無意識的交流の理解の質を規定するのは、内的対象についての理解の質である。単純な例として、被害的な内的対象関係が大勢であるとき、迫害的な対象か理想化された対象と関わりがちであり、抑鬱的な対象は知らないだろう。内的対象との分離および〈心〉に内在する対象の成熟が、現実的で成熟した理解をもたらす。このような性質の理解の向上は、スーパーヴィジョンを通じた症例検討で得られるものとは別である。ちなみに、自己理解と変容を目的とする訓練分析に対しては、「外科医は自分が手術を受けたりしない」と拒絶したり、逆に、「自分が話し聞かれる側の体験をすることにも意義がある」といったロールプレーに近いものに歪めたり、という反応が見られることがある。どちらにも乏しいのは、内的対象との関係の成熟が重要だという認識である。

第Ⅲ部　開業のフロイト

第1章　フロイトの生計

フロイトと弟子たちとの書簡集や患者の身元・予後の調査結果などが開示されたことで、彼の理論形成過程とそれに関わる臨床経験には、新たな理解が促されている。本章では検証のアングルを変えて、精神分析に固有とされる個人開業の実際がどのようなものなのかを、フロイトの開業状況から窺うことにしたい。主な出典は、従来からの伝記・書簡集・フロイトの患者についての個別研究に加えて、現金記録（Kassa-Protokoll）・料金表・患者管理簿（Patient Calendar）などの未公刊資料を整理したテューゲル（Tögel, C.）[43][44]・マイ（May, U.）[23]〜[26]らの論文である。調査したテューゲルは結論として、フロイトの実践が頻度や期間、両者の関係に関して、２００６年現在のドイツで一般に行なわれている精神分析的な臨床と、大きな差はないと述べている。本章ではそれが意味している具体的な有様が明らかになるとともに、精神分析のイメージを特定の地域と時代に結びつけることのリスクが見えて来るだろう。

以下では、①生計：フロイトの開業に纏わる状況、②臨床：フロイトの患者／顧客層、③精神分析の養成課程と国際化、④研究：個人による研究の特徴とその限界、の順に概説していく。それぞれ、フロイトの①１９００年代まで、②１９１０年代、③１９２０年代の状況を中心に述べる。④は全時期に関わる。これらの大半は、上記の先行研究に多くを負う要約紹介であり、若干の作業で入手できる資料とその組み合わせに基づく報告であって、一次史料を発掘したものではないことをお断りさせていただく。

1　フロイトの開業の様子

フロイトは、10歳でウィーンのギムナジウムに入学後、首席を通し、1873年の秋に17歳でウィーン大学医学部に入学した。しかし、彼は1876年20歳で入ったブリュッケの生理学研究室に長く留まり、医学部の卒業は1881年、25歳のときだった。その後も彼は研究室に出入りしていたが、開業を考えるようになる。その理由として伝記が一致して挙げるのは、ユダヤ人差別の問題と、1882年4月のマルタとの出会い、そして6月の婚約である。更にその背景には、ブロイアーに借金をし続けなければならなかったフロイトの経済的困窮があった。

彼は臨床医として収入を得るために、治療技術の習得と患者確保の用意をした。1882年夏、彼は志願医（Aspirant）としてウィーン総合病院での研修を始めた。同年10月からは内科へ、そして半年後にはマイネルト（1833-1892）の精神医学教室へ移って副医（Sekundarzt）に昇格して、ついで皮膚科を回り、同じ1883年にマイネルトが所長を務める精神病治療研究所で脳解剖学と神経病理学を研究した。その頃彼は、延髄内の神経（medulla oblongata）の走行経路と起始核についての研究に傾注している。上級副医となったのは、1884年7月だった。その後彼は一時コカインに熱中し、1885年には眼科を回った。このときの事件については、以前から紹介されているので省略する。同じ頃から彼はシャルコーに関心を持ち、留学を申し込んだ。同年9月、彼はようやく神経病理学の私講師（Privatdozent）となった（ゲイ『フロイト1』。但し、フロイトは「みずからを語る」では、1885年春に「神経病理学講師の資格を取得」と記している）。彼が昇格したのは、神経病理学者としての業績が認められたためだった。フロイトの神経科学における業績は、100以上の論文とモノグラフを含む全4巻の *Complete Neuroscientific Works of Sigmund Freud* にまとめられる予定、とソームズ（Solms, M.）が発表してから、

10年が経っている。(40)

フロイトは、10月から1886年2月までパリのシャルコーの元に滞在した。彼はベルリンの小児神経学者バギンスキー（Baginsky, A.）を数週間訪れてから、1886年4月、ラートハウス街七番地で開業する。ゲイ（『フロイト1』p62）によれば、4月25日『新自由新聞』に、「ウィーン大学神経病講師ジグムント・フロイト博士はパリおよびベルリンへの留学から戻り、I区ラートハウス街七番地で1時から2時半まで診療を行なう」という記事が出ている。これはつまり部分開業ということで、彼は同時期に、カソヴィッツを院長とする公立小児科病院（Max Kassowitz's Institute for Children's Diseases）で小児神経科の科長として、しばらくの間、週3回勤めた。1886年9月、彼はマルタと結婚し、2週間の新婚旅行から戻ると、マリア・テレジア通りのズーンハウス（Sühnhaus）の一角を借りて、10月4日から診療を再開した。

1886年4月の開業以後の様子の主な情報源は、1886年4月から7月については「婚約書簡」(Brautbriefe)、1887年11月24日から1902年3月については現存するフリース宛書簡および妻マルタ宛書簡、1896年1月から1899年12月については「現金記録」、1906年10月から1921年10月については「料金表」、1910年10月から1920年12月については「患者管理簿」である。詳細な数字の記録は、一つには税金のためだったと想像されている。1900年から1905年、1922年から1938年の分がないのは、収入の期待額と実際の額との差まで記録し、ダ・ヴィンチの伝記では帳簿に注目したフロイトが記帳しなかったのではなく、ウィーン脱出時に破棄されたと考えられている。実際、まだ公刊されていないが、彼はすべての出入り——お金・手紙・訪問者——の記録を生涯にわたって付けていた。

「現金記録」には、フロイトの1896年から1899年の間の99人の患者名が書かれている。姓名・肩書・職業・住所が一行にあり、続いて往診日および相談面接の人名・診療報酬・支払日が記録されている。支払いは治療の終わりか、越年の場合、年末である。この4年を通して、往診は一日3名前後、相談面接の受付は一日1名弱だった。この99名に含まれているのはこの2種だけで、精神療法・精神分析治療の患者は入っていない。往診の患者は近隣に住んでいて、彼は朝の1時間でこなしていた。テューゲルは『精神分析入門講義』の一節（第16講）を根拠に、相談面接は15分間だったとしている。また彼は、ジョーンズの伝記と同じく、フロイトの日収が100グルデンすなわち880ユーロだったと試算している（2009年の英訳版では、100グルデンが非分析患者からの報酬だとしているが、総売り上げでないと辻褄が合わない）。これは、年収で2万5千グルデンである（テューゲルがこれを22万ユーロでなく18万5千ユーロに換算する理由は不明である）。

99名のうち、36名には職業の記載がなく、11名は他の患者が支払っていることから、身内か召使と推測される。残り52名の構成は、公務員・学者・貴族が28名、実業家・芸術家・作家が13名、職人・商人が11名だった。これは、そのまま精神分析／精神療法患者の比率ではない。次に、あまり知られていない患者を個別に見よう。

2 初期の患者たち

彼がベルクガッセ十九番地に移転したのは、1891年9月12日のことだった。この転居には、フロイトの友人ジルバーシュタインの妻で鬱病だったパウラが、同年5月4日に彼の診察室があるビルから飛び降り自殺したことが関係しているらしい。

ゲイの伝記に、彼の開業に当たってブロイアーと内科のノートナーゲル（Nothnagel, H.: 1841-1905）が紹介してくれたとあるように、フロイトの初期の患者の多くには、ブロイアーが関わっている。その一人で音楽家だったシュライヒャー（Schleicher, M.: 1862-1890）は、婚約破綻の前後に重度のメランコリー状態となり、フロイトによる催眠療法を受けた[42]。1889年の春には、彼女はフロイトへの深い謝意を表わした。しかしながら、彼女はその7月には躁状態となり、誇大的な考えを実行に移そうとした。フロイトは彼女の不穏を「ヒステリー的性質のもの」と判断したが、結局1889年10月29日に、スヴェトリン（Svetlin, W.: 1849-1914）博士の個人病院に「循環性気分交代」の診断で入院させた。彼女は1890年5月25日に退院となったが、再びメランコリー状態に陥った。フロイトは不眠症状に対して、放水クロラールとスルホナールを処方した。9月初旬、患者は腹痛、嘔吐を訴え始め、赤褐色の尿を排尿した。彼女は腹部痙攣を起こしつつ、9月24日に急死した。後日ブロイアーの同僚による論文から、彼女はスルホナールによる急性ポルフィリン症を発症したことが判明した。フロイトは1891年12月に経過報告書を提出した。[4] 彼は『夢解釈』の「イルマへの注射の夢」への連想の中で、悔恨の念と当時の医学知識の限界を強調している。

『ヒステリー研究』（1895）には、アナ・Oを除く4名以外に、顔面神経麻痺を患っていたツェツィーリエ（Cäcilie）夫人ことアナ・フォン・リーベン（Anna von Lieben: 1847-1900）への言及が見られる。この患者のように多くは富裕層のユダヤ人女性で、知人の紹介も少なくない。例えばフロイトは1879年頃、オーストリアの古典文献学者であり哲学者のゴンペルツ（Gomperz, T.: 1832-1912）から、ジョン・スチュワート・ミルの論文翻訳を依頼されたが、その16歳年下の妻エリーゼ（Gomperz, E.: 1849-1932）およびその息子ハインリッヒ（Gomperz, H.）がフロイトの治療を受けた。

エリーゼは、1885年の長男の眼疾患を契機に神経を病むようになったとされている。1886年4月27日付の書簡で夫は妻に、シャルコーが処方をして、弟子のフロイトが上級医師で産婦人科教授のクロバック〔岩波訳ではフローバク〕（Rudolf Chrobak: 1843-1910）のスーパーヴィジョンの下で治療を行なう、と伝えている。フロイトはクロバックのことを、「ウィーンで最も卓越した医者かもしれない」と『精神分析運動の歴史のために』[1914] で述べている。フロイトは当初、電気治療を行ない、1892年に至ってから催眠法を導入して、一定の成果を収めたが、夫は効果に懐疑的だったようである。この時期の治療にもかかわらず、浄化法《カタルシス》は用いられていない。性的原因が追求されていないのは、父権的な夫を顧慮したのではないかと推測されている。[45] 息子の治療の詳細は不明だが、このように、身内が身内を紹介することがある。ハンスすなわちヘルベルト・グラーフの母親オルガ・ヒューニッヒ（Olga Hönig）も、1897年にブロイアーに紹介されて受診し、後に身内つまりその息子を彼女の夫が連れて来ている。

フロイトが自分の神経症治療に自信を持ち、自分の評判を見定めて価格設定を行なうことができるようになったと感じ始めたのは、1895年末だった。フリース宛1895年12月8日付書簡には、こうある。（「……損になることは断ることができますし、僕の価格を定め始めています。僕は何と言っても二つの神経症の診断と治療に自信を得つつあります。そして僕は、僕のところで何かが得られるということに街が次第に気づいているのを感じることができるような気がします」）。しかしその後も彼は、患者がおらず、金に苦労していると書き続けた「僕が既に交渉中だった一人の女性患者が、一匹の金魚が、たった今来ることを予告しました。僕は、断るべきかそれとも引き受けるべきか、知りません。収入によって僕の気分も大きく左右されます。金は僕にとっては笑気です」（1899年9月21日付フリース宛書簡[2]）。

フリース宛ての手紙で「E氏」として登場する法律家は、1895年から1900年の間、フロイトの数少ない分析患者の一人だった。その後の調査で、彼の名はオスカー・フェルナー（Oscar Fellner）であることが知られている。彼についての研究は、「誘惑理論」に関して論じる機会に紹介することにしよう。

釣り餌となる多くの論考や単著にもかかわらず、彼は私講師のままだった。彼は無給の代わりに、聴講学生から一人当たり5グルデンの受講料を受け取ることはできた。しかし聴衆は通常少なく、時に彼は開講条件の3人を集めるのに苦労した。[7] 学生は非医学系が多かった。初期の関わりから精神分析に向かった者は、ほとんどいなかった。

1901年秋には患者が大幅に減り、不安になったフロイトは、エリーゼに依頼した。彼女は、フロイトの員外教授（außerordentlicher Professor）への推薦の仲介役を引き受けようとした。実際には、17年待たされたフロイトの昇格のために精力的に動いたのはフェルシュテル男爵夫人（Baronne Marie von Ferstel: 1868-1960）で、彼女は教育大臣に口利きをし、絵を贈った。彼女はフロイトとの面接に大臣からの電信を持参し、「やったわ！」と勝ち誇って報告した。1902年2月22日、フロイトは皇帝から員外教授に任命された。もっとも、これは通常の官僚的な手続きであって、男爵夫人の不適切な介入はむしろ大臣を苛立たせたとのことである。[4] 3月の新聞に掲載された記事を見て、フロイトの元にやって来た女性がいる――イダ・バウアー（Ida Bauer）すなわちドーラである。フロイトが正教授（Professor Ordinarius）の肩書を得たのは、1919年のことだった。

非常に裕福なこの男爵夫人もまた、ブロイアーによって紹介されたのだった。彼女への言及は、1899年9月27日付フリース宛書簡に見られる。彼女が、先の「金魚」である。「例の金魚（Marie von Ferstel、旧姓 Thorsch, よって家内の遠い親戚）は捕えました。しかし彼女はまだ田舎にいるので、10月末までは半分自由にしていられます。その上、僕にはあと一人だけしか［患者が］いないのですが、この患者も、10月の遅い時期にならないと始まりません」。フロイトによる治療の詳細は不明だが、彼女はフロイト一家と個人的に親しくしたようである。彼女には、便秘と鏡・閉所などへの恐怖症状があった。ボルク＝ヤコブセンの要約によれば、彼女は「手放すように」という指示を文字通りに受け取り、別荘をフロイトに名義移転したので、彼は急いで購入した。夫人のフロイトへの熱中に不安になっていた男爵は、夫人を保佐下に置き、財産を処分できなくした。その結果、彼女は分析代が支払えなくなった。病状も理由も確認できないが、彼女は1904、5年に、フロイトの同意の下でベルリンの精神科クリニックに入院となった。彼女はフロイトに裏切られたと感じ、ベルンのデュボア（Dubois, P.: 1848-1918）の治療を受けるようになる。A・エリスの「理性感情行動療法」やベックの「認知療法」の淵源とされる彼の「説得療法」は、当時フロイトと並んで有名だった。狼男も、デュボアとフロイトのどちらにしようか悩んでいた。

3　アルバート・ハースト（アルベルト・ヒルシュ）の治療

アルバート・ハースト（Albert Hirst：Hirschを英語風に改名、1887-1974）もまた、身内に紹介されている。[19][33] 彼の母親ケティ・ヒルシュ（Käthe Hirsch）は、フリースが鼻の手術後にガーゼを置き忘れたエマ・エクシュタイン（Emma Eckstein：1865-1924）の姉だった。フロイトはエクシュタイン家と家族ぐるみで付き合っていたが、ハースト一家は1895年にウィーンからプラハへと移った。アルバートは、フロイトを偉大な人として知っていた。彼はフロイトとの経験を中心とした自伝を、85歳から書き始めた。以下は、その遺稿およびアイスラーによる彼への面接を研究したリン[19]に基づく。

彼は裕福なユダヤ人家庭に、姉二人を持つ長男として生まれた。長姉は彼が1、2歳の時に亡くなった。彼は母親のことを、厳格で暖かみがなかったと描写している。彼の少年時代は、母親の愛情が感じられないことで、不安に満ちていた。思春期になると、彼は自慰が心身を崩壊させないか恐れた。彼はエミーという名の女性と知り合い、片思いに陥った。16歳（1903）の春、彼は試験前の不安・自慰の恐怖・失恋の打撃によって、自殺を試みた。彼は本気ではなかったと述べているが、母親から心配される経験となった。両親は彼をウィーンのエクシュタイン家に送り、フロイトの元に行かせた。フロイトは彼に、「椅子に座って自慰するときの姿勢をとるように指示した」。そして自慰が有害ではないことを保証した。アルバートは直ちに安堵を感じた。

彼はフロイトに、人間の愛他性への疑いを話した。人が他人のために見えることをしているとき、本当に助けようとしてではなく、単に自己満足を求めているのではないのだろうか。フロイトは、社会がそういう行動を愛他的と呼ぶことにしているのだから、彼が気に病む必要はないと答えた。彼は、申し分なく助けとなる答えだと思った。アルバートの両親は、春休みが終わった時点で彼をプラハの学校に呼び戻した。彼はそれに失望を感じた。後に彼は、フロイトも継続を望んでいたことを知った。

以上が、アルバートの第1回のフロイトとの接触である。彼は、この治療では自分が良くならなかったと振り返っている。他方、フロイトがどういう考えでそうした介入をしたのかは残されておらず、推測するしかない。フロイトの応答は実際的で、対面しながら支持・再保証・心理教育等を行なっている。彼が精神力動的な定式化を思い描いていたとしたら、「鼠男」(1907年10月から1908年春頃まで面接)の場合のように、公式には父親との関係を強調したとしても実際には母親への疑いが、彼の症状と悩みに密接に関わっていたことを認めただろう。フロイトが父親との葛藤から恐怖症が形成されたとした「ハンス」との関わりは、1908年1月から5月のことである。

アルバートはその後も自信が乏しかった。彼は一年遅れでプラハ大学に入学したものの中退した。兵役の後、彼は法律家・政治活動家を志していたが、父親から家業の製紙業の仕事を提供された。彼は、エミーに求婚するには自分の志望が実現に時間を要し過ぎると思い、そちらは断念することにして、1908年の秋からロンドンの事務所で働いた。しかしながら、エミーとその家族は彼を完全に拒絶したので、彼は自分のすべてを失ったと思った。彼は劣等感に苛まれ死にたい気持ちになり、加えて女性の中に射精できないという「稀で奇妙な不能状態」の治療のために、1909年秋、再びフロイトを訪れた。

フロイトは、今度は週6回、朝の9時から分析をした。アルバートは常に15分遅刻したが、フロイトはそれについて一度も何も言わなかったという。話題は彼が持ち出し、フロイトは積極的に問い質した。フロイトは自分の意見や経験を自由に述べた。その中には、コカインの局所麻酔作用発見のことや、ユダヤ的な男性中心の女性観が含まれていた。彼はフロイトの著作を読み込んでいて、夢の意味や分析治療の焦点についても考えていたようだった。彼は幼児期の外傷的な記憶を呼び起こそうと努めて、彼が夜中に下痢を漏らしたときに父親から「絞め殺してやりたい」と言われたことを思いだした。彼が翌日の面接で話すと、フロイトも独立に同じ結論に(!)

至っていたことが分かった。この洞察の結果は劇的ではなかったが、このエピソードからあまり経たずに、彼は性的な成功を収めた。彼は次第にウィーンの青年たちのように性的に活発になって、自由に使える（〝sturmfrei〟）部屋を借りて、アニーという女性と逢い引きをした。最初彼は射精に至らなかったが、「フロイトは彼に、努力を続けるように告げた」。彼は、次の機会には彼女に触られて射精できた。彼ら（アルバートとフロイト）は、成功が近いと自信を持った。そして一週間後には、性交渉を完遂した。フロイトはそれに対して避妊剤（ホウ酸）を処方し、避妊具を求めた高名な貴婦人についての冗談を伝えた。ほどなくアルバートは、「アニーと毎日曜午後に10回も」（と書かれている）性交渉するようになった。――この経過がほぼ実態を反映しているのならば、フロイトは彼の母親との葛藤は直接扱わず、男性性の強化や父親への同一化を促したと考えられる。しかし、そこには迎合や模倣に留まるおそれもある。実際、彼が父親とその家系を低く見る傾向は残った。彼はフロイト個人を尊敬し続けた。

アルバートは、フロイトに称賛され激励されていると感じることが多かった。それは彼にとって、非常に重要だった。フロイトは、彼が姉よりも知性的だと伝えた。彼は姉アーダのことも家族から依頼されて1908年に面接していたが、本人にその気がなく、治療に至らなかった。フロイトは、エマ・エクシュタインについても彼に話した。エマはアルバートが分析を受けている時期に自殺企図をして、彼に強い罪悪感を抱かせた。彼によれば、フロイトはエマが別の医師（Dora Teleky）の治療を受け入れたことに怒っており、彼女には二度と関わらないと決心したと述べている。マッソンは『真実への攻撃』[22]の中でこの経緯から、『終わりのある分析とない分析』（1937）第2章の二番目の症例がエマだと判断したが、ボルク＝ヤコブセンはそれに否定的である。

後にアルバートは、同じくアニーという名の別の女性と知り合った。彼にとって彼女はタイプではなかったので、彼は言い寄らないつもりだったが、フロイトは、彼女と事を進めるように彼に迫った。彼は彼女をベッドに連れて行ったが、射精には達しなかった。分析の中で彼は、妻が5、6人の子供を産んで性的に魅力的ではなくなった50代の男性にとって、人生はどのようなものだろうかと話した。フロイトは、或る時点を過ぎると性的なことは結婚の中で重要ではない、と実際的に答えたという。――フロイトはこのように終始〝現実的な〟態度を採っていたようであり、転移も無意識的な交流も取り上げてはいない。例えばこのやり取りは、アルバートがフロイトを、性的な満足の機会を失った男性と見做し、彼をけしかけて自分が満足を得ようというフロイトの動機を感じて生じたのかもしれない。概してフロイトは、自分の介入の影響を軽視しがちであり、今日のようにそれを更に分析素材とすることは少なかった。

彼の親は高額な面接代（当時の10ドル）を支払ったが、10ヶ月後の翌春、父親が介入して治療は終わりとなった。終結に関して、彼は父親と話し合うことはなかった。フロイトは彼が完治したとは考えなかったが、潜在的な力を彼に認めた。

それからアルバートはプラハで父親のために働き、最初のアニーとの付き合いを再開した。しかし彼女が妊娠したとき、彼は自分が父親なのか確信がなく、彼女は中絶し、連絡が取れなくなった。1911年9月には、彼はプラハから出る決心をして、父親の仕事があるニューヨークに行くことにした。途中ウィーンに立ち寄ってフロイトに会うと、彼は南アメリカの方が良いだろうと言われた。その後彼は、1913年に幼馴染みと結婚した。彼は折に触れてフロイトに書いたが、葉書の返事のみを受け取った。彼は、フロイトが意図的に距離を置いていると感じた。

1922年に彼はまた劣等感と自責感に襲われたが、昔の問題が再発していると理解して、法律の学校に行き身を立てる努力をした。彼はそれに成功して初めて、フロイトの示唆を自分で活かすことができたと感じた。フロイト一家との接触は、第二次世界大戦が始まる直前にウィーンでアナ・フロイトと会ったのが最後だった。

このようにアルバートは、フロイトを尊敬し続け、恩義を感じていた一方で、精神分析というものに対しては、息子のエリックが受けることを考えたとき、彼は断固として反対した。彼は、幼児期の外傷的な記憶を回復するという精神分析的な説明は受け入れていたが、自分がフロイトに転移を向けていたとは、まったく考えなかった。

この治療におけるフロイトの態度は、現代の目から見れば、治療者の積極的な陽性の態度と焦点づけた介入という点で、精神分析と言うより精神療法のそれに近い。と言っても、これ以外に精神分析があったわけでもなかった。彼がアルバートに対して、匿名性に反する個人的な関与、中立性に反する助言や指示、そして守秘義務への違反を行なったのは、一部には彼が、知り合いの家族からの紹介を受け入れ、同じ身内（彼とエマ）を受け持ったことに由来する。もっと別の事情としては、彼がそうした振る舞いの危険を知らなかったということがあるだろうし、彼が優秀だと知られていて、患者の家が裕福だったとしても、家族からの現実的な介入つまり中断に抗えないということでもある。更に、理念的水準では、精神分析の原型は自己分析であってそれができればよしとするところが、フロイトにはあったのではないかと思われる。しかし、患者たちの再発と治療の長期化は、既に起こりつつあった。

第2章　フロイトの患者／顧客層

1　1910年代の患者／顧客リスト

フロイトが見ていた患者たちについては、従来、フロイトによる報告・患者自身の回想・上記の人々の書簡への登場が主な情報源だったが、1910年から1920年の患者管理簿（patients calendar）の研究によって、人名と面接頻度・期間がほぼ正確に把握されるようになった。これはロンドンのフロイト博物館に保存されてきたもので、1910年10月から1913年7月まで、1913年10月から1918年1月まで、1918年1月から1920年12月までの3冊が残っている。どの管理簿にも見開き2ページの左から患者の名前と31日分のチェック欄があり、フロイトは一時間の面接には縦線一本、二時間には二本、一時間半ならば一本半を記入している。右端は総時間数であり、月末の請求用に使われていたことが想像される。一日のうちの予約時間は書かれていない。3冊には130の名前が登場するが、同姓の人物が含まれている可能性はある。内105名が「純粋な」患者で、25名は後に精神分析に関わる仕事をしている。例えばスピッツ（Spitz, R. A.: 1887-1974）は、24歳の1911年10月10日から12月20日まで、46時間フロイトの分析を受けた。それによって、本人は一年受けたと言っていたが、そこまで長くはなかったことが確認された。彼は、分析の仕方を学ぶためにフロイトの元に行ったと後に述べており、「フロイトによる最初の訓練分析」とされてきた。しかし、それ以前にオランダのファン・エムデン（Van Emden, J.: 1868-1950）が1911年5月15日から7月8日まで毎週12時間、それから3年間毎夏、計245時間の分析を受けていたことが、患者管理簿から明らかになっている。また、フェレンツィ（Ferenczi, S.: 1873-1933）は、1914年10月から1916年10月までの間に三度の機会に3週間前後ずつ、47＋43＋41＝131時間、フロイトと面接した。マイは、このほか計17名について整理した。

このリストに、往診および相談面接の患者は入っていない（しかし狼男の記憶が正しければ、1910年の時点でフロイトは「毎日、コッテージ・サナトリウムに入院中の一人の患者の往診をしていた」〔『狼男による狼男』〕(13)）。また、アナ・フロイトはこの時期に分析を受けていたはずだが、名前は見当たらない。これは、他人が見るはずのない管理簿で秘密にしていたと言うより、彼女には支払いがなかったからなのだろう。

このように管理簿は、面接内容を含んだ記録ではないが、フロイトの臨床が1900年代後半から規則的サイクルを確立していたことを伝えている。第一次世界大戦前までの彼は、年間を通して10月1日から7月初めまで仕事をし、クリスマスとその翌日や元旦、イースターの前後を除いて、月曜から土曜まで、稀に日曜に、9人から11人の患者を診るようになっていた。これは月に、大体250時間に相当する。戦争が深まると、それが日に5人～3人にまで落ち、1917年以降また回復している。

フロイトの日常の規則性を、ゲイの伝記で確認しよう。「彼は7時前に起き、8時から12時まで患者を診た。正餐はきっかり1時で、時計が1時を打つと、家族全員が食卓の周りに集合した。……3時に客の訪問を受けた後、再び患者の分析に当たり、夜9時まで続くこともしばしばあった。その後、夕食をとり、時には義妹のミンナとしばしトランプをし、あるいは妻か娘の誰かを連れて散歩に出、カフェに寄って新聞を読んだり、夏にはアイスクリームを食べたりした。その後夜遅くまで、本を読んだり、執筆したり〔……〕そして夜中の1時に床に就いた」(14)。往診は、朝の最初の時間帯である。他に、大学の講義は土曜日の午後5時から7時まで行ない、日曜日の朝には必ず母親を訪ねた（そして腹痛を起こした）。

テューゲルは、130名中、管理簿の範囲で開始され終結した109名の治療頻度と治療機関を調査して、72％の患者は面接時間が120時間以下で、それ以上240時間以下の患者が16％、300時間以上週4回以上の治療を受けていたのは9名つまり8％だったと述べている。そこから彼は、フロイトの臨床は現在のドイツでの状況と変わらない、と説く。しかしこれは、創始者のフロイトでさえ、週4回以上面接する患者が10年間で平均して日に2人いたかどうかだったということであり、そうした限られた臨床実践の中で暗中模索を続けていたことを意味する。彼が日に5人7人と毎日分析を行なうようになったのは、英米の訓練希望者が訪れるようになった1920年代のことである。その中で、異例の――彼は1904年には、精神分析の治療期間を「半年から3年」と書いた――長期面接となった患者たちがいる。これはつまり、彼の神経症図式では限界があったということである。

2 千時間越えの患者たち

最もよく知られている患者は、「狼男」すなわちロシア貴族のセルゲイ・パンケイエフ（Sergius Pankejeff: 1887-1979）だろう。フロイトは狼男との面接を自宅のベルクガッセで始める前に、何週間かコッテージ・サナトリウムで会っている。フロイトの往診の都合に合わせて、狼男は入院したのだった。彼の面接は1910年2月に始まったことが、フェレンツィ宛書簡で確認される。「若い裕福なロシア人を、強迫傾向があるので引き受けましたが、彼は初回面接の後で、私への転移を認めました。曰く、ユダヤ人詐欺師め、後ろから犯して頭に糞を垂れるつもりだろう、と」。彼は管理簿の第1冊冒頭つまり同年10月から登場し、症例報告された通り、第一次世界大戦勃発直前の1914年7月10日まで、1067・5時間フロイトと面接をした。それに続いて、第2期として

1919年11月11日から1920年5月17日まで98時間行なわれ、実際には、1910年2月から7月初めまでの5ヶ月×4週間以上×6時間＝120時間以上を加算すると、計約1300時間である。

しかしながら、彼は最長あるいは最多ではなかった。他にも、まず、推計で総面接時間1400時間になる患者がいる。ディルスタイ（Victor von Dirsztay：1884-1935）である。彼に関して、管理簿から確認されて、また未刊行書簡によって確実に言えるのは、1917年5月10日から1920年3月3日まで、週6時間以上、計529時間にわたってフロイトが面接したことである。実際には、現存する管理簿の最初つまり1910年10月3日から1911年7月8日までの297回、そして1913年5月10日から1915年12月31日までの663回、Dirsztayという苗字のみによる記入があり、同一人物の可能性が高いとされている。これだけで総計1489時間だが、1909年12月3日付のフェレンツィ宛書簡で言及されている通りとすると、この管理簿に先立つ分も入れて、フロイトは彼と1700時間から1800時間に及ぶ、極めて長時間の関わりを持っていた可能性がある。第一次大戦中、フロイトは患者が一日に3人にまで減ったことがあったが、その一人はDirsztayだったことになる（他の二人も、ハンガリー貴族だった）。マイは、彼の経過を更に詳しく検討している[27]。マイは、同時代のオーストリアの画家ココシュカ（Oskar Kokoschka）が、「彼が何年も通ったフロイトでさえ、彼を治すことができなかった、彼の病気は家族への軽蔑から来ていたので」と自伝で書いているのを紹介している。何を治すことができなかったのかは不明だが、彼は若い頃から多くの困難を抱え、学業は5年以上遅れ、25歳頃に精神的破綻を起こした。

しかしディルスタイ男爵と精神分析の関わりは、こうした数字以上に知ることは困難である。彼の分析はライク（Reik, T.）に引き継がれたが、その後、彼は被害的状態になった。彼は「分析によって破壊された」（″destroyed by analysis″）という謎の言葉を残している。晩年の彼は重度の鬱状態となり、1935年11月、前妻と心中した。

これだけ長期の関与にもかかわらず、フロイトの論文中にディルスタイ男爵から採られた臨床素材があるのかどうかは、まだ確認されていない。おそらくないのだろう。もう一人、以上の二人に劣らない量と期間の面接をフロイトから受けたのにもかかわらず、ファルツェダー[6]（Falzeder, E.）が論証するまで見落とされていた、長らく強迫性障害を患っていた女性患者がいた。彼女は六つのフロイトの論文と幾つもの書簡で取り上げられているが、気づかれなかったのは、書簡集の編者たちが、フロイトとアブラハムの間では「A夫人」に、プフィスターとでは「H夫人」に、そしてユングとでは「C夫人」、ビンスワンガーとでは「G夫人」または「Gi夫人」と略記していたからだった。そのため、この患者はゲイの注意を逃れて、彼の伝記では全く言及されていない。他方、このように多方面で登場するのは、彼女がフロイト以外の者たちの患者にもなったからだった。彼女の治療は、ユングからの紹介によって始まっている。「C夫人は、二週間前に実際に私のところに現れました。非常に重篤な強迫神経症の症例であり、改善は、非常に遅いに違いありません。彼女が私を選んだ理由は、トムゼンが、私による治療は彼女の状態を悪化させるだけだろうと言って、私に反対する助言をしたからです。しかしそれは、彼女の処罰欲求に合致しました」（1908年11月8日付ユング宛フロイト書簡[28]）。

また、ビンスワンガーからは9回、フロイトからは12回彼女の様子への言及があり、ビンスワンガーは、フロイトを去った患者について、「私が理解できる限りでは、彼女は強迫神経症の非常に困難な症例の一人のようです。彼女が「証拠手段としての夢」であることも私は知っています」（1915年4月19日付フロイト宛ビンスワンガー書簡[10]）と書いている。しかしこの論文が奇妙なのは、素材の中心が患者＝夫人ではなく、その傍らにいた看護婦の夢であり、彼女はむしろ分析者の、少なくとも助手の位置にいることである。彼女は、論文の推敲もしている。これでは、彼女の重篤さが伝わらなくても不思議ではない。

同時代人のアブラハムも、論文の素材に実際に会って驚いている。「私はヒルシュフェルト夫人をホテルに尋ねました。彼女はベルリンに滞在すると言っています。私は彼女から、彼女が『強迫神経症の素因』だと聞いて驚きました」（1914年7月23日付フロイト宛アブラハム書簡[8]）。それはちょうど、彼女がフロイトから去った時だった。

患者は、「疑惑癖と強迫儀式に苦しんでいるある婦人」(「証拠手段としての夢」1913) そして「人生のうまく行かなかったことが原因で今日重い病気になっているある女性」(「子供のついた二つの嘘」1913) である。彼女は「とりわけ有能で、正直で、真面目で、善良な娘であったが、その後、心の繊細な女性」(同) となった。あるいは、患者は「発症するまで、幸福な、ほとんど完全に満ち足りた婦人」だったが、「彼女は幼児期の欲望固着に由来する動機から子供が欲しいと願っており、自分のたった一人の愛の対象である夫の子供が産めないと分かった時に発症した」(「強迫神経症の素因——神経症選択の問題への寄与」1913) と述べられている。更に詳しい強迫症状の発症の状況は、「精神分析とテレパシー」(1921) にある。フロイトのところにやって来たのは、発症後10年ほどして、数々の治療者を経てからだった。また、彼女の「テレパシー」のエピソードは、「夢解釈の全体への若干の補遺」(1925) そして『続・精神分析入門講義』(1933) 第13講で再説されている。

この患者、ヒルシュフェルト夫人 (Elfriede Hirschfeld: 1873-19??) の面接は、管理簿では1910年10月11日から1911年7月8日まで週に9時間から12時間、計392時間、そして第2期として1911年12月22日から1914年1月25日まで週11時間半、計810時間、最後に1914年6月29日から7月10日までの17時間、総計1219時間が確認されている。1908年10月からもほぼ同様のペースで行なわれていたとすると、第1期分と同量が加算され、1600時間を超えていた可能性がある。

第1期と第2期の間は、フロイトがプフィスターに夏の休暇中の代診を頼んだ時期だった。フロイトはユングに、彼女を「主たる重荷」(1911年4月27日付ユング宛フロイト書簡) と呼び、「C夫人については、ΨAでやっと何かを達成しましたが、症状はずっと悪くなりました。もちろんこれは、治療経過の一部ですが、彼女をもっと先に進めさせることができる確かな見込みはありません。彼女の反応が示すように、私は彼女の中心的な葛藤のごく近くに来ました。彼女は重い症例で、おそらく治癒不能でしょう。しかし私たちは一貫性がなければならず、これらはまさに、私たちが最も学ぶことがある症例です」(1911年5月12日付ユング宛フロイト書簡) と書き送っている。彼としては、プフィスターがそのまま彼女を診てくれればそれで良かったが、患者はプフィスターから逃げ出して来る。フロイトはやや不承不承に、再び引き受けている。しかしながら、彼女はユングのところにも行っており、そこでの経験の話は、フロイトとユングの関係に緊張をもたらした。ユングは彼女に、フロイトは冷たくて非共感的で、よく彼の分析に耐えられるものだと言い、彼女がそれをフロイトに伝えると言うと、口止めをして、ユング自身でフロイトに「少しばかりの共感」が望まれていると書いた。しかしユングとシュピールライン（Spielrein, S.: 1885-1942）のことを知っているフロイトは、「逆転移」とその克服を強調するようになる。

ファルツェダーは、彼女の重い強迫病理がフロイトに、技法論文特に「想起、反復、反芻処理」(1914)、「転移性恋愛についての見解」(1915)、「精神分析療法の道」(1919) で精神分析の技法についての再考を促し、彼が精神科治療との関係を考えていくときの基礎となったと論じている。その後、彼女は1921年および1922年にフロイトを再び訪れようとしたが、彼は断り、ビンスワンガーの施設つまり精神科治療を勧めた。彼女の足取りは、彼の診療所で治療を受けているのを伝える1923年5月10日の書簡を最後に不明である。

このように、フロイトは治療が長期化した患者を、狼男以外にも抱えていた。しかしそれは今日のように、特に訓練分析において分析の継続期間が長期化しているのとは、質的に違っている。確認できる症例はいずれも、治療が深まるというより行き詰まって遷延しており、精神分析の技法と分析可能性のアセスメントについて、再検討を促している。

第3章　精神分析の養成課程と国際化

1　組織化以前の養成の試み――オイゲン・ブロイラーとの帰趨

標準的な訓練方式が定まる以前から、フロイトは精神分析に関心を持つ者たちを集めようと、さまざまな努力をしていた。だが自ら孤立と不遇の時期を嘆いていたように、彼の大学講義は病院での臨床とは無関係で、有能な共同研究者と後進に恵まれるには遠かった。それに加えて、フロイトは相手との関わりを深めると、問題を起こすところがあった。彼はフリースともガッテル（Felix Gattel: 1870-1904）[1]とも、相手を称賛し自分の考えを熱心に伝えると、境界が曖昧となって剽窃騒動を起こした[37][38]。

員外教授昇進半年後の1902年秋には、フロイトの日常に新たな活動が加わった。毎週水曜夜の研究会である。これを提案したのは、性的不能のためにフロイトと8回面接したことがあったシュテーケル（Wilhelm Stekel）だった。他の当初の参加者は、カハーネ（Kahane, M.）、ライトラー（Reitler, R.）、アドラー（Adler, A.）だった。しかしライトラー以外は、結局フロイトの元から去った。組織は後にウィーン精神分析協会となり、1938年前に総計150名が出入りした。最大会員数は、1937年の68名だった[29]。これは、意外に少ない人数ではないだろうか。

理解者を獲得しようとするフロイトの努力は、手紙による説得や夢分析の実証という形を取ったこともあった。

その隠れた一例は、フロイトとほぼ同年齢で精神分析の価値を承認した当時唯一の大学教授、ブロイラー（Bleuler, E.: 1857-1939）である。彼は早くから『夢解釈』（1900）に関心を示し、フロイトの技法を学ぶため、１９０５年には自分の夢と自己分析を送って講評を受けることさえしていた。[20] 彼は、理論的な疑問や討論を書いた手紙と分けて、自分の夢を別紙にタイプして匿名性の保持をフロイトに求め、連想をタイプライターで自由に打つことで自由連想の代わりとしようとした。この文献によれば、フロイトからの40通は公開されていないが、ブロイラーからの50通はワシントンのアメリカ議会図書館にあり、一部が公開されている。

その後２０１２年11月に、フロイト-ブロイラーの往復書簡集 “Sigmund Freud-Eugen Bleuler: Ich bin zuversichtlich, wir erobern bald die Psychiatrie. Briefwechsel 1904-1937〃 が出版された。[39] 表題は、フロイトが「私には自信がある、われわれはもうすぐ精神医学を征服する」とブロイラーに宛てて書いたことに由来する。ここに採録された全79通のうち、ブロイラーからは52通、フロイトからは27通で、おそらくまだフロイトからの分には伏せられているものがある。ただ、要点は既に紹介済みである。ブロイラーからの書簡は１８９８年９月28日付に始まり、２通目は１９０４年９月、１９０５年には夢の同封を含めて６通、その後折に触れて書かれ、１９１０年に少し盛り上がり、ＩＰＶ（ＩＰＡのドイツ語表記）問題が持ち上がると、紹介したようなやり取りがあって、フロイトは１９１２年まで、ブロイラーは１９１４年までで、以後はお互いにほとんど書かなかったことが分かる。

往復書簡という方法は、無意識的過程への理解を深めるよりは、教授方式の限界を顕わにした。そもそもフロイトにとって、夢解釈は自己分析と密接に結びついており、医学的・実践的な理由以上の、理解を進める動機があった。それに対して、ブロイラーの関心はあくまで精神医学的であり、個人的な連想は広がらなかった。当時はそう捉えられていなかっただろうが、精神分析あるいは精神／心理療法は、理解されたいという思いに裏打ちされた、自分自身や自分の問題を理解し整理したいという欲望を原動力としている。症状は、変形・妥協形成されたその現れである。夢解釈は分析の素材が夢であるだけで、この構図に変わりはない。夢の意味やそこに至る技法のみを知ろうとすることは、自分の心という謎の存在への関心ではない。ブロイラーがユングの「言語連想検査」に馴染んでいたことは、自由連想にとってはむしろマイナスに働いた可能性がある。というのは、自由連想は何かリアルで真実らしいものへと手探りで近づいていく求心的な力を前提にしており、或る刺激語に対する思いつきを秩序立てずに述べることではないからである。もちろんブロイラーにも個人的な感情や考えがないはずはないが、彼にはフロイトに相談したいことが特になかったのではないだろうか。

両者の議論は平行線を辿った。「私はあなたの『性理論三篇』を読み直したところです。私は今でも、個人的な演繹への私の抵抗が情動的な抵抗だとは考えていません。他の症例でも、私は同じ種類の演繹をして、同じように振る舞うでしょう。私が欠いているのは、あなたが結論を導いた素材です」(1905年10月17日付フロイト宛ブロイラー書簡[20])。個人的な演繹とは、ブロイラーの夢および連想に対するフロイトの解釈のことと思われる。それを受け入れない態度は、今度は抵抗として解釈される。しかしブロイラーは、結論に至らないのは証拠が不足しているからであって、自分に抵抗があるとは考えなかった。「抵抗は私にとって何処にありうるのでしょうか、もしもそれが抵抗であるなら。私は若い頃から、自分を分析するのに問題があったことはありませんでした——もちろん、私は皆に何でも話すことを気にしません。しかしそれは明らかなことです。それは自己分析の妨げでも他者たちとの科学的分析にとっての妨げでもありません。もちろん私は、あなたが私に何かを明かすことは、問題にもならないと考えます。私は予想外のものに対しては、意識的・無意識的に、それらについて極力考えないようにするという反応をします」(1905年11月5日付フロイト宛ブロイラー書簡)。フロイトの精神分析の論理に従えば、こうした答えも言い訳で、否認による抵抗に他ならない。その線で考えれば、抑圧は羞恥心・プライド・道徳観……などさまざまなものから由来しうる。但しこれは、精神分析が科学の一分枝ではないことによって成り立つ議論である。後にブロイラーはフロイトからの抵抗解釈を受けて、「『我々と行動を共にしない者は我々の敵である』、つまり『すべてか無か』の原理は、宗派や党派に必要なものです。私はそのような政策を理解はできますが、科学にとっては有害だと考えます。究極的な真実は存在しません。諸観念の複合から、或る人は或る細部を、別の人は別の細部を受け入れるでしょう。AとBという部分的な観念が、お互いを決定するとは限りません。科学では、誰かがAを受け入れるならば必ずBも保証しなければならない、ということはないと思います」(1911年3月11日付フロイト宛ブロイラー書簡)と返した。

ブロイラーは、基本的な態度としては精神分析という学問への関心を保ち、ブルクヘルツリ病院からユング(1907年3月に初めて訪問)、アブラハム(1907年12月)らを送り出した。この時期、フロイトの元には更にジョーンズ(1908年春)、フェレンツィ(1908年1月)らが加わり、運動としての精神分析は国際化していった。チューリッヒのスイス学派は精神分析の発展にとって、ブロイラーという理解ある指導者の下にある臨床の場と、ユングという非ユダヤ人の後継者候補を代表とする人材を提供した、重要な存在だった。

しかし、ユングはブロイラーと不和になり、それもあってブロイラーが精神分析運動から離れると、彼はフロイトとの葛藤を顕在化させ、1913年に決裂した。ユングとのことは措くとして、フロイトとブロイラーとの経緯について見よう。

1905年に夢分析が頓挫しても、少なくとも表面的には、彼らの関係は険悪にならなかった。夢の解釈の習得という形で行なわれた書簡による分析は、両者の接触の薄さと夢に限られた主題と素材という点で、実質的には自己分析とそれへの論評である。まだすべてのやり取りを読むことができないので、ブロイラーが連想の中でどれほど自己開示し、フロイトがそれにどれほど立ち入ったのかは分からない。ウィーンの内輪の会では、ブロイラーの『情動性・被暗示性・パラノイア』("Affektivität, Suggestibilität und Paranoia" 1906)を取り上げるとフロイトは、パラノイアが情動に由来するとした点を認めるが、「情動性」という言葉は何の説明にもなっていない、と評した(1906年10月31日水曜会)。また、性的な因子の理解は極めて不十分だと見做した。他の会員たちはもっと否定的だった。ブロイラーの躊躇がはっきりしてから、フロイトは1910年3月のニュルンベルクでの第2回国際大会で、「自己分析で何一つ成果を上げることのない人には、患者を分析的に治療する能力がない」(「精神分析療法の将来の見通し」)と講演した。ともあれ彼にとってブロイラーは、精神分析が閉ざされてきた精神医学へのつながりとして非常に貴重であり、精神分析のために「精神医学を打破」してくれることさえ期待した。(9) 実際、ブロイラーはホッへ(Hoche, A. E.: 1865-1943)による精神分析への論難に対して、擁護する論文を発表した。

ブロイラーの方は、フロイトによる発見の価値を認め、著作を送られるたびに称賛した。「1905年以来、私に幾つかのことがより明確になったことは本当で、私はあなたの見解を吸収することに成功しました。しかしながら、私の見解は、当時と変わっていません。私が意識している唯一の変化は、今私は肛門エロティシズムを事実と見做していることで、当時は、それに対する理解がまったくありませんでした」(1909年5月8日付フロイト宛ブロイラー書簡)。(2)「『日常生活』と『強迫思考』をお送りいただき、ありがとうございました。これを消化するのは、大変な仕事です。あなたの見解はとても速く発展してきたので、私には辿るのが困難です。しかし、私はその努力を惜しむつもりはありません。大きな困難は、私がそのような症例を滅多に見ないことにあります」(1909年12月23日付フロイト宛ブロイラー書簡)。(2) だが、学問的な敬意と行動上の同調は、別問題だった。ブロイラーが精神分析運動に同調するつもりはないことは、次第にはっきりした。彼は、スイス精神分析協会の会長の地位を辞退した。

フロイトはブロイラーを懐柔しようとしたが、時には彼の抵抗を解釈した。「私は、あなたには内的抵抗があって、そのために自分自身の夢を分析するのが困難なことがあるのを知っています。しかしながら、この抵抗はあなたがドイツとの同僚たちとの間に融和し難い裂け目を作り出したアイデアを発展させるのを妨げなかったことも、私は知っています」(1910年9月28日付ブロイラー宛フロイト書簡)。だがブロイラーにしてみれば、自分が意見の違いからどの精神科医との交流も絶ったことはないし、多様な精神科医の集まりである学会がそういう性質の組織だとも考えていなかった。「関わるに値しない敵対者との論議で時間を浪費せずに、全力で研究を先に進め、より広い講習の最終判断を未来に委ねたいという立場は、私自身が良しとするものではありませんが、理解はできます。私が何かを議論するのは、私が対立への欲望を個人的に強く持っていて、対立を欠くとすべてが、たとえ最良のものであろうと、一方的になると信じているからです」（1910年10月13日付ブロイラーによる返信）。フロイトは、国際精神分析学会を設立するのは、「第一に、公衆に本物の精神分析を提示し、それを間もなく現れるであろう模造品（偽造物）から守る必要があり、第二に、フェレンツィが私とともに用意した演説の中で強調したように、われわれは敵対者たちに答える用意が今やできていなければならず、その答えを個人の気紛れに任せておくのは不適当だから」（1910年10月16日付ブロイラー宛フロイト書簡）だと説いた。彼はまた、ブロイラーは自分が常に正しいとしたがっている、と非難したようである。ブロイラーは反論した。「あなたの観点では、あなたがほとんどすべてに関して正しいのですが、私の観点では、私もまた正しく、私の立場が私の人格によって規定されているからということで攻撃されることはできないと考えます。この件に関して、何らかの暗い力が私の振る舞いを決定しているはずだということは、私にはほとんどありえないと思われます。私の立場を説明するのには、私の意識的な動機で全く足りています」「私たちは違うのです。こちらの立場かあちらの立場か、ということの理由は、知的な性質のものですが、この問いでは、気質の違いが決定的なのです（1910年10月18日）。

対立のこうした整理は、後のユングのタイプ論を思わせる。ブロイラーは精神分析と同じ土俵に乗ろうとしないので、フロイトの「抵抗解釈」に同意することもなかった。しかも彼は、精神分析に関わらない立場から同じ指摘をフロイトに返すことができた。「私たちの間には、相違があるのです。私はそのことをあなたに指摘することにしましたが、それはあなたにとって、同意するのにますます情動的に困難にするだろうと懸念しています。あなたにとっては明らかに、あなたの理論をしっかりと確立し、それが受容されるのを確かにすることは、あなたの人生全体の目的と関心になりました」「私にとっては、その理論は複数の真実の中の、一つの新しい真実に過ぎません」「私にとっては、それらの見解の妥当性が認められるのが数年早いか遅いかは、大きな問題ではないのです。ですから［精神分析の］大義を進めるために、私はあなたほど自分の全人格を犠牲にしたい気にはならないのです」（1910年10月19日）。このように相手を感情論だと批判し合う局面では、精神分析の方が優位に立つことはできない。精神分析が「抵抗」を指摘できるのは、同意と設定がある場合のみである。その一方で、ここには精神分析の本質につながる難題が含まれている。精神分析を単にさまざまな真実やさまざまな見解の一つで、時と場合によって使い分けられるようなツールだとするならば、言行不一致を意に介さないことになりかねず、非妥協的なまでに〝本来的な生き方〟を追求するという、精神分析のもう一つの真実を損ねるおそれがあるだろう。しかしそれを職業的態度とすることは、理念的にも実践的にも、どこまで可能であり適切なのだろうか。

フロイトは更に、精神分析運動の組織をブロイラーが受け入れられるものにするには、敵対者たちへの対外政策を含めてどこをどう修正すればよいかを尋ね、譲歩の姿勢を示した。そして彼は、アドラーが自分の学説と違って生物学寄りであっても、ウィーン精神分析協会の会長に指名したほどで、彼を排除したり首を切ったりしたことはない、と訴えている（1910年10月27日付ブロイラー宛フロイト書簡）。実際には、1910年の後半にはアドラーはフロイトにとって「破滅をもたらす」（ゲイ）おそれのあるものになっており、翌年2月、彼はアドラーと対決、11月にはアドラーを支持する6人をウィーン精神分析協会から退会させることになる。

ブロイラーは、1911年11月に、正式にIPAから脱会した。フロイトはフェレンツィには、「ブロイラーは癪に障ります。彼は、学会からまた退いたと書いてきました。私はそのことで彼を罵倒しており、戦場からの更なる報告を待っています」と書いた（1911年11月30日）。論文に引用されたブロイラー宛で確認できるのは、「私は、精神分析に対する抵抗は情動的な性質のものであり、あなたは言い訳を探していたことが分かります」（1912年1月2日）という程度である。もちろんブロイラーは反論したが、フロイトの評価は、その後変わらなかった。「私は、心理学の研究者の理解を、夢の解釈という問題に対するその人の態度で推し量ることが習慣となり、精神分析に反対する大抵の人が、こうした領域に足を踏み入れるのをそもそも避けていたり、それを試みても極めて不器用にしか振る舞えなかったりするのを見ては、満足感を覚えた」(『精神分析運動の歴史のために』1914)。そもそも、精神分析は普通の意味での科学ではなかった。「精神分析とは何か、どういう点でそれは心の生活を研究する他の方法から区別されるのか、何がその名を負うべきなのか、何が別の名で呼ばれた方がよいのか、それを私以上によく知っている者はいない」(同)。精神分析は、確かにフロイトが作ったものである。精神分析が自己分析であるなら、このフロイトと精神分析の二者関係よりも強力なものはない。しかし精神分析が方法となって、誰かの心を理解しようとするなら、フロイトは傍観者あるいは証人という第三の立場になりうる。そして誰でも一定の訓練の後に、その立場になりうるとするのが、精神分析運動における組織化である。フロイトはこの点で、息子を手放し難い母親のようだったかもしれない。

フロイトの精神分析は、1913年のブレスラウでのドイツ精神医学会の会議において講座精神医学から排斥されたが、なお1914年に、アブラハムに執筆中の「無意識」のメタ心理学的構想を伝えながら、こう書き送っている。「私は、彼［ランク］とあなたとフェレンツィに、精神分析理論がこれからの悪い時代を生き残られるように、大学講師となってほしい」(1914年12月21日付アブラハム宛フロイト書簡)。その一部は、彼の存命中、束の間実現したようだったが、長続きはしなかった。

総じてブロイラーは、精神分析に好意的だった。ドイツ精神医学者たちが1913年5月のブレスラウ大会で、こぞって精神分析を批判したときも、[9]彼はその功績と不明点を中立的に述べた。10年以上経って、フロイトから『自らを語る』(1925)を寄贈されたブロイラーは、「あなたにとって見解の相違は非常に重要に映るので、私が今も精神分析を支持しているのは理解できないことです。私はそうした相違を、極めて取るに足らない、枝葉の問題だと見做しています。［……］本質的であるあなたの理論は、それらを完全に理解してからは、私にとって自明です。［……］しかも、私は今でも患者を、精神分析に紹介しています」(1925年2月17日)と送った。

こうして見てくると、フロイトの論文「分析における構築」(1937) の冒頭に登場する、「精神分析に対して公正な態度を示してくれた」「とても名の知れた研究者」(Ein sehr verdienter Forscher) とは、オイゲン・ブロイラーに他ならないだろう。「構築」についての議論は措いておいて、この研究者の批判を見ておこう。それはこうである。患者に解釈を与える際に精神分析は、あの「表が出れば僕の勝ち、裏が出れば君の負け」という原理で患者に解釈を与えている。すなわち、患者が同意すれば解釈は正しく、患者が反対すれば、それは抵抗の印に過ぎず、やはり解釈は正しいとされる。だから、無力で哀れな患者が解釈に対してどう応じようと、分析している側が正しいのである。裏を返せば、この正しさは、表が出れば僕の負けで裏が出れば君の勝ち、という同等の選択肢を排除することで成り立っている。この論法もまた、ブロイラーを彷彿とさせるものである。

では、こうでもあればああでもある、と五分五分であって、どちらにも利がありうるというところで終わるかというと、明らかに、精神分析が指摘した「否認」や「抵抗」という現象もまた存在する。ブロイラーにおける連想の制止も、それを疑わせる。しかし情動の合理的な過程への影響を見るためには、知・情・意という人間の精神機能をそれぞれ独立した次元として完全に切り離せないにしても、別に扱う設定が必要である。ブロイラーの「制止」が認められても、それを抵抗として理解していく場はなかっただろう。フロイトが学術的な交流の延長で、ブロイラーに文通による夢分析を行なったことは、何重もの意味で無理があった。学習の指導と自己理解を援助する立場は両立させ難い。しかもフロイトにはさまざまな思惑があり、プライバシーの保護はいつも怪しく、相手が理解するペースに合わせて中立的・受身的に関わることは、1905年の段階では治療においてもしていなかった。そもそも、場を共にしていないのだから、感情の動きを文面から推し量ることができる範囲は、極めて限られていただろう。

その後、紆余曲折を経て精神分析の訓練は、「書物を勉強し講演に耳を傾けることによっては追い求めても得られない印象や確信を、身をもって獲得できる」(「精神分析治療に際して医師が注意すべきこと」1912) 方法へと進む。そしてそれは、系統講義・症例のスーパーヴィジョン・訓練分析という形にまとまっていく。

2 アイティンゴン・モデルまで

第一次世界大戦後に精神分析の訓練が組織化される見込みが強かったのは当初、フェレンツィがいたブダペストだった。1918年9月に催された第5回国際会議は、主題に「戦争神経症」を含んでおり、軍の幹部やブダペスト市長も出席した。フェレンツィは会長に、フォン・フロイント（Anton von Freund：1880-1920）は書記に選ばれた。彼は、二番目の妻ロッジ（Rószi）が1915年11月1日から翌年7月15日まで399回、次いで1917年11月2日から12月20日まで42回、計441回フロイトの面接を受けたことによる恩恵を分析に感じていた（ファルツェダー[7]は、夫が1915年からフロイトの面接を受けていると記したが、マイ[25]はそれを妻の分だとしている）。ビール醸造業を営んでいた彼は、大金を精神分析運動に寄付して、ブダペストにクリニックを開くことを可能にした。フェレンツィは世界最初の精神分析講座の大学教授となり、クリニックの長に指名された。

しかしながら、フロイントは1917年に前立腺癌を発症していて、1919年6月には転移が確認され、1920年1月20日に亡くなった（その間にフロイトは彼と、1918年2月から6月まで、そして1918年12月から1919年春まで、計256回面接している）。ハンガリーの政情は不安定で、フェレンツィは教授職を失い、フロイントの財産は凍結され、インフレーションによって価値を失った。フロイントの妹レヴィ（Lévy, K.：1883-1969）は、この1918年夏の休暇中にフロイトに会って数時間話し、1920年5月から7月に掛けて63時間、フロイトの分析を受けている。

それに対して、アイティンゴン（Eitingon, M.）は1920年2月14日に私財を投じてベルリンに外来患者診療室（ポリクリニック）を開設し、訓練分析・系統講義とセミナー・症例のスーパーヴィジョンを訓練の三本柱とするベルリン・インスティテュートを組織化した。ベルリンの中心メンバーは、アイティンゴンの他に、アブラハム（Abraham, K.）、ザックス（Sachs, H.）らがいた。訓練分析に関して言えば、アイティンゴンのフロイトとの散策を除けば、彼らの中に経験者はいなかった。アイティンゴン・モデルは、この三本柱で知られているが、実際の運営のためには、訓練生による分析を格安で提供するポリクリニックの付設が必須である。[35] IPAは、1925年以降このモデルを全世界に展開させる。アメリカを初め幾つかの協会はIPAの中央支配に抗して、自律的な運営を求めたが、そのために結局ヨーロッパから個人的に招き（ニューヨークはラドーを、シカゴはアレクサンダーを、ボストンはザックスを）、1930年代後半にはほぼ同じ訓練構造を持つようになった。[36] スーパーヴィジョンに関しては、分析者が行なうとするフェレンツィの流れと別個に立てるフロイトーベルリンの流れがあったが、前者の流れは途絶える。訓練制度の一部としてのスーパーヴィジョンの普及は、フロイトよりもアイティンゴンに関わることである。以下では、フロイトが関わる前史の概略を見てみよう。

1908年1月9日、フロイトはアブラハム宛に、「私の技法的規則について、近いうちに公にしなければなりません」と書いた。フロイトは、フェレンツィにも「精神分析の一般的方法論」を20ページ書いたと報告している。「それは、既に分析を行なっている人たちにとっては非常に意味があるものになると思います。まだ外部に居る者にとっては、その一言も理解しないでしょう」（1908年11月26日付フェレンツィ宛フロイト書簡）。

この企画は1910年には挫折し、現在残っているのは1911年から14年に掛けて発表された6本のいわゆる技法論文である。

手紙でフロイトは、アブラハムが診ていたらしい強迫患者に関連して、精神病理一般・技法上の原則そして夢分析の一端を述べた。彼はおそらく、こうした内容を盛り込むことを考えていたのだろう。

「あなたの強迫症例は、非常に有益であるに違いありません。技法は、ヒステリーの場合よりも幾らか複雑で、抑圧の手段が少し異なりますが、違う方言という程度のことです。

あなたはすぐに、活動の確証を見出すでしょう。すなわち、患者には最初から、強い罪悪感と被虐的で同性愛的な傾向（叩くこと・尻）を予期しなければなりません。鬱ぎ込みは、より早期の性的好奇心と直結しており、性的好奇心は確かにまだ、今日でさえ問題と格闘しています。

強迫の時期は、もちろん増大したリビドーの時に対応します。つまり、患者が恋に陥るか、彼の愛情（嫉妬）への特定条件が人生において触れられた時はいつもです。物事の起源＝赤ん坊はどこから来るのか、人類の起源。宇宙の、天の物体は、解剖学的なものと関連づけられるべきです。あなたの若い人の場合、性的なことを問われたら直ちに啓蒙することによって、非常に多くのことがなされえます。

主な規則はこうです：〔（1）〕ザルツブルクのモットーで言うように、時間をとりなさい。心的な変化は決して迅速ではありません。例外は、革命（精神病）においてです。〔あなたは〕僅かに2セッションで不満を示しています、すべてを知っていないことに！　（2）私〔治療者〕はどのように進めるのか、のような問題は、存在してはなりません。患者が道を示すのです。基本規則（心に浮かぶことすべてを言うこと）に厳密に従うことによって、患者は自分の主だった心的表面を示しますので。

範例の夢〔イルマへの注射の夢〕には、黴毒への言及がありません。性的な誇大妄想が、その背後に隠れています。未亡人の女性、マチルデ、ゾフィー、アナは、私の娘たちの名付け親たちで、私は全員を我が物にしています！　未亡人状態には、もちろん、一つの単純な治療があるでしょう。当然、ありとあらゆる親密なことです。

飛ぶ夢の実際の意味は、もちろん非常に雑多です。あなたのものは非常に見事な症例で、〔『夢解釈』の〕第5版に入れたいと思います。しかし他のものも、私が例から示すつもりのように、同じく素材となることができます」

（1908年1月9日付アブラハム宛フロイト書簡[8]）

現代では、スーパーヴィジョンは対面が困難なときに、スカイプを用いて行なわれることもある。しかし、電子メールやラインはもちろん、国際電話も普及していなかった当時、手紙のやり取りは最も速くて個人的な部類のものだった。通常のスーパーヴィジョンでは、症例理解について以外にも、有形無形の事柄についての交流がある。そこには、スーパーヴァイザーの個人的な臨床経験の披瀝から、雑談の一部のようで単なる雑談ではない、語り口の雰囲気のような非言語的側面も含まれる。書簡の交換では、そこまでの親密さは期待できないが、上記のように、個人的に立ち入った議論が書かれることもありうる。そうした事柄は、論文として公刊するのは困難である。結局精神分析の訓練では、口伝が続けられている。

訓練の主な柱の一つである訓練分析については、フロイトはどのような考えを持っていただろうか。楽天的なトーンは、徐々に変化していく。

ニュルンベルク大会に先立って１９０９年９月にアメリカのクラーク大学に招かれたフロイトは、精神分析の基礎について述べつつ、精神分析者になるには、自分の夢を研究すればよい、と答えた（第３講）。また、１９１０年大会の基調報告では、彼は「逆転移」の概念を初めて導入し、先に引用したように「自己分析」の必要性を強調した。どちらの規定も、達成の深さによっては、現代的観点から見ても通用するものである。だがその尺度や手順は、あまりにも漠然としている。

３年後、彼は規定を追加した。「［自分の夢を分析できるようになるという］準備をすれば、分析を学びたいと思う人の多くにとっては十分であるが、しかしすべての人にとってではない。また、自分の夢の解釈をよその人の手を借りずに行なうことも、すべての人が成功することではない。チューリヒの分析学派がこの条件をより厳格化し、他人に対して分析を実行しようとする者はみな、予め専門家のところで分析を受けるべしという要求を起草したのは、当学派の多くの功績の一つに私は数えている」（「精神分析治療に際して医師が注意すべきこと」1912）。但し、彼はすべてを「他人の手による分析」に委ねたわけではない。「実際には健康な者のそうした分析は、分かりやすいことだが、未完了に留まるだろう。分析によって得られる自己認識と自制心の向上の持つ高い価値をそれと分かる者は、自分という人物の分析的研究を後には自己分析という形で継続し、自分の内でも外でもつねに新たなものの発見を予期しなければならないことを、喜んで謙虚に受け入れるだろう」。フロイトが重視しているのは「自己分析」という形での継続のことのようであり、その意味で彼にとって訓練分析は、自己分析が可能になることを意味している、とも言える。自分の分析が人の手をどの程度介するものであれ、フロイトにとって中核的な点は、「身を持って」経験することで初めて「後に精神分析者になった時に指針となる確信が得られる」(『素人分析の問題』1926)ということである。

それが、夢を通した自己分析で十分であるという考えは、「精神分析運動の歴史のために」(1914)でも述べられている。「〔既に引用したブロイラーへの批判に続いて〕自己分析が必要は事も私にはすぐに明らかになり、それを私自身の一連の夢の助けを借りて行なった。それらの夢に導かれて私は、幼年時代のあらゆる出来事を巡った。私は今日でもなお、よく夢を見る人であまりに異常でない人なら、この種の分析で十分であると考えている」。問題は、何に関して「十分」なのかだろう。幾つかの夢の意味を探るには、自分の夢を分析しておけば十分かもしれない。それは、行なうのが同じような作業だからである。しかし実際の治療は、夢や失錯行為の意味を理解すれば済むものではない。同じ論文のすぐ前のところで、フロイトは書いている。「神経症は分析によって理解可能になるに違いない、という私の仮定を実地に試してみても、困惑するほど長く患者に結果が現れない、ということがしばしばだった」。つまり、自己分析が役立つかどうかに関わらず、夢を分析する技法だけでは治療者としては不十分であり、治療には、見通しの立て難い状況で適切に持ち堪える――頑迷に、ではなく――力が必要とされる。

精神分析の創始は、フロイトがオイディプス的な欲望を自分の中に見出した、1897年10月15日付フリース宛書簡中の洞察に結び付けられるのが一つの図式である。「私の自己分析は、事実、私が手中にしている最も本質的なものであり、それが終わりに達すれば、私にとって最高の価値があるものとなりそうです」(同)。しかし、そうした発見の高揚よりも、「私の自己分析は、また行き詰っています」(同年11月5日付)を経て、「本当の自己分析は不可能です。そうでないなら、「神経症の」病気は存在しないことでしょう」(同年11月14日付)と、自分で治せるくらいならそもそも病気はないだろう、と限界を認めている方が、精神分析的な理解の姿勢に近い。

「自己分析」は、理屈から考えても「答えが不完全に終わる危険性」が高い。それは、説明が部分的なところで満足して、重要なことを露わにすることに抵抗する可能性が常にあるからである(「ある微妙な失錯行為」1935)。その小論での解決は、アナ・フロイトの意見を聞く、というものだったが、「終わりのある分析と終わりのない分析」(1937)では、5年おきに「自らの身を分析の対象に置く必要」としたり、自己分析が終わりのない課題であると結んだりと、フロイトの見解は幅を持ったままである。

3 精神分析運動と1920年代の経済事情

第一次世界大戦後フロイトの生活は、患者がいないだけでなく、生活物資の不足、インフレーションの進行と、困窮を深めた。ゲイの伝記にも詳しく書かれているように、フロイトは生活を成り立たせるために奮闘した。主にジョーンズの斡旋による欧米からの訓練希望者たちの流れは、その救済策である上に、訓練の提供と精神分析の普及という目的も叶える計画だったと思われる。イギリスからは、1919年秋にフォーサイス(Forsyth, D.)が来て、7週間フロイトと精神分析を経験して『精神分析の技法』(11)を書いた。リックマン(Rickman, J.)・ストレーチー夫妻が来たのもこの頃だった。アメリカからは、相次いで7名ほどやって来た。この他に、ヨーロッパ貴族が没落して支払えなくなった代わりに、アメリカの富豪の子息たちが来た。フロイトは、当時元患者だったアナ・フォン・フェスト（Anna von Vest：1861-1935）宛に、こう書いている。「私は病人たちをほとんど治療せず、イギリス・アメリカ・スイスなどの医者たちを分析しています。彼らは、分析の訓練を欲しています。このような仕方で私たちは、クローネの惨めさ（la misère de la couronne）から逃れることができました」（1922年7月3日付、アナ・フォン・フェスト宛フロイト書簡）。彼女は、1903年からフロイトに治療を受け、その後も彼の治療を求め続けていたが、一定の成果の後、二度と回復しなかったと『終わりある分析と終わりのない分析』で要約されている患者である。スイスから1922年にやって来て3ヶ月フロイトの分析を受けたのは、ブルーム（Blum, E.：1892-1981）[32]である。

ジョーンズの考えたビジネスモデルは、すべての関与者にとって益をもたらすWin-Winの関係のようであって、分析する側にもされる側にも思惑があり、訓練分析を3ヶ月から6ヶ月単位で回したことが適切だったかどうかには、時代の制約があったにしても疑問が残る。

4　アメリカからの志願者たち

スターン（Stern, A.：1879-1958）は、フロイトに分析を受けた最初のアメリカ人であり、フリンクの分析も受けている。フロイトの患者管理簿から、彼は1920年10月3日月曜日に始めて、同年12月8日水曜日に62時間で終了したと確認されている[23]〜[25]。彼は「境界例」（borderline）という用語を1938年に最初に用いたことで知られるが、フロイトは、「［1920年］12月初めに発ったスターン医師は退屈で、何も格別なものはない」と評した（1920年12月25日付フェレンツィ宛フロイト書簡）。彼は秘密委員会の回覧状の中でも、「会議のあと教授のところに居たスターン医師は、本人個人は利益を受けたが、他の点ではあまり面白味のない人物である」と書かれている。

彼自身はウィーンから帰国後、ヨーロッパでの精神分析を巡る事情を１９２１年５月に「フロイト教授との個人的な精神分析の経験」“Some Personal Psychoanalytic Experiences with Prof. Freud”と題してニューヨーク州医学協会の集まりで報告した[41]。それは Ruitenbeek, H. M. (Ed.) *“Freud as we knew him”* (Wayne State University Press, 1973) に再掲されている[34]。

「面白味がない」(uninteresting) という評が頭に残って読むと確かに、概略的な紹介を超えていない観がある。それは医師一般が聴衆だったことも関係しているかもしれない。訓練分析の必要性は、「技法に精通できる」ためという観点から説かれている。彼はフロイトによる週６回寝椅子法と、当時アメリカで一般に行なわれていた週３回対面法と比較して、「毎日患者に会うことには、少なくとも二つのはっきりした利点がある」と言う。「第一に、それは何ヶ月かの治療の総期間を、少なくとも半分に短縮する。第二に、こちらがより重要な点だが、遮られることが減るために、進歩の速度がより着実で良好である。患者によって生み出されるほとんどの素材、例えば夢の中のものは、分析で利用可能である」――この単純化は、後半で修正されている。「進歩の速度は全然着実ではなく、極めて不規則なものである。外見上、収穫が少ないか全然なく一週間やそれ以上が過ぎるかもしれない。それから価値のある情報が現れて、価値のある推論がなされるかもしれない。それからまた中弛みがあり、それから未解決の細目が集められ、まとめられる。……」。こちらの方が現実的に聞こえるが、いずれにせよ、これは分析が数ヶ月で済まされていた時代の話である。続いて彼は、自由連想・抵抗・転移などの重要な概念を説明するが、自分自身の例は、「精神分析の父フロイト」について、触れてあるのみである。最後に彼は、精神分析技法によって精神神経症を治療する前に、有能な分析者による分析を受けてあることが絶対に必要だと強調して、精神分析に馴染のない聴衆への講演を終えている。

こうした公式文書から、精神分析を経験した個人的な意味を窺い知ることが困難なのは、当然である。しかし、例えばカーディナー[16]のように個人にとって芯となるような経験を抜きに、特定の結果を得るための技法として分析の価値を謳うのは、かなり単純であり、精神分析としての意義は疑わしい。その極端な例は、1934年に4ヶ月間フロイトと会ったウォルティス[46]（Wortis, J.: 1906-1995）の場合だろう。

それに対して、1921年4月1日から7月14日まで週6回フロイトの面接を受けた、スイスからの女性精神科医は、訓練を目的としていなかった点で対照的である[17]。彼女は、2007年に記録を発表したケェルロイターの祖母で、7年に及ぶ婚約期間を経て1921年秋に結婚式を挙げる予定になっていた。しかし将来への疑問は増す一方で婚約を解消することもできず、直前には別の男性とも知り合っていたようであり、交際について考えるのにフロイトの援助を求めたのだった。彼女はブルクヘルツリ病院のブロイラーの元で働いており、『性理論三篇』や『快原理の彼岸』などのフロイトの著作を、製本が解けるほど読み込んでいた跡が残されているが、治療の動機は個人的である。

アメリカ人たちの話に戻ると、マイヤー（Meyer, M. A.: 1892-1939）は1919年秋にウィーンに行き、フロイトの分析を受けた。カーディナーは彼のことを、「重度の神経症」だと書いている。フロイトは、マイヤーにもストレーチーのように自分の論文の翻訳をやらせようとしたが失敗した（ジョーンズ宛1921年4月21日付書簡）。フロイトは、「フリンクはそのような仕事をさせるには重要人物過ぎる」と高く評価していたが、彼のアメリカ人評価は、総じて罵詈雑言に近い。「アメリカ人たちは、本当に『悪過ぎ』です。彼らがなぜそうなのかは、もっとよく観察する機会がなければ、判断しないつもりです。私が思うに、彼らの間では競争が苛烈で、成功しないことは誰にとっても市民権の取り消しに等しいのです。そして彼らには、職業以外の個人的資産がなく、教養ある人間の趣味・ゲーム・愛情その他の関心がないのです。そして成功は、金を意味します。アメリカ人に、私たちが覚悟して行なっているような、世論と対立して生きることができるのでしょうか」（1921年4月21日付ジョーンズ宛書簡）。

1921年10月から、ポロン（Polon, A.: 1881-1926）・オバーンドルフ（Oberndorf, C. P.: 1882-1954）・カーデ

ィナー（Kardiner, A.: 1891-1981）・ブラムガート（Blumgart, L.: 1880-1951）の4人がフロイトのところに行くことになった。元々ポロンは神経学者であり、オバーンドルフは精神科医、カーディナーは一般開業医だった。彼らはコーネル大学医学校を卒業している。ブラムガートは、1922年2月中旬までフロイトの分析を受けた。彼後に被分析者となったクーパー（Cooper, A.M.）によれば、フロイトはブラムガートが人の年齢を当てられると自慢したとき、椅子から離れて家族写真集を取りに行き、写真の人物たちが何歳に見えるか言わせたという[(5)]。エイムス（Ames, T. H.: 1885-1963）も1921年頃にフロイトの分析を受けたとされる。

フロイトは自分の被分析者たちのプライバシーを守らず、別の折にもジョーンズに感想を伝えた。「アメリカ人たちの中でもオバーンドルフは最悪で、彼は私にとってまだ謎です。彼は愚かで傲慢に見えますが、頭か心が何か分析と分かち合うものがなかったならば、なぜあれほど立派で成功していると見做された人間が、分析を受けようとしたのでしょう。私がイギリス人たちのために手配していた講義は、成功であることが示されています。ランクは彼らをみな深く魅了しました。彼らは、アブラハム・フェレンツィ・ローハイムを招いて、それぞれ一、二回講義をしてもらっています。アブラハムは新年の頃に、ハンガリー人たちは1月6日に来ることになっています。［……］」（1921年12月9日付ジョーンズ宛フロイト書簡）。「私はイースターのときに、ストレーチーたちをあなたの元に返します。ブラムガートは2月中旬にこちらを発つところで、あなたは彼にロンドンで会うでしょう。彼の分析は、それが進んだ限りでは、素晴らしいものでした。言い換えれば、彼が分析に過ごした時間が短いので、十分に深くはありません。次に発つのは、オバーンドルフで、2月25日です。彼は、自分の分析から何も得ていません。彼は絶対的に自己満足していて、届き難い人物です。彼が分析の深みにまで入れることは、決してないでしょう。とはいえ、彼は失敗の経験をしたのであり、それは彼の役に立つことでしょう。もっと若いマイヤーとカーディナーは、もっと前途有望です」（1922年2月5日付ジョーンズ宛フロイト書簡）。オバーンドルフがここまで言われたのには、次の理由があった。

5　オバーンドルフのフロイト経験

オバーンドルフは、アメリカの力動精神医学が交流していく時期に活躍した精神科医であり、ニューヨーク精神分析協会・アメリカ精神分析協会・アメリカ精神病理学協会の会長など数多くの要職を歴任し、120本以上の論文と3冊の著作を残している。彼の『アメリカにおける精神分析の一歴史』(31)は、精神科医・精神分析医としての彼の実体験や見解を多く含むものである。しかしながら、彼が述べる出来事の時期には他の資料と一致しないところがある。また、彼自身そして同僚についても記述はやや曖昧である。例えば、彼はフリンクについて、1919年の秋にウィーンに渡り、1921年の初めにニューヨークに帰国したとあるが、これは明らかに誤りで、フリンクについて詳しく触れないための意図的な歪曲の可能性がある。彼がフリンクについて立ち入って言及しているのは、「分析を始めてから間もなく私が、ブリルは他のアメリカ人分析者と同じく、カウチを使っていないと言ったとき、フロイトは苛立ちながら、『こういう重要な件についても、彼は逸脱してしまった』と述べた。他方、フロイトは明らかにホレス・フリンクの分析者としての才能と『古典的』分析的手続きへの傾倒に、感銘を受けていた」という一箇所のみである。但し、彼は同じページで自分がよく知っている分析者とその元患者についてフロイトに意見を述べたと書いており、フリンクのことが透けて見えている。フロイトが「X医師とY夫人がアメリカで結婚した」と満足げに言うのに対して、オバーンドルフは、彼らの背景や社会的な夢と野心の違いからして、うまくいかないだろうと伝えた。その結果は、次の機会に紹介する。彼はフロイトと議論をしなかったが、「非常に深い精神分析が、重度に神経症的なパーソナリティの構造を完全に変えることができるかどうかは疑問である」と言い、1922年にフロイトの分析を受けていたニューヨーク出身の医師の場合がそうで、フロイト自身おそらくそのことに当時気づいていただろう、としている。

オバーンドルフ自身は、彼によれば、１９２１年９月からフロイトと１００時間の分析セッションを持ち、１９２２年２月１日に終えている。それ以前には彼は、１９１４年５月にフェダーン（Federn, P.）と、ホテルのソファに横たわって行なったが、事情により数回で中断された。スイス出身でユングに近かったメーダー（Maeder, A.: 1882-1971）との経験も、同様に短期間で終わっていた。彼は、フェダーンには「ちょっとした神経症（eine kleine Neurose）がある」と言われたけれども、フロイトは、「あなたには私はどうしたものでしょう――あなたには神経症がありません」と彼に伝えたと書いている。彼の述べるところは、具体的にはこうである。「私がフロイトの理論をもっと学ぶ者として彼のところにやって来た、定評のある分析者でなかったならば、彼はそこで私と終わりにしていたことだろう。そういうことだったので、われわれははっきりした目標なしに、私の問題とパーソナリティ、頑固さや受身性・しつこさ・野心・羨望・引き延ばし・軽率さといった、それらにもしも身を任せ過ぎたら社会適応や仕事での有効性に妨げに働く可能性がある幾つかの特徴の分析の作業を続けた」。後に彼はフェダーンにフロイトの言葉を伝えたところ、「あの頃は、われわれは性格分析について何も知らなかったから」と言われたという。

分析の実質に触れる記載は、次の一節のみである。「約３ヶ月後、分析は進展が渋りがちになり、ほとんど完全停止となった。そこで私は教授に、『フォックステリアならピン先で触れても飛び上がるでしょうが、私のようなサイを相手にしている時には、槍を使う必要がありますよ』と言った。彼の反応は、持ち前の乾いた含み笑いだけで、彼が積極療法や私に対する振る舞いを積極的にすることを選ぶことはなかった。事実、教授は常に非個人的な態度を保ったままだった。私はこのことが、私が彼に対して暖かい感情を発展させるのに不利に働いたかもしれないと思う」。

では、彼はどのようにサイだったのだろうか。留学したアメリカ人精神科医たちの間では、オバーンドルフとフロイトが最初の面接で彼の夢の理解を巡って衝突した話が出回っていた。以下は、カーディナーの証言である。[16]

「クラレンス・オバーンドルフは、私のアメリカ人同僚研究者の一人だった。彼は、私にはあまり神経症的な人間に見えなかった。彼は特に知的ではなかったが、根気強い努力家であり、一緒に仕事をするのに非常に人当たりが良い人物だった。彼はコーネルでの私の教師の一人であり、シナイ山クリニックでの上司の一人でもあった。そして彼は、精神医学の主題全体に私を魅了させた人々の一人だった。オバーンドルフは、彼の分析の初日にフロイトと険悪になった。というのは、彼は夢を用意して来て、最初の時間に述べたのだが、それはこういう夢だった――彼は二頭の馬に牽かれた馬車に乗っており、一頭が白い馬、もう一頭が黒い馬だった。馬は、未知の目的地に向かっていた。

分析における始まりの夢としての、未知の目的地に旅立つことは、珍しいものではない。だが他ならぬこの夢は、良くも悪くも、オバーンドルフの明白な弱点にたまたま的中した。というのは、オバーンドルフは白人女性を選ぶべきか黒人女性を選ぶべきか分からないので板挟みにあり、決して結婚できないのだ、とフロイトは解釈したのだった。彼は当時結婚しておらず、それ以後も結婚しなかった。そして彼は南部出身だった。彼はジョージア州アトランタで生まれ、黒人「母さん」に育てられた。この解釈はオバーンドルフを激昂させ、彼らはこの夢を巡って何ヶ月も、フロイトがうんざりして分析を中止するまで、議論を続けた。フロイトはオバーンドルフの性格と能力に決定的な判決を下し、後に彼の本への序文を頼まれても断るほどだった」。

フロイトの対処が事態を悪化させたことには、疑いの余地がない。フロイトにとって「抵抗」はかなり意識的なもので、彼はその無意識的動機を理解していくというより、最終的に努力によって克服することを患者に求めがちだった。また、馬車馬が結婚相手なのかどうかも、二頭が違う方向に進もうとしているのならともかくその間の選択に葛藤があるのかどうかも、断定し難い。分析開始の時点で白か黒かを持ち込んでいるところには、別の理解もありえただろう。ただ、話の流れによっては、フロイトの解釈はこの要約から感じられるほど唐突ではなかったのかもしれない。

帰国したオバーンドルフは、１９２２年3月29日のニューヨーク精神分析協会の集まりで、ブラムガートとともに、ヨーロッパでの経験なかでもフロイトとの分析経験について語った。以下は、その議事録である。「彼らの談話は、ヨーロッパ諸国における精神分析の一般的な地位を扱い、アメリカにおいて存在しているものと比較した。感想は、アメリカでは、真剣に科学的観点からすると精神分析は果たしうる進歩を遂げていないというものだった。アメリカにおいて精神分析の実践に素人が加わることは、その利益のためにならないだろうというのが、演者および会員一般の意見だった。演者たちは、分析者としての資格を得たい人には有能な分析者による分析が、技法の実際上の知識を得るために、絶対に必要ではなくても重要であることを再度強調した。技法の知識を得ること自体、自分自身の無意識的素材を或る程度心得ていることを必要としている。演者たちは、自分の分析における困難と分析への反応の幾つかに、そして二人の反応における差異にも言及した」。彼がどこまで個人的な事柄に立ち入って述べたのかは、不明である。追悼記事を見ると、彼が結婚しなかった理由は、同僚にも不明だったようである。この逸話を回想録で披瀝したカーディナーは、57歳で結婚した。

なお、アイスラーはオバーンドルフにも1952年にインタビューしているが、その記録は2057年まで複写禁止となっている。このように、研修機関に属することもなく、「フロイトに短期間分析を受けた」という以上に特徴のない、部分的な訓練に終わったことについて、彼はどのように語っているだろうか。

第4章　研究——個人による研究の特徴とその限界

1　フロイトと精神病患者——ゲルリッツ出身の少年

フロイトは「誘惑理論」を提唱していた時期に、ブロイアーの紹介で「慢性パラノイア」の患者P夫人を数ヶ月間治療した（「防衛-神経精神症再論　Ⅲ慢性パラノイアの一症例の分析（1896）」）。その32歳の既婚女性は、6歳から10歳までの兄との性交渉を想起したことによって「幻覚性の感覚や映像」が消失した、とした。ここでのフロイトの関心は、ヒステリー・強迫・精神病の症例に共通して、症状が「防衛という心的機制」によって生じることと、その治療は「心的外傷」に立ち戻る精神分析によって可能であると主張することにあった。しかし彼は、「まったくパラノイアに固有で、他疾患との比較ではこれ以上明らかにできない事態」として、「抑圧された呵責が声になった思考として回帰してくる事態」にも言及している。1924年の英語版のみの注では、「その直後、彼女の精神状態はきわめて深刻になり、治療は中断せざるをえなくなった。彼女は入院し、早発性痴呆のあらゆる徴候を持った重篤な幻覚に苛まれる時期をそこで過ごした」「しかし予期に反して、彼女は回復して自宅に戻り、すこぶる健康な子供をもう一人もうけ、長い期間（12年間から15年間）あらゆる家事仕事を首尾よく行なうことができた。初期精神病の徴候だと言えそうなのは、彼女が自分の家族でも夫の家族でも、親戚との付き合いを避けたということくらいである」とあり、短期間の関与で精神病の経過と予後を判断することの困難を伝えている。

その後の彼は、統合失調症をほとんど見る機会がなく、見たとしても精神科病院に送らざるをえなかったので、疾病の経過を辿ることはないに等しかった。それは私信でも確認される。「私は早発性痴呆（dementia pracox）をごく稀にしか見ず、他の痴愚（imbecility）の症例は実質的に皆無です」（1907年10月21日付アブラハム宛フロイト書簡）[8]。だからこそ、スイス学派への彼の期待は大きかった。ところでフロイトがこの時期にアブラハムにこう書いたのは、その年のイースターに、稀ながら会った患者がいたからである。アブラハムは、その後をフロイトに知らせることができた。「私はまもなくあなたに、早発性痴呆におけるリビドーの撤収の問いについてのものを提出します。私は今日、あなたが少し前にゲルリッツで診察した若い患者について意見を求められました」。

ゲルリッツには、1874年に「緊張病」を記述したカールバウム（Kahlbaumm K. L.: 1828-1899）、1871年に「破瓜病」を記述したヘッカー（Hecker, E.: 1843-1909）が在籍した精神科病院があり、フロイトはそこで或る患者に会ったことをユングに報告している[3]（1907年4月7日付ユング宛フロイト書簡）。「早発性痴呆」は、フロイトと同年の生まれであるクレペリン（Kraepelin, E.: 1856-1926）が、状態像と経過から、二人の先人による病像も含めて最終的に精神の荒廃に至る疾患として、教科書第4版（1893）でまとめ上げた概念である。彼が躁鬱病との二大精神疾患に整理したのは、第6版（1899年）である（第5版（1896）では、早発性痴呆を代謝性疾患に分類している）。クレペリンは最終的に第8版（1909）で両者を、病理的変化が知られていない「内因性精神病」として規定した。それに対してブロイラーは、長年の精神科病院での患者と過ごした経験から、この精神疾患を「痴呆」という非可逆的な変質過程と見ることには反対し、さまざまな経過を辿る「統合失調症群」とした。そして疾患として未知の一次症状に対して、心理学的に説明しうる部分を二次症状として、フロイトの夢解釈を援用した。彼がそれを著書にまとめたのは1911年のことだが、経過については、1908年から論文で発表し始めていた。精神分析が理解を助けるのは結局、ブロイラーの4Aとまとめられた連合障害・自閉・情動障害・両価性のうち、連合と両価性に関わる部分である。フロイトにしてみれば、自体性愛（Autoerotism）が問題であり、自閉

(Autismus) では理解したことになっていなかった。しかし元来、精神病理学における記述とはそうした性質のものであり、精神医学はむしろ精神病性障害の症状の了解できなさ、「了解不能性」(Jaspers, 1913) を鍵概念の一つとしていく。フロイトがユングに患者を送ったのは、その前夜、1907年4月のことである。

ユングへの患者提示に、当時のフロイトの疾患理解を見ることができる。

「[……] 他の点についても、私はあなたを私の後継者としてお迎えしなければなりません。私はあなたに、復活祭のときにゲルリッツで診た症例について、お話ししようと思っていました。私は彼が、ブルクヘルツリのあなたの下に送られるところであり、あなたが私から彼についての情報を希望していると聞いています。そこで私は彼の父親に、私があなたと直に連絡を取り合っていることを書いて、あなたには私が診たことを報告しようと思います。あなたはあの少年を、興味深いと思うでしょう。彼が私たちから得る利益はおそらく僅かで、私たちは多くのものを彼から得るでしょう。そして何と言っても、彼は私たち両方が直接観察できた最初の症例となります。私は、この症例が早発性痴呆ではなく、強迫で始まりヒステリーとして持続している、という私の主張をあなたが確認するかどうか、知りたいと思います。私はしばしば、この逆行する発達を観察しており、あなたの連想実験が私の診断について何と言うか、知りたく思います。彼は極めて才能ある人間であり、エディプス型、つまり母を愛し父を憎んでいて（エディプスその人は、強迫神経症でした――スフィンクスの謎)、性の諸事実が彼に明らかにされた11歳の時から病気です。そして着るものまで幼児期に戻り、性に対する拒絶が、よくシャルコーが言っていたように「山のように」(comme une maison) どっさりとあります。彼を扱い難くして私がウィーンに連れてくるのを妨げているのは、彼が興奮したときの叫び声の爆発です。初め、それは彼が母親に圧力を掛ける幼児的な手段に過ぎませんでした。今や彼の発作は、こうなっています。彼はドアの外に立ち、叫び、わめき、うわごとを言い、唾を吐きます。その場面を観察して、一瞥しただけで――本当の精神科医はクレペリンにないものは何も見てはならないのですが――気づくのは、彼が右手の指二本をドア板の窪みの中で上下に滑らせていることです（私はこれを自分で見ました)。言い換えれば、彼は性交を真似ているのです！　発作の後で私が彼に対してこれに触れると、彼は否認しました。それから彼は、学校の男児たちが指をこのようにして（握った手の中へと入れて）真似していた、と言いました。同時に彼は、長い間を取りながら、2、3、4と数え上げます。それは、まさに性交との関連で筋が通ります。そして彼が唾を吐くのは、明らかに射精の模倣です。合間に彼は幻聴を聞き（それは発作の間にも起きます。これはもちろん、疑わしい診断像を呈しますが、パラノイアには見えません）、彼の表情は激しい苦々しさと憤慨を表わしており、要するに、彼は性交の観客でそれに対して憤激で反応しています。そして彼が10歳になるまで両親と一緒に寝ていたことに留意するならば、彼が誰を密かに探っているか、推測できるでしょう。もちろん彼は、うんざりしている観客と、射精する男性の役割の、両方を演じています。圧巻なのは、これからです。あいにく、彼は器質的にも性器の形成を含めて幼児的で、高慢な落ち着きを持って自ら述べるように、11歳から発達していません。彼のプライドは、これに対する絶望やあらゆる関連した情動を彼に抑圧させており、それらが発作の源です。彼は決して、このうんざりさせる振る舞い（それは、たまたま、彼ができないことです）に、ごく僅かな重要性を与えていることも認めないでしょう。

私はこれが彼の発作の唯一の型なのか、それとも彼がわれわれの対話以来それを修正したのか、分かりません。あなたが彼に会うとき、概して同僚にするように彼を扱ってください、彼はすごくプライドが高く、すぐに気分を害します。私の意見では、彼は例えばアシャフェンブルク〔Aschaffenburg, G.: 1866-1944〕よりもずっと知性があります。

私は、幼児的な性活動の一時期を仮定しなければなりません。それについて両親からは、何も見出せませんでした。しかし親たちは、何と多くのものを、見過ごせるのでしょう！　彼は包茎だった（アドラーのための症例！）ので、幼い頃から自慰しないでいたとは、ほとんどなさそうに思われます。

私がとてもうれしく思うのは、あなたが痴呆についての私の意見を拒絶していないことです。ご存じのように、私はパラノイアと呼び慣れていますが、それは同じものです、なぜなら痴呆のパラノイア成分がやはり説明される必要があるからです。ですから私は、次の自由な時に——今日の日曜は、できそうもありません——自分の考えを分かりやすくまとめます。私は、上記のアイデアを見失わないようにします。私はそれらから何かを作り出せればしますが、素材から遠く離れたところにいます。私はあなたが直ぐにもそれに取り掛かることを望みます。

同じ理由から、あなたの痴呆への問いに、今日は答えられません。そのうえ私は、それらについてこんな遠方からきちんと答えられるか疑問です。私は単にあなたが、そうした患者たちは抵抗なく自分のコンプレックスを露わにして転移には接近できない、すなわちその効果を全く示さないことを強調する点で、正しいと感じているに過ぎません。それこそまさに私が理論へと翻訳したいことです。

ちなみに、真の正しく診断されたヒステリーや強迫神経症の症例が、ある時期以降、痴呆やパラノイアの方に向かうことは、非常にありうると思われます。そうした可能性は、理論において容易に実際に示すことができます――その種のことは、ゲルリッツ出身の少年の症例で可能に思われます。[……]」(1907年4月14日付ユング宛フロイト書簡)

現代の精神科医ならば、ヒステリーという病像にも診断にも馴染みがなくなったことも相俟って、この少年症例の診断として統合失調症以外を筆頭に挙げることはないだろう。当時、DSMはもちろんシュナイダー(Schneider, K.: 1887-1967)の一級症状という診断の目安もまだなかったが、ごく部分的に成立しているかもしれないヒステリー的な性的象徴解釈を根拠にして、全般的な混乱・滅裂状態の重症度を考慮していないのは、フロイトがこの疾患をほとんど見ていなかったことを反映していると思われる。当時のブロイラーの診断パラダイムでもやはり、「唾を吐く」を「射精する」の模倣として解釈したとしてもそれは「二次症状」についての理解であって、疾病の本態を解明しているとは考えなかったことだろう。

ユングは4月17日に、満床なので直ぐに引き受けることはできない、と答えつつ、より一般的な経験と推測を述べている。

「あなたの症例は、大変興味深いものです。発作は、緊張病よりはヒステリー形に近く見えます。幻声は非常に疑わしく、心的水準の非常に深い分裂と脆さを示しています。私はしばしば、見たところなめらかに、ヒステリーや強迫神経症から早発性痴呆へと一直線で移行した症例を経験しました。しかし私はそれらをどう考えるべきか、分かりません。それらは既に早発性痴呆だったけれども、われわれに知られていなかったのでしょうか。私たちは早発性痴呆の内奥の性質について、まだごく僅かしか知らず、事実上何も知らないので、昔の医師たちがクループ性の肺炎が結核になることがあると仮定したように、私たちがやっていくのは無理もないことです。私たちは、相互に関連したさまざまなコンプレックスの発達における一定の時期に、環境との関係が部分的あるいは全面的に停止し、客観的な世界の影響がどんどん低く沈み、それが現実に向き合い過度に強められた主観的な創造物によって取って代わられるのを見ることができるのみです。この状態は、原則的には安定し続け、強度のみ変動します。自体性愛で実際に死ぬ症例さえあります（急性状態、検死所見なし）。私は最近、また一例経験しました（象徴的な死？）。そのような症例に重大な解剖学的異常がないならば、私たちは「制止」を想定しなければなりません。しかしこれにはその上（他の症例でも現われるように）自体性愛への実に地獄のような強迫が伴っており、それはあらゆる既知の限界を超えて進みます。おそらく、脳の何らかの器質な機能不全による強迫です。自体性愛は、完璧に無目的なので――自殺を初めとして――私たちの中のあらゆるものは、それに対して反逆しなければなりません。にもかかわらずそれは起きます」（１９０７年４月17日フロイト宛ユング書簡）

「実際に死ぬ症例」とは、致死性緊張病のことだろう。それは、フロイトの「自体性愛」（Autoerotism）とどのような関連があるだろうか。「自体性愛」を性的な層の最下位に位置づけたフロイトの初出時（１８９９年12月９日付、フリース宛フロイト書簡）には、病理的な意味はなかった。それを指摘したのはアブラハム（1908）とされているが、ユングの方が早いことになる。但し言葉は同じでも、意味は同じではない。この慎重な返信からは、彼がフロイトの送った症例をどう考えようとしているのか、明瞭ではないが、神経症と同じ水準で捉えそうにないことは分かる。

フロイトはまもなく、「パラノイアについての幾つかの理論所見」をユングに送った。その要旨の部分を引用しよう。「要約：投影は、（転換などのように）抑圧の一種類である。そこでは表象は、知覚として意識されるようになる。そして、それに伴う情動は、切り離されて不快へと反転しつつ自我の中に撤退する。するとこの情動（リビドー備給）は、知覚端末Wから出発して、再び自我にその情動を押しつけようとする。パラノイアは、他の精神神経症よりももっと容易に、正常な心的過程から説明できる」（１９０７年４月中旬）。「抑圧」概念をこのように使うなら、神経症と精神病の区別が説明上なくなっても不思議ではないだろう。この時期のフロイトは、「ナルシシズム」の概念も「物表象」と「語表象」の区別も導入していなかった。

ユングは1ヶ月ほどしてから、フロイトのパラノイア論への異論として、早発性痴呆では「何もかもが外へと投影されること」や「妄想観念は原則的に欲望成就と被害感の異常な混ざり物であること」を指摘しつつ、症例の経過から理解されることをフロイトに伝えた。「あなたのゲルリッツの患者は現在、最低の自体性愛水準の緊張病症状を、議論の余地なく示しています――彼は自分に糞便を擦り付け始めました。彼の父は、最近私にそう書いてきました。どのような心的な治療も、単なる分析さえ、全くの問題外です。それは残念ながら私が毎日、私たちの緊張病患者で見ている通りです」（5月14日付フロイト宛ユング書簡）。このように、ユングが「自体性愛水準」で指しているのは、部分欲動の表われらしいものである。フロイトのシュレーバー論でも、同様の見取り図が採用されている。しかしそこに死の成分が混じっている点で、ユングの考えはフロイトと異なるだろう。それはそれとして、ゲルリッツの患者はヒステリーでも強迫神経症でもなかった。

5月23日、フロイトは返信した。「私のゲルリッツの患者は、あらゆる失敗と同じように、非常に教訓的です。われわれが診断したものはまだ存在し、加えて早発性痴呆です。私が「グラディーヴァ論」の中で紹介したギムナジウムの学生は、幾何学を逃げ場としていますが、素晴らしい強迫観念、壮大な空想を示しました。彼の性器もまた、幼児的に留まってきました。私は何ヶ月か前に、彼にまた会って、無気力な痴呆状態にあるのを見ました」。フロイトの言う「無気力な痴呆状態」が実際には何か、不明である。しかし、この学生が狭義の妄想や幻覚を示したという記載はない。フロイトは論文を、精神病性の妄想を論じているかのように『グラディーヴァ』における妄想と夢」という題名にした。しかし、それは実際には「狂信」や「熱狂的信念」と呼ぶべき種類の空想を扱っており、精神病的な世界の破滅とは関わりがない。

ユングとのやり取りは、その後「グラディーヴァ論」や他の患者たちの話題に移り、ゲルリッツ出身の少年については見当たらなくなる。少年のことが現在入手できる資料に登場するのは、先に引用したアブラハムとのやり取りの中である。その前にフロイトは、「早発性痴呆」をほとんど見ないと言いつつも、その「痴呆」は解消できる機能的なもので、「その原型は、私たちが探し求めている洞察が強い抵抗に逆らって働かなければならない際に、分析の中で観察される信じ難い瞬間的な愚かさでしょう。知的な備給が、私たちがそれを向けたいと思う方に、全然行きたがらないのです」(1907年10月21日付アブラハム宛フロイト書簡)と理由を想定した。しかし早発性痴呆が「抵抗」するとか対象への備給を渋るといった擬人化による理解が成立するのは、それが機能性の障害である場合のみである。器質的な障害では、そうした選択の余地があってしていることではなく、そもそもできないか、圧倒されて止む無く従っているかである。

アブラハムは伝えた。「[……] 私はまもなく先生に、早発性痴呆におけるリビドーの撤収の問いについて提出します。私は今日、先生が少し前にゲルリッツで診察した若い患者について意見を求められました。彼は今や、重篤な幻覚精神病を患っています。そして強迫症状は持続しています。この症例は、私が以前観察した他の二例と併せて、私たちの見解にとって非常に重要なように私には思われます」(1907年12月21日付フロイト宛アブラハム書簡)。アブラハムは1907年末にはブルクヘルツリを去っているので、これが最後の情報だった。

フロイトはこう返信した。「ゲルリッツの患者に関して。彼の両親は、良き人たちながら、隠し事をすることによってのみ、私をその施設まで赴く気にさせました。そこに着いて初めて私は、彼が幻聴も聞いており、そういうわけでヒステリー／強迫神経症の枠を超えていることを見出したのです。私は発作を自分で観察しました。それは性交を、あるいはむしろ、彼が観察したそのような［明らかに両親の間の］性交行為への彼の憤激を表わしている点で、非常に教育的です。彼が唾を吐くのは、精液の射精です。事柄全体は、全く明白です。そして彼の運命にとって悲劇的で、私たちの見解にとって非常に興味深いのは、彼が性的なものを拒絶するものに器質的に随伴し、その理由であるもの――彼の性器の幼児性です。私が彼の両親に、回復の見込みをほとんど抱かせなかったのは、後者のためです。しかしそうすると、彼らは改善に非常に満足するでしょう。この症例が早発性痴呆と見做されなければならないことには、もちろん何の疑いもありません。しかしそれとヒステリーおよび強迫神経症との関係もまた、否定しがたく表面化してきます」（1908年1月1日付アブラハム宛フロイト書簡）。アブラハムはこれを受けてか、「ヒステリーと早発性痴呆の精神-性的な差異」（1908）を書き、早発性痴呆の精神病理を「自体性愛」から論じる。しかし、1908年からベルリンで開業したアブラハムが自分の〈現場〉を見出すのは、躁鬱病においてであり、6例の患者の経過を報告した「躁鬱病およびその類似状態の精神分析的研究と治療のための覚書」（1912［1911］）は、その皮切りである。

一方、この時期のフロイトにとって、ユングに伝えた唾を吐く＝射精という図式を改めてアブラハムに書くほど、これはまだ捨て難かったようである。しかしこのような内容解釈は類似性を発見する作業であって、精神病の異質性を明確にするものではない。「私はごく早い段階で（1896年）、或る妄想性痴呆の症例において、神経症に見られるのと同じ病因論的動因、同じ情動的コンプレックスの存在を確認していた」（「みずからを語る」1925）。その先に進んで、神経症を描出するために考案されたメタ心理学的諸概念が精神病について解像度の高い像を結ぶかどうかを吟味するための臨床素材は、彼の手元にはなかった。「公的精神科病院で働いていないわれわれのような医師にとって、パラノイアの分析的研究は特別に難しい。治療上の成果を挙げることがわれわれの作業の基本条件であるゆえ、この種の患者の主治医になったり長い期間身近にとどめておいたりすることができないからである」――フロイトはこう述べて、彼の目の前で叫ぶことも唾を吐くこともない精神病患者についての精神分析的な見解を展開する。それが1911年に発表した「自伝的に記述されたパラノイアの一症例に関する精神分析的考察」、すなわちシュレーバー論である。それをここで詳説することはできないが、フロイトが抽出した中で精神病らしい部分は、「同性愛的リビドーの突出」よりも、リビドー備給の撤収による世界没落と妄想形成という再構築である。しかしどこにという詳論がまだ欠けている。

フロイトのシュレーバー論考は、「専ら思弁的な方法で神経症と精神病との本質的な違いに関する公理を発見する」(「フェティシズム」1927) 試みの端緒である。それはかなり静的で間接的な研究だが、フロイトが選ばざるをえない道の一つである。もう一つは、監修に近い形での共同研究である。その代表は、アブラハムとのメランコリー論である。これは、フロイト以外の者が精神分析にとって重要な貢献を行なう点で、新しい時代の始まりである。

フロイトはフロイトでメタ心理学を押し進めて、早発性痴呆の謎に、新たに解法を提起した。それを伝えた相手もアブラハムだった。「私は最近、意識系と無意識形の両者の特徴を見出すのに成功しました。その特徴によってどちらもほとんど具体化し、私が思うに、早発性痴呆の現実との関係の問題への、単純な解決が提供されます。物の備給すべてが無意識形を形成するのに対して、意識系はそれらの無意識的な表象を語表象と結び付けることに対応しています。意識化される可能性は、語表象によってもたらされます。転移神経症における抑圧は、意識系からのリビドーの撤収つまり物表象と語表象の分離に本質があるのに対して、自己愛神経症における抑圧は、無意識的な物表象からのリビドーの撤収にあります。それは当然、より深層の障害です。このため、早発性痴呆はまず言語を変化させ、概して語表象を、ヒステリーが物表象を扱う仕方で扱います。つまり、早発性痴呆は語表象を、縮合・遷移・放散などがある一次過程に従わせるのです」(1914年12月21日付アブラハム宛フロイト書簡)。これは、メタ心理学論文の一つである「無意識」(1915) の要約でもある。フロイトはここで神経症と精神病の類似性の追求から、差異の明確化に重きを置くことに転じていると言えるかもしれない。しかしこの図式には、精神病における死と圧倒する力の次元が欠けている。それは、欲動論の改訂と構造論の導入を待たなければならない。その移行期に、メランコリーを巡る研究がある。果たしてそこに、フロイトの患者は関わっているだろうか。

2 「喪とメランコリー」(1917〔1915〕)とマイレーダー

フロイトが一連のメタ心理学論文を執筆したのは、第一次世界大戦によって患者との面接時間が減少したためと言われている。もちろんそれは、同時に彼の中で「心的装置」への関心が復活し、原理に基づいて思弁を進めたい意欲の表われでもある。一般に、優れた理論は臨床から生まれるように言われる。だが、理論とは臨床の中の課題を抽出していく作業であり、問題意識の先鋭化が前提である。症例報告と違って、理論的著作には必ずしも一症例が対応しているとは限らない。それでも、臨床との密接な関連が見られる論文には、何らかの臨床経験が背景にあることだろう。

「喪とメランコリー」の中の臨床記述は特定の患者の経過報告を含まないが、手近でそれを経験せずに抽出できるかどうか疑わしいほど、簡潔にして要を得ている。しかし、フロイトの臨床経験の同定は、なされていないようである。例えばホーマンス[15](Homans, P.)は、一連のメタ心理学論文の背景にユングとの決裂に対するフロイトの反応を見て取り、自己心理学の「自己対象」概念を用いて「脱-理想化」の過程を論じている。彼は、「喪とメランコリー」中にユングの名前への言及がないことを「脱-理想化」完成の証拠としたが、これでは何ら論証になっていない。もっと新たな資料が必要だろう。

このフロイト論文は、タウスクがウィーン精神分析協会で前年12月30日に発表した研究に刺激を受けて、

1915年2月に第一稿が書かれ、アブラハムとの討論を経て同年5月4日に脱稿したことが知られている。タウスクの発表は、メランコリーと躁病の関係・そのナルシシズム的特徴・早発性痴呆との関係などについて、「器官による比喩表現」と「器官における自体性愛リビドー」といった概念を用いて、精神病理学的な考察を主としている。(30) それに対してフロイトは討論で、タウスクの発表には新しい点と全くそうではない点とがあり、メランコリー患者の自己非難は他者に対するものが自己に向けられたものであること、病理的なメランコリーの生理的モデルは喪であると述べた上で、「良心」の存在を鍵とする指摘の意義と、メランコリーを自己愛神経症に分類することに同意している。この会議録からは、彼が強迫神経症とメランコリーをどう区別したのかしなかったのかは不明だが、喪との対比は、後の論文の骨格となった。

しかしタウスクに関しては、彼はルー・アンドレアス＝ザロメに、どのような感情からか、「私はあなたがナルシシズムの主題に、タウスクの仕事へのあなたの関心から密接に関わるようになったことを知っています。しかし彼の議論は、私には極めて理解し難いものでした。あなたが彼に関心をお持ちなので、私は彼を理解しようと大いに努めました。しかし、私のこの努力は実を結んでいません」と書いた（1915年1月31日付書簡）。後にタウスクは、16歳年下の元患者との再婚を前に自殺した（1919年7月3日）。タウスク自身の躁鬱傾向とフロイトによる拒絶のどちらの影響が強かったのかに関しては、異なる意見がある。いずれにせよ、タウスクという人物の精神病理自体も、この時点でフロイトの論考に着想を与えたとは考えにくい。

「喪とメランコリー」に関するアブラハムとフロイトの間の意見交換は、1915年3月27日に始まる。「私は『イマーゴ』と『雑誌』(Zeitschrift) のための論文を、ゆっくりと着実に進めており、メランコリーの解決案の確証を、この二ヶ月研究した症例に見出しました。それにははっきりとした治療的達成はありませんでしたが、今後出てくるかもしれません」（1915年3月27日付アブラハム宛フロイト書簡）。1910年代の「患者管理簿」から、その症例はマイレーダー (Mayreder, K.: 1856–1935) に絞られる。

アブラハムはフロイトに宛てて、或る患者はメランコリーへと発展するのに、別の患者は強迫神経症に留まるという相違点を明らかにすることに、自分が腐心してきたことを述べている（1915年3月31日フロイト宛アブラハム書簡）。彼がメランコリー患者に見るのは、「愛情能力の欠如」および「サディズム」であり、それは体内化と人肉嗜食的同一化に表われる。この強調と呑み込まれた対象の運命の考察は、メラニー・クラインへと引き継がれていく。一方、フロイトは「局所論的要素」（1915年5月4日付アブラハム宛フロイト書簡）を強調しつつ、欲動論と構造論を再編していくことになる。

建築家のカールが、フロイトが「喪とメランコリー」を執筆していた時期に彼の面接を受けたことは、配偶者のローザ（Rosa）が残した詳しい日記から分かっている。(26) ローザは女性の権利のための運動家で、流産のための子供がなく、不倫関係が二回あったとのことだが、彼の治療のために力を尽くした。フロイトはフェダーンの紹介で夫妻に会った翌日の1915年1月21日から面接を開始した。最初は週2回、次いで週5回、その後週4回で計41時間続けられ、10週後の3月27日に中断された。

ローザの日記を紹介しているボルク＝ヤコブセン(4)によれば、当時マイレーダーは59歳で、1912年の重篤な鬱病発症以来1935年に亡くなるまで、59人の医師を転々とし、フロイトは25番目だったという。フロイトは彼の発症を、ローザの閉経によって子孫の可能性が永遠に失われたためだとした。ローザにとってこれは甚だ疑問で、彼女は夫を通じてフロイトに、子供がいないのは自分が不妊だからではなく夫が望まないからだと伝えた。両者に挟まれて伝言役をしている患者にフロイトは、彼の性的生活に干渉するのが自分の役割ではないと説明した。ローザによれば、フロイトは患者の父親との葛藤を持ち出したが、その痕跡も感じなかった彼女は、エマ・エクシュタイン（1865-1924）に相談した。その返事は定かでないが、エマの兄フリードリヒ（Friedrich Eckstein: 1861-1939）が来て、カールをイースター以後もフロイトのところに行かせないように助言した。こうして治療は中断されたが、彼の具合は良くならないままだった。

この時期のこの臨床経験がフロイトの考察に影響を与えなかったとは考え難い。とは言っても、彼が直接に観察しえた患者の状態は不明である。ローザは、自分の態度は病気の原因ではなく結果であり、フロイトは誤っていると考えたが、その後、フロイトが言ったように自分が彼の男性性を圧倒しているのではないかと思うことはあったという。

精神分析的な治療に限らず、患者はいつでも治療を止める選択をすることができるが、定着性の低い患者については開業設定の中でまとまった知見を得ることは、特に困難である。理論面に関して言うと、ボルク＝ヤコブセンは、フロイトがこの症例にメランコリー的な解決案の「確証」を見たのは、夫の自己非難を彼が妻への愛情を撤収した結果と考えたからだとしている。しかしそれは強迫神経症と共通の機制であり、メランコリー特有の機制の説明ではない。メランコリーに特有なのは、「自我の貧困化」であり、「開いた傷口」である。マイレーダーの病状について、別個に調査が必要だろう。フロイトが1921年以降に治療を引き受けたホレス・フリンクは、はっきりと躁鬱病の症状を呈した。その経験が反映されていると思われるのは、「自我とエス」(1923) である。

3　カール・リープマンの治療とその後

1920年の「女性同性愛の一事例の心的成因について」以降、フロイトは詳細な経過を含む症例報告をしなくなった。しかし、その後精神病を扱う論文が増えたのは、実際に精神病の患者がいたことと関係していると思われる。彼の患者たちは多くが富裕層で、親に送られて来た子息もいた。彼らの中には、精神病を発症した、あるいは元々発症していた者たちもいた。精神分析は、患者と分析者が一対一でいる面接室の空間の中で臨床研究を進めてきた。精神病の全貌つまりその病像と経過を、面接室の中で十分に知ることができるか、そして治療することができるのかと問えば、それは無理だと言わざるをえない。フロイトによる治療の改善例は、現代の用語でいえば危機介入か短期集中の支持的精神療法によるものが多く、長期化は困難例を意味した。前者も後者も、ほとんど論文化されていない。とりわけ困難例は、彼がその一部を論じたい形でトリミングしたものとしてしか現れない。

１９２０年代の精神病に関わる論文を挙げると、以下のようである。

「嫉妬、パラノイア、同性愛に見られる若干の神経症的機制について」（１９２２年）
「自我とエス」（１９２３年）
「神経症と精神病」（１９２３年秋執筆、１９２４年発表）
「神経症および精神病における現実喪失」（１９２４年5月執筆、同年発表）
「みずからを語る」（１９２４年8月、発表は１９２５年2月）
「フェティシズム」（１９２７年）
「ある錯覚の未来」（１９２７年）

但し、どれも精神病と関わりはあるが、軸足は神経症にあり、その角度から見られた限りでの精神病である。ここでは、「フェティシズム」についてのみ確認しよう。フェティシズムなのに、なぜ精神病かと言うと、そこに登場する青年がフェティシストであり統合失調症患者だったからである。それはリープマン（Carl Liebman：1900頃-1969）という統合失調症を患ったアメリカ人で、フロイトが数年診た後結局帰国し、マックリーン病院で生涯を終えたことが知られている。委細は、ボルク＝ヤコブセン（2011）およびリン[18]、ビーム[3]に詳しい。リンの論文では、彼は病院との取り決めでA．B．と呼ばれている。患者の身元は、フロイトとプフィスターとの交換書簡および病院の記録から確定している。

しかし本文を読んだことのある読者にはすぐ思い出されることだが、フロイトのこの小論文には、症例が精神病患者ではないかのように、幻覚も妄想も登場しない。それは実際と異なっている。

患者は、ビール醸造会社を経営する裕福な両親の元に生まれた。彼は幼少期から、知的だが非社交的だった。彼は12歳頃から男性用局部サポーターに性的興奮を覚え始め、同性愛的な空想を抱いたが、誰とも性的に関係することはなかった。20代初期から彼は猜疑的妄想と被害的関係づけを持ち始め、アメリカでイェール大学卒業の頃、家庭医スティーグリッツ（Stieglitz, L.）は、同僚の精神分析医クラーク（Clark, L. P.）を紹介した。それから分析を短期間経験した後、彼は芸術家になろうとしてヨーロッパに向かった。彼は１９２４年スイスに渡り、牧師のプフィスターと面接した。

プフィスターは、ブロイラーの意見を求めた。ブロイラーは、患者に強迫神経症と統合失調症の両方の特徴を認めて、「分析としてより教育としてならば――仕事への関心と統制のとれた生活のために」（１９２４）と勧めた。プフィスターは、彼をフロイトに紹介することにした。それに対するフロイトの返信が、彼らの間のやり取りの最初である。「あなたの若いアメリカ人について心配しないで下さい。その男性は救われるでしょう」（１９２４年12月21日付）[12]。フロイトは簡単に請け合っているように見えるが、「統合失調症」をどのように考えていたのだろうか。

１９２４年９月頃に執筆した「みずからを語る」（１９２５）では、彼は最初、「早発性痴呆やパラノイア」の難しさは「感情転移傾向が乏しい、もしくは完全な陰性を示す」ところにあり、それによって、「患者に心的影響を行使しうる可能性もまたなくなる」（同、第４章）とした。その一方で、精神病の精神分析の可能性をこう説く。

「神経症の理論は精神医学に属しており、それへの導入として不可欠である。しかしながら精神病の分析的研究は、治療の見込みがないので不可能な努力のように見える。一般に精神患者は陽性転移の能力を欠いており、そのために分析の主要技法は適用できない。だが、いくつものアプローチが見出されている。しばしば転移は、完全に欠けているわけではなく、少なからず進むことができる。周期性気分変調、軽度のパラノイア性変化、部分的統合失調症では、分析によって疑いのない成果が上がっている。多くの症例で診断が長い間、精神神経症とされるのか早発性痴呆とされるのかで揺れうることは、少なくとも学問研究にとっては有益だった。そのようになされた治療の試みは、中断せざるをえなくなる前に、重要な知見をもたらした。だが何より留意すべきなのは、神経症では苦労して深みから掘り出さねばならない多くのものが、精神病では表に現れていて、誰の目にも明らかなことである。だから、多くの分析的な主張にとって精神科クリニックは、最良の実地検証の対象を生み出すのである。また、分析がやがて精神医学的観察の対象へと向かう道を見出したのも、不可避のことだった」(同、第5章)。

続いて彼は、自分の1896年の先駆的な発表、ユングの説明、ブロイラーの理解、アブラハムの解明（1912）を列挙している。これらは、1910年代前半までの論考であり、かつ、治療的成功を示したものではない。『ヒステリー研究』（1895）以来、フロイトにおいて「抵抗」の克服とは意識的な努力を一貫して指しているとき、精神病性の否認を「強い抵抗」と理解する、すなわち精神病性の経験様式も選択の問題とするパラダイムに、大きな成果を期待するのは困難だろう。

フロイトは1925年9月に、その青年の治療を引き継いだようだった。彼は継続に当たって、治療が長期にわたりフロイトの存命中には終わらないこと、患者の状態は悪化するかもしれないこと、自分を面倒に巻き込みたくはないので要望がある限りで引き受けることを両親に伝えた。

その後もフロイトは、プフィスターに経過を知らせ続けた。「われわれの患者では、事態は非常に奇妙に進んでいます。彼は妄想性痴呆の瀬戸際にある、という私の医師としての意見は強まりました。私はまた彼を諦めかけましたが、彼にはどこか人の心を動かすものがあり、それが私を踏み止まらせています。治療を打ち切るという脅しによって、彼は再び温和しく従うようになりました。その結果、今のところ、良い理解が私たちの間で優勢です。あなたへの手紙が書かれた間のひどい悪化は、私が彼に、彼の神経症の本物らしい秘密を伝えたことに結びついていました。その発覚に対する直後の反応は、抵抗の桁外れの増大にならざるをえませんでした。彼の場合に私に重荷となっているのは、結果が本当によいのではない限り、本当に悪いことになるだろうと私が思うことです。何のことかと言うと、彼は躊躇わずに自殺するでしょう。ですから私は、そうした不測の事態を回避するために全力を尽くすつもりです」(1926年1月3日)。フロイトは、事の重大さは感知していると思われる。しかし、治療の前提となる理論は、抑圧されてきた外傷の想起とそれに対する抵抗の克服という、神経症のためのものだったようである。

「彼の我慢のなさは成功裡に克服されており、実際に私は彼を気に入るようになっていますし、彼もそれに応えているようです。恐ろしい困難の後、彼の発達の秘密の歴史の幾つかが明るみに出され、その効果は、休暇を彼と一緒に過ごした親戚たちが裏付けたように、非常に好ましいものとなっています。外見上、彼はまだ十分に変な振る舞いをしますし、われわれの結果が不完全なのに一致して、まだ正常からは非常に遠いです。他方、彼には驚くべき点が多々あり、彼は強迫神経症からパラノイアに移行しつつあるかのようであることは、否定できません。彼の考えと思考の連鎖には、しばしば非常に奇妙な質があり、これの症状は、特に困難なく妄想と呼ばれうるでしょう。彼が抵抗に屈すると私はいつも、結局これは統合失調症の症例だと自分に言い聞かせますが、そうした印象は、何かが解決されると消え去ります。私は診断という学術的な問いは脇に置いて、生きている素材と作業を続けようと考えています」(1926年9月14日)。

「[……] 私はあなたの自伝的素描を、彼に読むように渡しました。そして好ましくない反応は、私が彼との間でほとんど成し遂げていないことを私に示しました。彼は権威の影響に対する子供っぽい反応を捨てていません。

それが彼を非常に治療困難にしています。私は正しい診断という問いで時間を無駄にはしていません。彼には確かに統合失調症の特性がたくさんありますが、それを理由に彼を追い払う必要はありません。結局、その診断が意味するところははっきりしていないのです。しかしあの若者は、大変な試練です。私は、彼がフェティシストの自慰に対して自分で抵抗して、私が発見したフェティッシュの性質について全部自分のために確証できるようにしょうと努力していますが、彼はそのような禁欲がそこに通じ、治療の進展にとって必須であるとは信じないでしょう。その一方で、私は彼に対して大いに同情を感じており、彼を立ち去らせて悲惨な結果の危険を冒す決心が付いていていません。なので私は、彼と続けています。しかし私が仕事を辞めればおそらく、どちらにせよ彼は私を去るでしょう」（1927年4月11日）。「彼は疑いなく非常に多くの被害妄想的特徴を持っています――しかし、私たちは希望をなくすことなく作業を続けることができます」（1927年10月22日）。その後プフィスターは、フロイトへの手紙で一度彼に触れた（1928年11月16日）が、それが確認できるやり取りの最後である。

フェレンツィは1927年4月にニューヨークに滞在していたときに、長引く治療に不安を強めた彼の両親に問われていた。「リープマン夫妻、つまりあなたの患者の両親は、既に二度私を訪ねて、あなたの手紙の数文の意味を説明させていました。私は自分が知る限りの最善を尽くして、なかでも治療期間の長さについて、彼らに承諾させるべく努めました」（1927年4月8日付フロイト宛書簡）。同年8月、フロイトはフェレンツィに報告した。「……私はあなたがアメリカ以前より、引っ込み思案に感じられます。忌々しい国です！　あなたは、私の患者リープマンの両親と知り合いになりましたね。彼らは今ドイツにいます。私は彼らに、あなたをもう一度訪ねるように助言しました。あなたが戻った時に、リープマン夫人への私の最後の手紙をご覧ください。非常に知的なあの若者は、ますますはっきりとパラノイアを発展させており、私は彼に対する責任を更に長く持つことに、懸念を抱いています。私は彼と悪戦苦闘をしてきました。しばらくの間は、目算がありそうだったのです」（1927年8月2日付フェレンツィ宛書簡）。

フェレンツィの返信：「最後の手紙の、私がアメリカ以来引っ込み思案に見えるという一文は、私にはまったく理解できませんし、私が判断できる限りでは、不当です。全く逆です！　私はアメリカでの経験で、精神分析の大義への関心が更に増しました（それは本質的に、純粋にヨーロッパ的な大義だと思いますが）。［……］リープマンの事例にもっと良い見込みがないのは残念です。しかし私が先生の立場でしたら、私は苦闘を諦めないでしょう。リープマンたちに会ったら、更に続けるように助言します。当然、期待を低めてですが。フェティシズムについての論文を用意中とは本当でしょうか」（1927年8月5日付フロイト宛フェレンツィ書簡）。

フロイトは「フェティシズム」論文を、1927年8月第一週の終わりに仕上げた。そこで彼は、「ある男性のフェティッシュは、水泳パンツとしても使えるような、恥部を隠す帯だった」と書いている（同）。彼の関心は、去勢の否認と受け入れがどう同居しているのかを理解することにある。理論の焦点がそこにあるのはよいとして、実際の症例が精神病でもそれに全く触れないのは、それが基礎に大きく影響を与えると考えていないか、敢えて無視しているかである。フロイトは「狼男」論文でも、「幼児期神経症」のみを論じることをしている。しかもそれは論文の体裁上からだけでなく、彼はあたかも個別に治療可能であるかのような関わりをしている印象がある。

この論文では奇妙なことにフロイトは、わざわざ精神病にしか該当しないと思われた「暗点化」という言い回しに言及した。「ラフォルグ自身の説明によれば、『暗点化』は、『早発性痴呆』の記述に由来する用語であって、精神分析的な観点を精神病に転用したことによってできたわけではなく、従って成長や神経症形成の過程に適用することはできない」。症例が無関係ならば、敢えて触れる必要はなかったことだろう。実際には、フロイトは当初ブロイラーのように、患者に「強迫神経症と統合失調症の両方の特徴」を認めていた。論文では、精神病の病像の「暗点化」が起きている。

フロイトは患者の若者と会い続けたが、結局は困難となった。1928年7月、フロイトから患者の母親に書いた。「私は、あなたの息子さんの診断が妄想型統合失調症であることを、あなたに隠す権利はありません。しかしながらあなたには、そうした診断にはさして意味がなく、彼の将来の不確かさを晴らす役に立つわけではないことを強調する権利があります。ルソーでさえそのような症例で、同じくらい異常でした。[……] 彼に直接の影響を与えることには、限界があります。現段階で起こることは、彼の内部での作業ですが、それは必ずしも6ヶ月以内に終わらないでしょう。結果に希望を持っても構いませんが、同じくらい憂慮する必要があります。両親が彼を扱っている自由主義な仕方は、非難されるものではないように私には見えますし、それは続けられるべきです。私は6月15日以降会っていませんが、他の期待はしていません。彼について御存知のことがおありでしたら、お知らせいただければ幸甚です」。

患者はウィーン大学の大学院の課程を修了したが、論文は書けなかった。フロイトは１９３０年以後、彼を狼男と同じくブランスウィックに回して、自分との分析を終わりとした。患者はフロイトがなぜ分析治療を終えたのか理解できず、精神病の世界に引きこもり、両親と断絶した。両親は、彼がアメリカを離れて以降、探偵を雇って彼の動向を報告させていた。１９３１年に彼がフロイトを訪ねたとき、フロイトは彼に両親の元へ戻るよう強く勧めた。彼は孤独に数ヶ月を過ごした後、両親の元へ戻った。途中のパリで彼はオットー・ランクに会い、短い分析を受け、去勢ではなく出生の外傷が問題だと言われた。ニューヨークでも、両親は彼をブリルついでナンバーグ（Numberg, H.）の元に送ったが、遂に諦め、息子を医療機関に託すことにした。患者は余生をマックリーン病院で過ごし、ロボトミー・電気ショックほか、時代毎に流行の治療を受け、１９７０年代に亡くなった。

彼は、フロイトに会っていた患者あるいはフロイトが会っていた患者ということで、病院スタッフの関心を引いた。担当医の１９３５年の面接記録によれば、「患者は、自分の神経症は女性にはペニスがないと発見したショックによると考えている。[……] その源を聞くと、自分の記憶ではなく、フロイトに言われたから、と。[……] 彼は、障害の始まりの理解が不十分で、もっと分析する必要があると考えて、ノートに書き連ねている」。これは思索というより、分析経験と滅裂思考が混ざった、慢性統合失調症患者の文章と変わらないように見える。

この例が示しているのは、フロイトが精神病を、「原光景の目撃」や「去勢コンプレックス」といった概念枠の中で考え、かつ再構築を通じて想起させようとして概念を説明していたらしいことである。少なくとも患者の報告は、そのようなものになっている。調査をまとめたリン[18]は穏便に、フロイトの気持ちの揺れが、精神病患者の精神療法を行なう治療者に共通するものであること、フロイトの理解が、「抵抗」・「禁欲」・「神経症的機制」と、同情心を中心にしたものであると指摘した。だが、より深刻に問題なのは、この患者の面接を継続したことが適切だったかどうかである。本人の希望と家族の支持で始まったとはいえ、今日の医療では認め難い。

4 精神分析の未来は

精神分析の創始者であるフロイトの振る舞いは、現代で言えば精神分析的精神療法家のものであることが多かった。彼の観察と推測は、直観的な鋭さに基づいていたが、対象の全体が開業設定の中では見えないときには、思弁過多と検証不足に陥っていた。共同研究は、徐々に行なわれるようになったが、「私が作った」というフロイトの手を離れて初めて本格化した。当時の精神分析訓練における境界の乏しさは、彼の生来の気質と応募者たちのさまざまな思惑が綯い交ぜになって、理念が目指したものに反する結果をもたらしたところがあった。ウィーンで60数名、国際的にも１９３５年時で15カ国（オーストリア、アメリカ、ドイツ、インド、イスラエル、ハンガリー、オランダ、ノルウェー、デンマーク、スウェーデン、フィンランド、フランス、ロシア、スイス、日本）３７４名の登録だった会員数は、第二次世界大戦後の精神医療領域での興隆を経て、２００９年末には1万2千人を超えている。しかし、開業臨床の一日が毎日分析の患者との面接で埋まるかの印象は、ごく限られた時期に基づくものであり、この実践固有の価値を保つことには、困難が伴う時代となっている。

文　献

第Ⅰ部

(1) Bion, W. R. (1954): Notes on the Theory of Schizophrenia. *Int. J. Psycho-Anal.*, 35: 113-118.

(2) Bonaparte, M., Freud, A., and Kris, E. (eds.) (1950). *Aus den Anfângen der Psychoanalyse*. London, Imago.

(3) Borch-Jacobsen, M. (1996): *Remembering Anna O.,* A Century of Mystification. London, Routledge.

(4) Borch-Jacobsen, M. (2009): *Making Minds and Madness: From Hysteria to Depression*. Cambridge University Press

(5) Borch-Jacobsen, M. and Shamdasani, S. (2012): *The Freud Files: An Inquiry into the History of Psychoanalysis*. Cambridge University Press

(6) Britton, R. (1999): Getting in on the Act: The Hysterical Solution, *Int. J. Psycho-Anal.*, 80, 1-14

(7) Crews, F. (ed.) (1998): *Unauthorized Freud: Doubters Confront a Legend*. New York, Viking

(8) Crews, F. (1995): The Memory Wars: Freud's Legacy in Dispute. New York, Review of Books

(9) Edinger, D. (1968): *Bertha Pappenheim: Freud's Anna O.* Highland Park II, Congregation Solel

(10) Ellenberger, H. (1972): The Story of "Anna O": A critical Review with New Data. *Journal of the History of the Behavioral Sciences*. 8, 267-79.〔中井久夫訳（1999)「アンナ・Oの物語――新資料に基づく批判的研究」『エランベルジェ著作集1』みすず書房〕

(11) Ellenberger, H. F. (1970): *The Discovery of The Unconscious: The History and Evolution of Dynamic Psychiatry*. New York, Basic Books〔木村敏、中井久夫監訳（1980)『無意識の発見――力動精神医学発達史』上・下、弘文堂〕

(12) Freeman, L. (1972): *The Story of Anna O.* New Jersey, Jason Aronson

(13) Freud, S. (1960): *Sigmund Freud, Briefe 1873-1939* (Psychologie). S. Fischer Verlag〔生松敬三他訳、池田紘一他訳（1974)『フロイト著作集8　書簡集』人文書院〕

(14) Grosskurth, P. (1986): *Melanie Klein: her world and her work*. Hodder & Stoughton, Ltd

(15) Heimann, P. (1950): On Counter-Transference. *Int. J. Psycho-Anal.,* 31: 81-84

(16) Hillman, J. (1983): *Healing Fiction*. New York, Station Hill Press

(17) Hinshelwood, R. D. (2008)：Melanie Klein and countertransference：a note. on some archival material *Psycho-anal History*. 10 95-114
(18) Hirschmüller, A. (1989)：*The Life and Work of Josef Breuer*. Revised edition. New York：New York University Press.
(19) Jones, E. (1953)：*The Life and Work of Sigmund Freud*. Volumes 1-3. New York, Basic Books
(20) Joseph, B. (1985)：Transference：The Total Situation. *Int. J. Psycho-Anal.*, 66：447-454
(21) Jung, C. G. (1989)：*Analytical Psychology：Notes of the Seminar Given in 1925*. Princeton：Princeton U. P.
(22) Klein, M. (1946)：Notes on Some Schizoid Mechanisms. *Int. J. Psycho-Anal.*, 27：99-110.〔狩野力八郎他訳（1985）「分裂的機制についての覚書」小比木啓吾、岩崎徹也責任編訳『メラニー・クライン著作集４　妄想的・分裂的世界』誠信書房〕
(23) Klein, M. (1952)：The Origins of Transference. *Int. J. Psycho-Anal.*, 33：433-438〔舘哲朗訳（1985）「転移の起源」『メラニー・クライン著作集４　妄想的・分裂的世界』誠信書房〕
(24) 小森康永、野村直樹、野口裕二編著（1999）：『ナラティヴ・セラピーの世界』日本評論社
(25) Masson, J. (ed.) (1986)：*The Complete Letters of Sigmund Freud to Wilhelm Fliess 1887-1904*, Fischer Verlag〔河田晃訳（2001）『フロイト　フリースへの手紙　1887-1904』誠信書房〕
(26) Masson, J. (1984)：*Freud：The Assault on Truth：Freud's suppression of the seduction theory*. Farrar, Straus and Giroux
(27) Meltzer, D. (1967)：*The Psycho-Analytical Process*. London, William Heinemann Medical Books〔松木邦裕、飛谷渉訳（2010）『精神分析過程』金剛出版〕
(28) Mitchell, J. (2001)：*Mad Men and Medusas：reclaiming hysteria*. New York, Basic Books.
(29) Money-Kyrle, R. E. (1956)：Normal Counter-Transference and Some of its Deviations. *Int. J. Psycho-Anal.*, 37：360-366
(30) プラトン（1975）：『ティマイオス・クリティアス』プラトン全集〈12〉種山恭子、田之頭安彦訳、岩波書店
(31) Rosenbaum, M. (1984)：*Anna O. Fourteen Contemporary Reinterpretations*. New York, The Free Press
(32) Rosenfeld, H. (1947)：Analysis of a Schizophrenic State with Depersonalization. *Int. J. Psycho-Anal.*, 28：130-139
(33) Rosenfeld, H. A. (1985)：*Psychotic States：A Psychoanalytic Approach*. London, Karnac Books
(34) Spence, D. (1987)：*The Freudian Metaphor：Toward Paradigm Change in Psychoanalysis*, New York, W. W. Norton〔妙木浩之訳（1992）『フロイトのメタファー　精神分析の新しいパラダイム』産業図書〕
(35) Spillius, E. (2007)：*Encounters with Melanie Klein：Selected Papers of Elizabeth Spilliu*. London, Routledge

(36) Stewart, W. (1967)：*Psychoanalysis: The First Ten Years, 1888-1898*. London, Macmillan
(37) Trillat, E. (1973)：*Histoire de L'hysterie*. Paris：Editions Frison-roche〔安田一郎他訳（1998）『ヒステリーの歴史』青土社〕

第Ⅱ部

(1) Abraham, N. and Torok, M. (1992)：*L'Ecorce et Le Noyau*. Flammarion.
(2) Amacher, P. (1965)：Freud's Neurological Education and Its Influence on Psychoanalytic Theory. *Psychol. Issues-Monograph 16*. V. IV, No.4, New York, International University Press
(3) Barthes, R. (1980)：*La Chambre Claire: Note sur la photographie*. Gallimard.〔花輪光訳（1997）『明るい部屋――写真についての覚え書き』みすず書房〕
(4) Bion, W. R. (1962)：*Learning from Experience*. London, Heinemann.〔福本修訳（1999）「経験から学ぶこと」『セヴン・サーヴァンツ　精神分析の方法1』法政大学出版局〕
(5) Bion, W. R. (1963)：*Elements of Psycho-Analysis*. London, Heinemann.〔福本修訳（1999）「精神分析の要素」『セヴン・サーヴァンツ　精神分析の方法1』法政大学出版局〕
(6) Bion, W. R. (1967)：*Second Thoughts*. London, Heinemann〔松木邦裕、中川慎一郎訳（2007）『再考――精神病の精神分析論』金剛出版〕
(7) Bion, W. R. (2005)：*The Tavistock Seminars. London,* Karnac Books〔福本修訳（2014）『タヴィストック・セミナー』岩崎学術出版社〕
(8) Blum, H. P. (2007)：Little Hans：A Contemporary Overview. *Psychonal Study Child,* 62：44-60
(9) Blum, H. P. (2007)：Little Hans：A Centennial Review and Reconsideration. *J. Am Psychoanal. Assoc,* 55：749-765
(10) Bonaparte, M., Freud, A., and Kris, E. (eds.) (1950). *Aus den Anfängen der Psychoanalyse*. London, Imago.
(11) Derrida, J. (1996)：*Résistances de la psychanalyse*. Paris, Éditions Galilée〔鵜飼哲、守中高明、石田英敬訳（2007）『精神分析の抵抗―フロイト、ラカン、フーコー』青土社〕
(12) 福本修（1987）：「Jacques Lacan 精神分析の倫理」『季刊精神療法』第13巻第3号
(13) 福本修（1987）：「精神分析における論理と神話」『臨床精神病理』第8巻2号
(14) Freud (1900)：*Die Traumadeutung*. Deuticke
(15) Freud (1923)：*Das Ich und das Es. Internationaler psychoanalytischer. Verlag*
(16) Freud (1940)：*Neue Folge Der Vorlesungen Zur Einfuhrung in Die Psychoanalyse*. GW.

(17) Graf, H. (1959): *Interview by K. Eissler*. Box R1, Sigmund Freud Papers. Sigmund Freud Collection, Manuscript Division, Library of Congress, Washington, DC.
(18) Graf, H. (1972): Memoirs of an invisible man: A dialogue with Francis Rizzo. Opera News, February 5, 25-28; February 12, 26-29; February 19, 26-29; February 26, 26-29
(19) Graf, M. (1952): *Interview by K. Eissler*. Box 112, Sigmund Freud Papers. Sigmund Freud Collection, Manuscript Division, Library of Congress, Washington, DC.
(20) Graf, M. (1942): Reminiscences of Professor Sigmund Freud. *Psychoanal Q.*, 11: 465-476
(21) Grubrich-Simitis, I. (1993): Zurück zu Freuds Texten: Stumme Dokumente sprechen Machen. Fischer Verlage.
(22) Hinshelwood, R. D. (1989): Little Hans's transference. *Journal of Child Psychother*apy 15: 63-78
(23) Klein, M. (1952): The Origins of Transference. *Int. J. Psycho-Anal.*, 33: 433-438
(24) Kris, E. (1956): The personal myth. A problem in psychoanalytic technique. *J. Am. Psychoanal. Assoc.* 4: 653-681
(25) Lacan, J. (1998): *Séminaire, tome 4: la Relation d'objet*. Paris, Seuil〔ジャック＝アラン・ミレール編、小出浩之、鈴木國文、菅原誠一訳（2006）『対象関係（上）（下）』岩波書店〕
(26) Lacan, J. (1986): *Le seminaire, tome 7 l'ethique de la psychoanalyse*. Paris, Seuil.〔ジャック＝アラン・ミレール編、小出浩之、鈴木國文、保科正章、菅原誠一訳（2002）『精神分析の倫理（上）（下）』岩波書店〕
(27) Lachmann, F. (2010): Addendum; Afterthoughts on Little Hans and the Universality of the Oedipus Complex, *Psychoanal. Inq.* 30: 557-562
(28) Masson, J. (ed.) (1986): *The Complete Letters of Sigmund Freud to Wilhelm Fliess 1887-1904*, Fischer Verlag.〔河田晃訳（2001）『フロイト フリースへの手紙　1887-1904』誠信書房〕
(29) Matte-Blanco, I. (1988): *Thinking, Feeling, and Being. Clinical reflections on the fundamental antinomy of human beings and world*. London, Routledge〔岡達治訳『無意識の思考―心的世界の基底と臨床の空間』（2004）新曜社〕
(30) Meltzer, D. (1978): *The Kleinian Development: Freud's Clinical Development Pt.1*. Perthshire, Scotland, The Clunie Press.
(31) Meltzer, D. (1973): *Sexual States of Mind*. Perthshire, Scotland, The Clunie Press〔古賀靖彦、松木邦裕訳（2012）『こころの性愛状態』金剛出版〕
(32) 宮田裕光（2014）:『動物の計画能力』京都大学学術出版会
(33) Nunberg, H. and Fedem, E. (eds.) (1962): *Minutes of the Vienna Psychoanalytic Society*, vol.1: 1906-1908, New York, International University Press.

(34) Nunberg, H. (1967): *Minutes of the Vienna Psychoanalytic Society,* vol.2: 1908-1910, New York, International University Press.
(35) Nunberg, H. (1974): *Minutes of the Vienna Psychoanalytic Society,* vol.3: 1910-1911, New York, International University Press.
(36) Nunberg, H. (1974): *Minutes of the Vienna Psychoanalytic Society,* vol.4: 1912-1918, New York, International University Press.
(37) Rose, L. (1988): Freud and Fetishism: Previously Unpublished Minutes of the Vienna Psychoanalytic Society. *Psychoanal Q.,* 57: 147-166
(38) Rose, L. (1998): *The Freudian Calling. Early Viennese Psychoanalysis and the Pursuit of Cultural Science.* Detroit, M. I., Wayne State University Press.
(39) Ross, J. M. (2007): Trauma and Abuse in the Case of Little Hans: A Contemporary Perspective. *J. Am. Psychoanal. Assoc.,* 55: 779-797
(40) Sandler, J. and Sandler, A. (1994): The Past Unconscious and the Present Unconscious: A Contribution to a Technical Frame of Reference. *Psychoanal. Study Child,* 49: 278-292
(41) Schur, M. (1966): Some additional "day residues" of "the specimen dream of psychoanalysis." In *Psychoanalysis-a General Psychology* (eds.) R. M. Loewenstein, et al. New York, International University Press. 45-85
(42) Searle, J. R. (1980): Minds, brains, and programs. *Behav Brain Sci.,* 3: 417-457
(43) Wakefield, J. C. (2007): Max Graf's "Reminiscences of Professor Sigmund Freud" Revisited: New Evidence from the Freud Archives. *Psychoanal Q.* 76: 149-192

第Ⅲ部

(1) Abraham, K. (1908): The psycho-sexual differences between hysteria and dementia praecox. In: *Selected Papers of Karl Abraham* (pp.64-79), trans. D. Bryan and A. Strachey. London, Hogarth Press
(2) Alexander, F. and Selesnick, S. T. (1965): Freud-Bleuler Correspondence. *Arch. Gen. Psychiatry,* 12 (1): 1-9.
(3) Beam, A. (2001): *Gracefully Insane: Life and Death Inside America's Premier Hospital,* New York, Public Affairs.
(4) Borch-Jacobsen, M. (2011): Les Patients de Freud. Destins. Sciences Humaines Éd itions. Les patients de Freud
(5) Cooper, A. M. (2008): American Psychoanalysis Today: A Plurality of Orthodoxies. *J. Am. Acad. Psychoanal. Dyn. Psychiatr.,* 36: 235-253

(6)　Falzeder, E. (1994): My Grand-Patient, my Chief Tormentor: A Hitherto Unnoticed Case of Freud's and the Consequences. *Psychoanal. Q.*, 63: 297-331.

(7)　Falzeder, E. (2000): Profession-psychoanalyst: a historical view. *Psychoanalysis and History.* 2 (1): 37-60.

(8)　Falzeder, E. (2002): *The Complete Correspondence of Sigmund Freud and Karl Abraham 1907-1925,* Completed edition. London, Karnac

(9)　Falzeder, E. M. and Burnham, J. C. (2007): A Perfectly Staged, 'Concerted Action', Against Psychoanalysis: The 1913 Congress of German Psychiatrists. *Int. J. Psycho-Anal.,* 88: 1223-1244

(10)　Fichtner, G. (2003): *The Sigmund Freud-Ludwig Binswanger Correspondence 1908-1938,* 1-276. London, Open Gate Press, incorporating Centaur Press.

(11)　Forsyth, D. (1922): *The Technique of Psycho- Analysis.* London, Kegan Paul & Company.

(12)　Freud, S. and Pfister, O. (1963): *Psychoanalysis and Faith. The Letters of Sigmund Freud and Oskar Pfister.* New York, Basic Books

(13)　Gardiner, M. (1971): *The Wolf-Man/by the Wold-Man; with The case of the Wolf-Man by Sigmund Freud; and a supplement by Ruth Mack Brunswick; foreword by Anna Freud; edited, with notes, an introduction, and chapters by Muriel Gardiner.* New York, Basic Books〔馬場謙一訳（2014）：『狼男による狼男――フロイトの「最も有名な症例」による回想』みすず書房〕

(14)　Gay, P. (1988): Freud: *A Life for Our Time.* New York, Norton〔鈴木晶訳（1997）：『フロイト1』みすず書房〕

(15)　Homans, P. (1987): Disappointment and the Ability to Mourn. De-Idealization as a Psychological Theme in Freud's Life, Thought, and Social Circumstance, 1906-1914. in *Freud: Appraisals and Reappraisals, V.2.*

(16)　Kardiner, A. (1977): *My Analysis with Freud. Reminiscences.* New York, W. W. Norton.

(17)　Koellreuter, A. (2007): Being Analysed by Freud in 1921: The Diary of A patient. *Psychoanal. Hist.,* 9: 137-151

(18)　Lynn, D. J. (1993): Freud's Analysis of A. B., a Psychotic Man, 1925-1930. *J. Amer. Acad. Psychoanal.,* 21: 63-78.

(19)　Lynn, D. J. (1997): Sigmund Freud's Psychoanalysis of Albert Hirst. *Bulletin of the History of Medicine.* 71. 1, 69-93.

(20)　Marinelli, L. and Mayer, A. (2003) :*Dreaming by the Book: Freud's The Interpretation of Dreams and the History of the Psychoanalytic Movement.* Translated by Susan Fairfield. New York, Other Press.

(21)　Masson, J. (Ed.) (1986): *The Complete Letters of Sigmund Freud to Wilhelm Fliess 1887-1904,* Fischer Verlag〔河田晃訳（2001）『フロイト フリースへの手紙　1887-1904』誠信書房〕

(22) Masson, J. (1984): *Freud: The Assault on Truth: Freud's suppression of the seduction theory*. Farrar, Straus and Giroux

(23) May, U. (2007): Freud's Patient Calendars: 17 Analysts in Analysis with Freud (1910-1920) 1. *Psychoanal. Hist.*, 9: 153-200

(24) May, U. (2007): Neunzehn Patienten in Analyse bei Freud (1910-1920). Teil I: Zur Dauer von Freuds Analysen. *Psyche- Z Psychoanal.*, 61: 590-625

(25) May, U. (2007): Neunzehn Patienten in Analyse bei Freud (1910-1920). Teil II: Zur Frequenz von Freuds Analysen. *Psyche- Z Psychoanal.*, 61: 686-709

(26) May, U. (2008): Nineteen Patients in Analysis with Freud (1910-1920). *Amer. Imago*, 65: 41-105

(27) May, U. (2011): Fourteen Hundred Hours of Analysis with Freud: Viktor Von Dirsztay: A Biographical Sketch1. *Psychoanal. Hist.*, 13: 91-136

(28) McGuire, W. (1974): *The Freud/Jung Letters: The Correspondence Between Sigmund Freud and C. G. Jung*. Princeton, Princeton Univ. Press〔平田武靖訳（1979. 1987）『フロイト／ユング往復書簡集　上・下』誠信書房〕

(29) Mühlleitner, E. and Reichmayr, J. (1997): Following Freud in Vienna. *Int. Forum Psychoan*al., 6: 73-102

(30) Numberg, H. (1974): *Mimutes of the Vienna Psychoanalytic Society, 1912-1918*. New York, Internatsional Universities Press

(31) Oberndorf, C. P. (1953): *A History of Psychoanalysis in America*. New York, Grune & Stratton

(32) Pohlen, M. (2006): *Freuds Analyse. Die Sitzungsprotokolle Ernst Blum*s. Reinbek, Rowohlt

(33) Roazen, P. (1995): *How Freud Worked: First-Hand Accounts of Patients.*. Northvale, NJ, Jason Aronson

(34) Ruiterbeek, H. M. (Ed) (1973): *Freud as we knew him*. Wayne State University Press

(35) Schröter, M. (2002): Max Eitingon and the Struggle to Establish an International Standard for Psychoanalytic Training (1925-1929). *Int. J. Psycho-Anal.*, 83: 875-893.

(36) Schröter, M. (2008): The Dissemination of the Berlin Model of Psychoanalytic Training: A Sketch of the International Training Commission 1925-19381. *Psychoanal. Hist.*, 10: 205-223

(37) Schröter, M. and Hermanns, L. M. (1992): Felix Gattel (1870-1904): Freud's First Pupil. Part I. *Int. Rev. Psycho-Anal.*, 19: 91-104.

(38) Schröter, M. and Hermanns, L. M. (1992): Felix Gattel (1870-1904): Freud's First Pupil. Part II. *Int. Rev. Psycho-Anal.*, 19: 197-207.

(39) Schröter, M. (2012): *Sigmund Freud-Eugen Bleuler: Ich bin zuversichtlich, wir erobern bald die Psychiatrie.* Briefwechsel 1904-1937. Schwabe Basel
(40) Solms, M. (2013): Notes on the "Revised Standard Edition." *The Psychoanalytic Review*. Vol.100, No.1, 201-210.
(41) Stern, A. (1922): New York Psycho-Analytical Society. Bul. Int. *Psychoanal. Assn.,* 3: 509-512
(42) Swales, P. J. (1986): "Freud, His Teacher and the Birth of Psychoanalysis" in *Freud: Appraisals and Reappraisals. Contributions to Freud Studies,* vol.1, Stepansky, P. (ed.), Hillsdale N. J., The Analytic Press, 3-82
(43) Tögel, C. (2006): Sigmund Freuds Praxis. Visiten und Ordination -Psychoanalysen -Einnahmen. *Psyche-Z Psychoanal.*, 60: 860-880
(44) Tögel, C. (2009): Sigmund Freud's Practice: Visits and Consultation, Psychoanalyses, Remuneration. *Psychoanal. Q.,* 78: 1033-1058
(45) Vogel, L. Z. (1986): The Case of Elise Gomperz. *Am. J. Psycho-Anal.*, 46: 230-238
(46) Wortis, J. (1954): *Fragments of an Analysis with Freud.* New York, Simon & Schuster

文中のフロイトの著作は概ね『フロイト全集』(岩波書店) の訳に準拠しているが、必要に応じて修正している。

おわりに

本書の企図は、精神分析的アプローチの理論や論述と、臨床実践の間に存在するように見える開きを、複合的な意味での現場に立ち返ることで媒介することにある。神経病理学および精神病理学から出発して、晩年には文化・思想を論じたフロイトに対しては、読み手の側でも知識を通じた理解と実践を通じた理解が、対極に位置しがちである。『源氏物語』の研究者が、原文を最後まで読んだことがなくて解説書で通読しただけということは、なさそうに思われる。しかし臨床的な理解は、フロイトの隅々どころか主要著作に目を通していなくても可能なように見えるし、複雑すぎる注釈は却って理解を遠ざけそうである。目的は「フロイト」を「研究」することではなくて、「精神分析的アプローチ」を「実践」することだから――これには一理があるが、精神分析自体が批判に晒されているとき、フロイトの著作と実践の両方の考慮が必要となる。

精神分析は、20世紀が見た夢の一つである。フロイトは1910年代には、「われわれはもうすぐ精神医学を征服する」とブロイラーに述べていた。だがそれを取り巻く環境は大きく変化し、実証性への覚醒によって、百年後の今、精神医学の領域では痕跡を残すのみであり、臨床心理の領域においても退潮が目立っている。では、彼が無意識と呼んだ心的世界は空想の産物であって、もはや霧散してしまったのだろうか。それもまた行き過ぎであり、その夢見る舞台としての、つまり心の探究のフロンティアとしての精神分析の価値は、今も失われていないだろう。それを見出すための検証は、内部監査だけでは済まされないので、本書では近年の批判と開示された種々の情報を取り上げて検討している。読者にとってもアナ・Oおよびハンスの章は、最初に取り掛かりやすいかもしれない。

フロイト全体の構想の評価には、その後の精神分析の発展を無視できない。『心理学草案』(1895)という最初期の読み難いテクストも、ラカン・ビオンの光に照らすことで、そこに内包されているものを汲み上げ、限界を見て取りやすくなるように思われる。フロイトの読解に、現代的な観点は不可欠であり不可避である。

ただ、副題に「フロイト・クライン・ビオンにおける自己と対象の経験」と掲げておきながら、大半がフロイトの著作を巡る論考になっている点は、怪訝に思われるかもしれない。実のところ、フロイトに関しても今回収録したのは当初の構想の半分ほどで、初期のカタリーナ症例と「誘惑理論」や治療機序としての「喪の過程」の議論、フロイトによるさまざまな訓練分析の実際などの主題は積み残している。それらについては、次の機会としたい。また、クラインおよびビオンに関しては、中核的な点には触れたものの、全体の何分の一かを扱った程度である。クラインについては精選新訳集『エッセンシャル・クライン』(福本修・平井正三編、誠信書房刊予定)、そしてビオンについては幾つかのセミナーの邦訳化とともに、引き続き論考を用意していきたい。

末尾ながら、本書出版刊行に至るまで御尽力いただいた、誠信書房編集部松山由理子氏に深く感謝します。

2015年9月

福本　修

鼠男　58, 165, 212
『鼠男による狼男』　217

〔は行〕

胚盤葉　120, 122
母親の欲望　182
母-同一化　125
パラノイア　94, 117, 252, 254, 261, 263, 264
反射装置　98
判断　82, 86, 87
反復強迫　110
その時その場で（here & now）　16, 178
表現可能性への顧慮　107
開いた傷口　259
$Q\dot{\eta}$ 量　64, 82
ϕ ニューロン　77
不安ヒステリー　161
不安夢　173
フェティシズム　260, 265
プシュケー　30, 133, 134
部分対象関係　52, 125
ブルクヘルツリ（病院）　240, 248 253
フロイト・アーカイブ　183, 187
フロイト叩き　3
「フロイト戦争」　7
分析状況　22
分析的接触　164
分析的な交わり　20
ベータ要素　19, 106, 138, 143
ペニス羨望　48
ヘルムホルツ学派　62, 116
包容（コンテイン）　10, 19, 21, 142
母子関係　20
母子交流　84

〔ま行〕

交わり　12
マックリーン病院　269, 266
慢性パラノイア　246
無意識　6, 32, 68, 93, 96, 112, 114
無意識系　98, 120
無意識的空想　51, 55, 72, 139, 145-147, 198
夢想　112, 138, 144, 151, 152
夢想的性質　21
メタ心理学　68, 71, 137, 152, 230, 255
メランコリー　121, 124, 257, 258
妄想分裂ポジション　15, 53
燃える子供の夢　99
模擬　48
物・もの（das Ding）　86, 116-118, 126
物表象　255

〔や行〕

誘惑　6
誘惑理論　92, 100
夢　73, 75, 106, 129, 130, 163, 174, 224, 236
ユング派　134
容器♀　19
欲求　80, 82, 103, 115, 141
欲求不満　85
抑圧　93, 94, 157
抑鬱ポジション　15, 53
欲動　9, 22, 71, 80, 81, 149, 167, 171
欲望　82, 86, 102-104, 106, 118, 141, 154, 157
欲望成就　73, 81, 105, 129, 130
寄る辺なさ　141
弱い人工知能　91

〔ら行〕

「リヒテンベルクのナイフ」　7
リビドー　161, 169
了解不能性　248
良心　257
両親カップル　20
両性性　125
臨床論文　154
類型夢　129

接触　**12**
接触障壁　**77, 78**
設定　**1, 152**
ゼロ理論　**7, 8**
遷移　**96**
前意識（系）　**93, 98, 120**
全体状況　**16**
選択された事実　**52**
羨望　**143, 150**
想起痕跡　**93, 120**
想起-残渣　**121**
想起像　**86, 87**
相互貫入　**20**
想像妊娠　**47, 48**
像による思考　**138**
早発性痴呆　**246, 247, 252, 253, 255, 257, 261, 265**
躁病　**257**
その時その場で　**16, 25, 52**
側の人／隣人　**86, 116**

〔た行〕

退行　**75, 99**
対称性原理　**134**
対象選択　**99, 132, 161, 166, 167-169**
対象喪失　**125**
喩え　**96**
男根的母親　**168**
探偵小説　**34**
談話療法　**41, 54**
知覚　**77, 82, 88, 93, 97, 98**
知覚記号　**93**
知覚同一性　**106**
知性化　**34**
父-同一化　**125**
乳房　**86, 125, 143, 150, 165**
注意　**87, 88**
中国語の部屋　**91**
中立性　**215**
聴覚帽　**122**
超自我　**71, 91, 99, 126, 127, 132, 150, 171**
通道　**75, 82, 99, 106**
D17（クライン草稿）　**13, 20**
転移　**6, 35, 43, 50, 58, 65, 104, 218, 239**
転移の収集　**17**
転移性治癒　**45, 50**
同一化　**124, 126, 128, 158, 213**
投影　**132**
投影同一化　**13, 15, 20, 21, 115, 140**
統合失調症　**247, 260, 261, 265**
洞察　**20**
同性愛的リビドー　**255**
道徳的動機　**83, 109**
動物行動学　**169**
同胞葛藤　**8, 11**
特異的行為　**xii, 66, 80, 83-85, 87, 102, 108, 117, 137, 141, 143, 148**
匿名性　**215**
取り入れ同一化　**13**
トリメチルアミン　**74**
貪欲さ　**13**

〔な行〕

内的参照枠　**11**
内的対象　**124, 150, 202**
内容♂　**19**
泣き声　**141**
ナラティヴ・セラピー　**34**
ナルキッソス　**134**
ナルシシズム　**124**
憎しみ　**19**
二次加工　**107**
二次過程　**82, 86, 102, 104**
偽記憶症候群　**47**
乳児　**86**
乳児観察　**xi, 182**
乳児的転移　**17**
ニュルンベルク大会　**235**
ニューロン（ω）（系）　**64, 73, 77, 88, 91, 92**
認識愛本能　**19**
妊娠空想　**44**
寝椅子（カウチ）　**137, 148, 152**

啓蒙　**159, 160, 176**
結合　**15, 17, 19, 20, 139, 148**
検閲　**108**
幻覚　**81, 85, 102**
現金記録　**204, 206**
原空想　**68**
元型　**151**
言語新作　**138**
言語連合　**92**
現実界　**116**
現実原理　**109, 111, 113**
現実指標　**88, 89**
検証　**xii, 3, 9, 10, 15, 21, 23, 27, 153**
現場　**x, 2, 12, 152, 154, 201**
幻滅　**85, 102, 109, 111, 151**
光学装置　**136**
好奇心　**139**
攻撃性　**142**
行動化　**26**
傲慢さ　**139**
国際精神分析学会　**228**
個人開業　**204**
語による思考　**138**
語表象　**120, 255**
コミュニケーション　**151**

〔さ行〕

再演　**22, 124**
再構築　**47, 101, 170, 190**
催眠　**37, 44**
自我　**71, 78, 81, 87, 88, 90, 120, 122-124**
自我心理学　**119, 145, 182**
自我の貧困化　**259**
自我理想　**126, 127**
子宮　**36**
自己愛（ナルシシズム）　**165**
自己愛神経症　**255**
思考　**69, 86**
自己認識　**171**
自己分析　**92, 163, 164, 215, 224, 235, 236**
失錯行為　**236**
実践理性　**117**
自体性愛　**165, 166, 247, 251**
実演　**22**
充足体験（経験）　**80, 83, 99, 105, 108**
守秘義務　**215**
昇華　**118**
浄化（カタルシス）法　**34, 35, 50, 55, 58, 65, 208**
象徴解釈　**51**
象徴界　**182, 199**
情動　**79**
情動的接触　**20**
小児脳性麻痺　**92**
情念　**145, 151**
娼婦愛　**169**
事例検討会　**xi**
知ろうという願望　**19, 21**
進化論　**29, 89, 110**
審級　**71, 97, 132**
神経解剖学　**63**
神経症　**236**
身体自我　**124**
神託　**163**
心的外傷　**172, 246**
心的装置　**xii, 62, 64-69, 72, 73, 82, 90, 93-96, 99, 104, 106, 109, 111, 113-115, 119, 123, 131, 132, 135, 136, 148, 149, 256**
人物としての対象　**166**
神話（的）　**71, 112, 113, 115, 131, 137, 145-147, 152, 165**
神話的＝寓話的次元　**91**
スイス精神分析協会　**227**
水曜会の会議録　**185**
スーパーヴィジョン　**xi, 202, 233, 235**
性源域　**167**
精神科病院　**247**
精神病　**246**
性的対象の近接　**84, 117, 148**
生の困窮　**105**
生物学的見地（説明）　**76, 89, 109, 110, 124**
摂取　**132**

事項索引

〔あ行〕

愛　19, 168
愛着　169
アイティンゴン・モデル　233
アニミズム　70
圧迫　80
誤った結合　50
アルファ機能　xii, 20, 69, 143, 144
アルファ要素　78, 138, 143
暗示　6, 9, 36, 160
意識　79, 93
意思疎通　83, 109
一次過程　81, 101, 104
一般化原理　133
忌わしい仔犬　41, 43, 51
イルマへの注射（の夢）　26, 73, 74, 208, 234
写しとしての対象　82, 150
運命　163, 165, 171
栄養（の）供給　84, 115, 117, 148
エディプス王　129-131, 133, 152, 162, 163, 165
エディプス・コンプレックス　43, 91, 125, 127, 145, 153, 157, 158, 161, 170, 171, 174, 195, 196
ＦＦＰ問題　5
ＦＢＩ　3, 7
Ｌ・Ｈ・Ｋ　19, 20
煙突掃除　41
狼男　→〔人名：セルゲイ・パンケイエフ参照〕 68, 101, 218, 222
愚かさ　139

〔か行〕

快原理　30, 66, 109, 113
解釈　xii, 9, 27, 157
解釈の事実化（interprefaction）　9
快-不快　79, 85, 106, 117
語り（narrative）　32
カップル　20
感覚　145, 151
患者管理簿　204, 206, 216, 217, 238, 257
記憶　77, 97, 98
奇怪な対象　138
機械論　72
機械論的説明　91, 109, 110, 112, 124
擬似解釈　52, 55
擬人化　115
擬態　6
機知　199
機能単位　64, 78
逆転移　xii, 6, 15, 17, 18, 21, 22, 25, 26, 35, 44, 52, 55, 142, 222, 235
共感　18, 20
共存・共生・寄生　20
恐怖　141
恐怖症　154, 157, 159, 161, 162, 172, 173, 181, 185, 187, 195, 212
去勢　168
去勢コンプレックス　160
緊張病　251
空想　68, 69, 90, 145
寓話（的）　111, 147, 165, 170
くしゃくしゃのキリン　156, 157, 175, 180, 198, 200, 201
クライン派　xii, 22, 48, 50, 68, 72, 139, 145, 151, 172, 182
グリッド　69, 146
訓練分析　xi, xii, 119, 202, 216, 222, 233, 235
計画能力　82
Ｋ結合　20, 21
系統発生（論）　30, 70, 90, 101

マッテ＝ブランコ　**133, 134**
マネ＝カール（★）　**15**
マルタ・ベルナイス　**205, 206**
ミッチェル　**8, 10**
ミルドレッド（☆ ローゼンフェルドの患者）　**9, 10**
メスメル　**36**
メーダー　**243**
メルツァー　**17, 165, 171, 197**

〔や行〕

ユング　**7, 44, 47, 151, 185, 221, 222, 225, 226, 228, 243, 247, 248, 250-254, 256, 262**

〔ら行〕

ライオス　**131, 162, 164**
ライク　**219**
ライトラー　**223**
ラカン　**82, 103, 115-118, 126, 145, 151, 182, 194, 199, 200**
ランク　**185, 266**
リックマン　**237**
リープマン（★）　**260, 264**
ルー・アンドレアス＝ザロメ　**257**
レオナルド・ダ・ヴィンチ　**165, 168**
ローザ　**258, 259**
ローズ　**185**
ローゼンフェルド　**10, 142**
ローハイム　**241**
ロラン・バルト　**164**

ジルバーシュタイン　**207**
スヴェトリン　**208**
スターン　**238**
ストレーチー　**ix, 16, 42, 56, 70, 75, 240, 241**
スピッツ　**216**
スピリウス　**13, 17**
セルゲイ・パンケイエフ（★狼男）　**218**
ソポクレス　**129, 163**

〔た行〕

ダーウィン　**29, 89, 90**
タウスク　**256**
ツヴァイク　**44, 46**
ディルスタイ（★）　**219**
デカルト　**62, 136**
テューゲル　**204, 207, 218**
デュボア　**210**
デリダ　**136**
ドーラ（★）　**35, 58, 104, 193**

〔な行〕

ナルキッソス　**133, 134**
ナンシー　**136**
ナンバーグ　**266**
ノートナーゲル　**207**

〔は行〕

ハイマン　**15, 22, 23-25**
ハインリッヒ・ゴンペルツ（★）(息子)　**208**
パウル・フェダーン　**185**
ハンス＝ハーバート・グラーフ（ハンス）（★）**xii, 19, 20, 67, 70, 149, 153-162, 164, 166, 167, 171-181, 183-189, 191-195, 197-201, 209**
ハンナ（ハンスの妹）　**158, 159, 167, 179, 181, 186, 194, 200, 201**
ビオン　**xii, 15, 19, 20, 67-70, 78, 82, 106, 111, 115, 137, 139-143, 145-148, 150-152**
ヒルシュフェルト夫人　**220, 221**
ヒンシェルウッド　**15, 172, 174, 176-178, 180, 198, 200**
ビンスワンガー　**45, 46, 220, 222**
ファルツェダー　**220, 222**
ファン・エムデン（★）　**216**
フェダーン　**243**
フェヒナー　**30, 136**
フェルシュテル男爵夫人（★）　**210**
フェレンツィ　**185, 217, 218, 226, 228, 229, 230, 232, 233, 241, 264, 265**
フォーサイス　**237**
フォレスター　**27**
フォン・フロイント（★）　**232**
プフィスター　**187, 190-192, 194, 221, 260-262, 264, 284**
ブラムガート（★）　**241**
ブランスウィック　**266**
フリース　**4, 26, 28, 75, 91, 93, 129, 163, 164, 189, 206, 209, 210, 223**
ブリトン　**50-52**
ブリュッケ　**37, 62, 75, 116, 205**
ブリル　**242, 266**
フリンク（★）　**119, 238, 240, 242**
ブルーム　**238**
ブロイアー　**35, 37, 39-41, 43-45, 47-49, 51-54, 56, 66, 76, 91, 207-209, 246**
ブロイラー　**224-231, 240, 247, 261, 262**
ヘッカー　**247**
ベルタ・パッペンハイム（＝アナ・O）　**39, 48**
ベルネーム　**36**
ペンフィールド　**123**
ボナパルト（★）　**44**
ボルク＝ヤコブセン　**3, 7-10, 12, 45-48, 210, 213, 258-260**
ポロン　**240**

〔ま行〕

マイ　**204, 217, 219, 232**
マイネルト　**63, 205**
マイヤー　**240**
マイレーダー（★）　**257**
マックス・グラーフ　**184, 185, 187-189, 191, 193**
マッソン　**4, 213**

人名索引

（★は、フロイトの患者）

〔あ行〕

アイスラー　**4, 183, 187, 211, 245**
アイティンゴン　**232**
アインシュタイン　**71**
アドラー　**7, 185, 188, 223, 229**
アナ・O（ブロイアーの患者）　**xii, 5, 31, 32, 35, 37-39, 42, 44, 46-51, 53-55, 57, 65, 208**
アナ・ハマーシュラーク-リヒトハイム（★）　**28**
アナ・フォン・フェスト（★）　**237**
アナ・フォン・リーベン（★）　**208**
アナ・フロイト（★）　**16, 102, 103, 214, 217**
アブラハム, K.　**27, 74, 166, 220, 226, 230, 233, 241, 247, 251, 254, 255, 257, 258, 262**
アブラハム, N.　**114**
アプレイユス　**133**
アルバート・ハースト（★）　**211**
アルペイオス　**70**
イオカステ　**131, 162, 164**
イダ・バウアー（★）　**210**
イルマ　**27, 74, 75**
ウォルティス（★）　**240**
エクスナー　**75**
エマ・エクシュタイン（★）　**28, 75, 80, 91, 211, 213, 258**
エミー・フォン・N夫人（★）　**57**
エランベルジェ　**28, 44**
エリーゼ・ゴンペルツ（★）　**208**
オスカー・フェルナー（★）　**209**
オバーンドルフ（★）　**240, 241-243, 245**
オルガ・ヘーニッヒ（★）　**179, 184, 188-190, 192, 209**

〔か行〕

ガッテル　**223**
カーディナー（★）　**239-241, 243, 245**
カハーネ（★）　**223**
カールバウム　**247**
カント　**118, 136**
クライン　**xii, 10, 13, 15, 17-21, 23, 27, 119, 125, 126, 132, 134, 137, 143, 150, 152, 164, 166, 171, 172, 198, 258**
クリス　**145**
グリュプリッヒ-ジミティス　**128**
クルーズ　**3**
クレペリン　**247**
グロスカス　**10**
グロデック　**121**
クロバック　**208**
ゲイ　**205, 217, 220, 229**
ケェルロイター（★）　**240**
ゲーテ　**28, 46**
ケティ・ヒルシュ　**211**
ココシュカ　**219**
ゴンペルツ（夫）（★）　**208**

〔さ行〕

ザックス　**233**
サール　**90**
サンドラー　**104**
シャルコー　**6, 36, 37, 205, 206, 208, 248**
シュテーケル　**185, 223**
シュナイダー　**250**
シュライヒャー（★）　**207**
シュール　**28, 75**
ジョゼフ　**16**
ジョーンズ　**44, 46, 207, 226, 238**
シラー　**84**

著者紹介

福本　修（ふくもと　おさむ）

1958年　横浜生まれ
1982年　東京大学医学部医学科卒業
1990年　静岡大学保健管理センター助教授
1993年　タビストック・クリニック成人部門留学
2000年　タビストック・クリニック成人精神分析的精神療法課程修了
専　攻　精神医学・精神分析
現　在　恵泉女学園大学人間社会学部教授、長谷川病院勤務、代官山心理・分析オフィス

精神分析《せいしんぶんせき》の現場《げんば》へ
——フロイト・クライン・ビオンにおける対象《たいしょう》と自己《じこ》の経験《けいけん》

2015年10月20日　第1刷発行

著　者　福　本　　修
発行者　柴　田　敏　樹
印刷者　日　岐　浩　和

発行所　株式会社　誠　信　書　房
〒112-0012 東京都文京区大塚3-20-6
電話03（3946）5666
http://www.seishinshobo.co.jp/

印刷所／中央印刷　製本所／イマヰ製本所
検印省略　落丁・乱丁本はお取り替えいたします
ISBN978-4-414-40097-7 C3011　Printed in Japan

現代クライン派の展開

R. シェーファー編 / 福本　修訳

シーガルやジョゼフをはじめとする研究者たちの優れた業績がそれぞれ編者の解説つきで一望できる精選論文集。

目次

序論：ロンドン現代クライン派
（ロイ・シェーファー）
第Ｉ部　理論形成と基本概念
（オショネシー，リーゼンバーグ＝マルコム，シーガル，ジョゼフ，フェルドマン，スピリウス）
第Ⅱ部　「病理的組織化」概念と臨床
（ブレンマン，スタイナー，アンダーソン）
第Ⅲ部　エディプス・コンプレックスと「第三の位置」
（ブリトン，ソドレ，シーガル）
第Ⅳ部　妄想分裂ポジションと治療技法
（ジョゼフ，フェルドマン，ブレンマン＝ピック，スタイナー）
第Ⅴ部　精神分析過程
（ジョゼフ，アンダーソン）
エピローグ

A5判上製　定価（本体4500円＋税）

性、死、超自我

精神分析における経験

R. ブリトン著 / 豊原利樹訳

歴史的に重要な分析的な概念，「セクシュアリティ」「自我と超自我とそれらの関係」「自己愛と自己愛障害」について著者の臨床経験に照らして再検討を行う。各種の精神分析学派に共通の領域である臨床経験を通して考察した。

目次

第Ｉ部　性と死
第１章　ヒステリー（Ｉ）――アンナ・O
第２章　ヒステリー（Ⅱ）――ザビーナ・シュピールライン
第３章　ヒステリー（Ⅲ）――性愛的逆転移
第４章　女性の去勢コンプレックスはフロイトの大失策か
第Ⅱ部　自我と超自我
第５章　実践における無意識
第６章　自我の概念
第７章　超自我からの解放
第８章　自我破壊的超自我
第９章　ユーモアと超自我
第Ⅲ部　自己愛
第10章　自己愛とその障害
第11章　空間の共有における自己愛の問題

A5判上製　定価（本体3800円＋税）